眠れなくなるほど

地理がおもしろくなる本

ワールド・ジオグラフィック・リサーチ著

宝島社

学校では教えてくれない地理の秘密が日常生活にも潤いを与えてくれる！

毎日、いろいろな国のニュースが新聞やテレビをにぎわせている。あなたはそれらの国を、どの程度知っているだろうか。無理をすれば日帰り旅行ができてしまうような、東南アジア周辺ですらあやふやな人が大部分のはずだ。しかし、それもしかたがないことなのかもしれない。私たちが直接関わることになる国は、世界全体から見ればほんの一握りなのだから。学校でも、近隣国や国際的に重要な国くらいしか教えてはくれなかったことだろう。

しかし、地理の本当のおもしろさは、その「学校では教えてくれない、一見どうでもいい部分」にこそ隠れている。「地図はなぜ北が上なの？」「なぜ凍土におおわれた島がグリーンランドと名付けられたの？」などなど、本書にはそんな、気になり出したら止まらないネタが満載だ。

一度地理のおもしろさに気付くことができたなら、今まで聞き流していたニュースが、エンターテイメントに様変わりしていることだろう。たとえば、歴史背景を知っていれば、国同士の駆け引きはミステリードラマみたいでハラハラするだろうし、美人が多いことで有名な国が映し出されると、ワクワクしてしまうかもしれない。生活に潤いが生まれるのだ。

それだけではない。地理雑学はじつは日常生活でも役に立ってくれる。飲み会で話のネタがなくなった。そんなときは、ちょっと周りを見回してほしい。一つくらい、本書で紹介している国名や県名を見付けることができるだろう。そう、いざというときの会話のネタにもなるわけだ。……ただ、なかにはちょっとエッチなネタもあるので、ネタ選びにだけはどうか気をつけていただきたい。

「学生時代地理が苦手だった」という人は多いだろう。だがそれは、ひたすら棒暗記させられるのが苦痛だったからではないだろうか。安心してください。本書では地図や写真をたっぷり用意しているので、地名や用語を知らなくてもスラスラ読めるはずだ。「しょうもない国があるなぁ」と、肩の力を抜いて読んでいただきたい。

眠れなくなるほど地理がおもしろくなる本

CONTENTS

3 ヨーロッパ

4 アメリカ・中南米

5 アフリカ・極地・オセアニア

6 日本

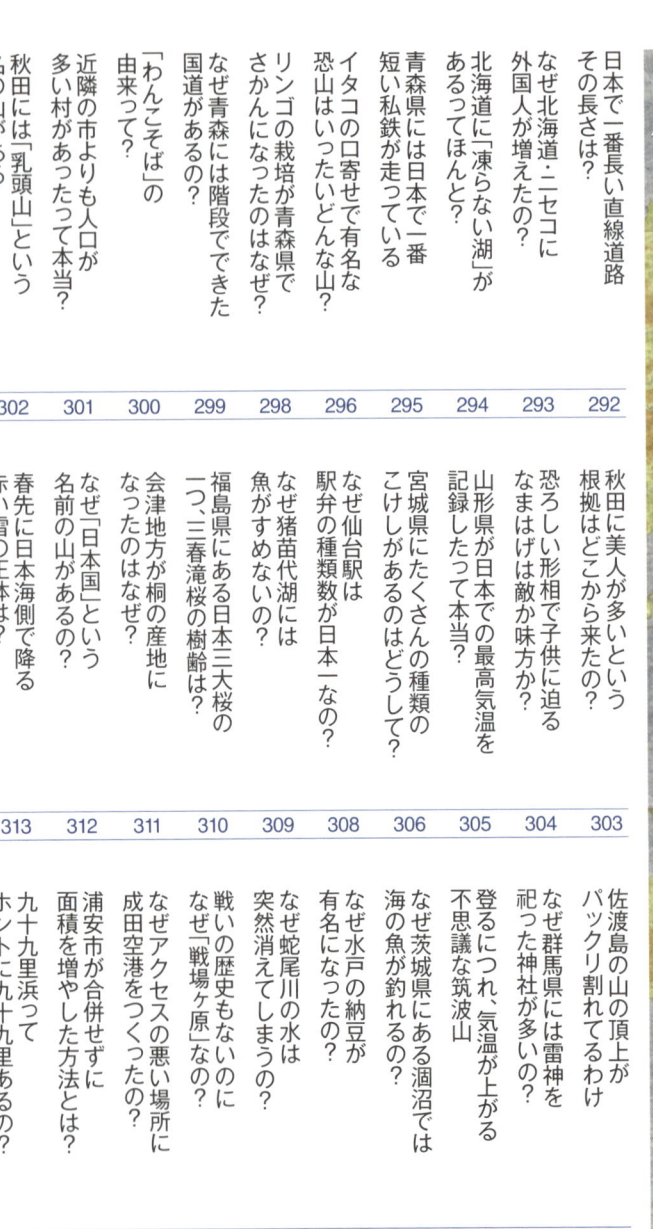

1

世界総合

地図を眺めていると、ふとした疑問にぶつかることがあるだろう。その疑問を「まぁいいか」で済ませずに、追求してみることが、地理のおもしろさを知る第一歩だ。

北が上に来る地図が世界標準になったのはなぜ？

世界中どこの国でも、北が上になった地図を使っている。オーストラリアやアフリカ諸国、南米諸国など南半球にある国でもそうだ。つまり、それが世界標準。

そうなったのは、意外に単純な理由からだった。じつは世界地図を最初につくり始めたのが北半球に住む人たちだったからだ。

世界で初めての科学的な地図「プトレマイオス図」が作成されたのは、2世紀後半のローマ帝国時代。考案したのは、アレクサンドリアで活躍した天文学者・地理学者のプトレマイオスだ。

プトレマイオス図は、彼の代表的な著作『地理学』に付けられていたと考えられている。これこそが、初めて経度と緯度を設定して世界を描いた地図なのだ。『地図は語る「世界地図」の誕生』（応地利明《おうじとしあき》著）によれば、彼が考案した擬円錐図法《ぎえんすいずほう》では、地球が球体であることを実感できるように、経線と緯線はともに曲線で表現されていたという。その地図はすでに北が上になっていた。当時は、南半球に陸地があることを知る術《すべ》もなかったので、自然と北が上に来る地図を描いたのだろう。

彼が作成した地図はのちに失われてしまった。現在私たちが目にするプトレマイオス図は、写本を通じて伝えられてきたもの。つまり、北が上になった地図を北半球の人びとが写し、「北が上」の原則を受け継いできたから、いつの間にかそれが世界標準になっていたということなのだ。

サンゴ礁。熱帯・亜熱帯の海域に分布している。

世界のサンゴ礁《しょう》の75パーセントが危険な状況にある理由とは？

地球の環境と開発の問題に関する政策研究・技術的支援を行なう機関「世界資源研究所（ＷＲＩ）」と25団体が２０１１年に発表した報告によれば、「世界のサンゴ礁の75パーセントが深刻な危機に直面している」という。とりわけ東南アジアのサンゴ礁の被害は甚大で、その面積は減り続けている。

原因は、温暖化現象や陸からの汚染、乱獲などがあるが、なかでも乱獲と「ダイナマイト漁」が最も大きな影響を与えているという。どちらも人為的被害だ。

中国では上質のサンゴは高値で売買されることから「宝石サンゴ」と呼ばれている。これを獲得しようとして中国船は小笠原《おがさわら》諸島や伊豆《いず》諸島の近海で密漁を続けてきた。彼らはサンゴ礁が広がる海に巨大な網を投げ、網にかかったサンゴ礁を引きずるようにしてはがしていく。まさに乱獲だ。

ダイナマイト漁とは、海中に投げ込んだ爆薬を爆発させることで衝撃波を発生させ、気絶したり死んだりして浮き上がってきた魚を回収する漁法。今は多くの国で禁止されているが、東南アジアなどの一部地域では現在も行なわれている。

サンゴ礁をすみかにしている魚を捕獲する目的でこの漁法を使えば、爆発の衝撃で半径10メートルほどのサンゴが死滅する。サンゴは酸素をつくり出せなくなると白くなる。これが広範囲におよぶと「海の砂漠化」と呼ばれる現象が起こるのだ。

日付変更線が太平洋の真ん中にあるのはどうして？

日本から飛行機に乗ってハワイへ向かう場合、太平洋にある「日付変更線」をまたいで行く。到着したハワイの時間は日本よりも19時間遅れているので、ほぼ1日近く時間が増えることになる。ところで、どうして日付変更線は太平洋の真ん中に位置することになったのか？

じつは意外にシンプルな理由からだった。地球は球体なので、時間を考える際には、一日の「始め」と「終わり」をどこかに設ける必要が生じた。そこで、時間の基準になる子《し》午線《ごせん》から始めと終わりが選ばれた。

先に決まったのは始めのほう。1884年、

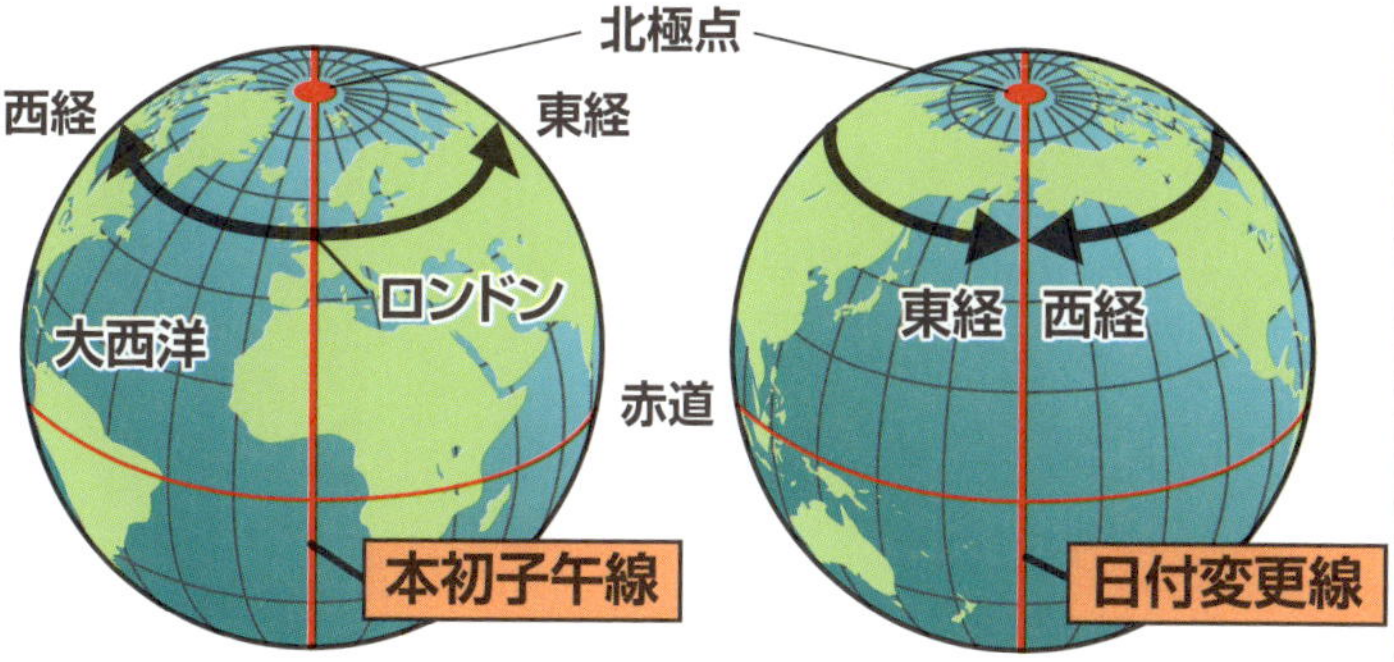

ロンドンのグリニッジ天文台を通るように引かれた経線が、本初子午線と呼ばれ、東経・西経０度ということになる。

本初子午線を北極点を通るように、地球の反対側まで延ばしたものが日付変更線。東経・西経180度ということになる。

27カ国が参加し、国際子午線会議が開かれた。投票の結果、イギリスのグリニッジ天文台を通って北極と南極を結ぶ線を地球の経度の基準とすることが決定したのだ。

その線を基準線「０度」とし、西回りに１８０度、東回りに１８０度の線を引けば、地球の反対側で12時間の時差ができる。それを１日の終わりとして、日付変更線とした。それがたまたま太平洋の真ん中だったのだ。

好都合なことに、太平洋の真ん中であれば人はほとんど住んでいない。日付が変わっても不便な思いをする人を出さずに済むのだ。もし人が住んでいたら、いったいどんなことが起こっていたことか。１日のうち何度も日付変更線をまたいでしまった日などは、時間が増えたり減ったり、明日になったり昨日になったりして、さぞかし混乱したことだろう。

太平洋、大西洋、インド洋の海と海の間には境界線がある？

世界のどこの海にも、実際の海の上に境界線が引かれている場所はない。それでも、「海の地図」というべき海図には、海と海の間に境界線が記してある。80カ国・地域が加盟する「国際水路機関（ＩＨＯ）」が、海洋の範囲や名称を統一し、世界の海の境界線を定めているのだ。

ＩＨＯが編纂《へんさん》した『大洋と海の境界』によれば、太平洋と大西洋の境界は、北アメリカ大陸から南アメリカ大陸の西岸を南下し、最南端のホーン岬から南極大陸に至る西経67度16分の経度線となっている。この線の西側が太平洋、東側が大西洋だ。

太平洋とインド洋の境界は、スマトラ島からティモール島、オーストラリアのタルボット岬をつなぐ線で、タスマニアからバス海峡を通って南極に至る東経１４６度49分25秒の経度線となっている。この線の東側が太平洋、西側がインド洋だ。

また、大西洋とインド洋の境界は、ノルウェーからフランス、スペイン、アフリカ大陸の西岸を南下し、最南端のアガラス岬から南極大陸に至る東経20度1分の経度線となっている。この線の西側が大西洋、東側がインド洋だ。

なお、国際基準では、オホーツク海や日本海などは太平洋に含まれ、カリブ海や地中海などは大西洋、紅海やペルシャ湾などはインド洋に含まれている。したがって日本海と太平洋の海図上の境界線はどこにもない。

月から見た地球。ちなみに地球までの距離は約38万キロだ。 ©NASA

地球は球体じゃないって本当？ なんで地図には影響しないの？

紀元前から、一部の科学者の間では地球は球体だと考えられてきた。古代ギリシアの哲学者アリストテレスも「地球球体説」を主張したとされている。

地球が球体である理由を最初に明らかにしたのは、17世紀に活躍した物理学者ニュートンだ。さらに彼は、地球の形は自転による遠心力のため、赤道付近が盛り上がった回転楕《だ》円《えん》体《たい》なのではないかと考えた。

ニュートンが推測したとおり、地球は球体だが、正確にはわずかに上下につぶれている。つまり、扁平《へんぺい》した楕円体だ。これを「回転楕円体」と呼ぶ。

19世紀から現在まで、三角測定や重力測定、人工衛星の軌跡解析などの結果を元に、現実の地球の形状に最も近い回転楕円体が求められてきた。これが「地球楕円体」と呼ばれる。その形状は、赤道半径と北極から地球の中心までの距離（極半径）の数値で決定されることになる。

国際天文学連合（IAU）が発表した数値によれば、極半径の距離は6356・752キロメートル。これに対し赤道半径は6378・137キロメートル。その差は21・385キロメートル。扁平率にすると、298・26分の1だ。

これは非常に小さな値なので、地球は楕円体だが、縮尺の小さな地図では球体とみなしても問題はないとされている。したがって、地図に影響はない。

19世紀以前の「七つの海」には北海や地中海が入っていた？

現代の「七つの海」といえば、北太平洋、南太平洋、北大西洋、南大西洋、インド洋、北極海、南極海を指すのが一般的だ。これを最初にまとめたのは、19世紀のイギリスの小説家・詩人のラドヤード・キップリングだ。彼が1896年に刊行した詩集『七つの海』のなかで七つの海を唱えたことで定着した。

それ以前には、2世紀頃に活躍した天文・地理学者プトレマイオスの選んだ「七つの海」もあった。彼が挙げたのは、地中海、アドリア海、黒海、カスピ海、紅海、ペルシャ湾、インド洋の七つだった。

新大陸が発見される時代になり、1569

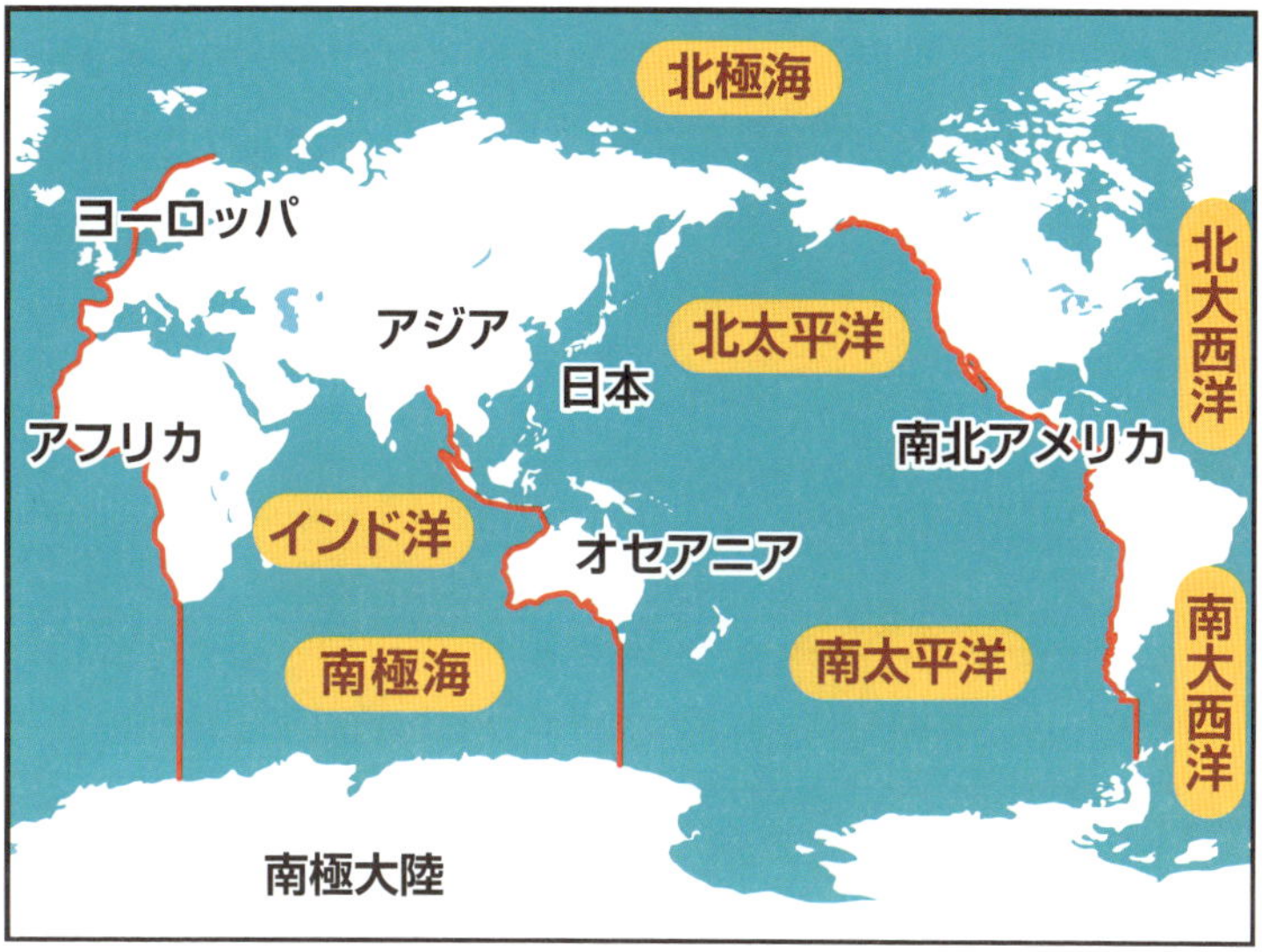

年に作成された地図では、地中海、北海（北大西洋）、エチオピア海（南大西洋）、南海（東太平洋）、太平海（南太平洋）、インド洋、タタール海（北極海）が「七つの海」に選ばれている。このように、「七つの海」は時代や国によって異なり、変わってきた。

ところで、どうして海を「七つ」に分けたのか。これは「七」は古くから神聖な数と考えられており、同時に「すべて」を指す意味で使われることが多かったからだろう。つまり「七つの海」とは「世界中のすべての海」という意味なのだ。

このほかに、「世界には七つの陸地をめぐる七つの海がある」という古代インドの神話が影響しているという説もある。六つや八つではなく、どうやら「七つ」であることに意味があったようだ。

マゼラン海峡。長さ583キロの狭い海峡だ。

太平洋の「たい」が「太」なのはなぜ？

地球には、太平洋、大西洋、インド洋の3つの「大洋」がある。このうち最も大きいのが太平洋で、地球の海洋面積の46パーセントを占めている。その面積はおよそ1億6624万平方キロメートル。

この広大な海域に名前を付けたのは、16世紀に活躍したポルトガルの海洋探検家マゼランだ。1520年、人類初の世界一周航海に挑むべく、彼がマゼラン海峡から船を進めたとき、この海域がずっと好天に恵まれて静かだったことに由来している。ラテン語で平穏な海を意味する「マール・パシフィコ」と名付けたわけだ。

これが英訳されて「Pacific Ocean」となり、江戸時代末期に日本に入ってきた。その和訳が「太平洋」だ。

つまり、穏やかな平和を表わす「太平」という熟語を「Pacific」の訳に当てたのだ。そこから、同じ「たい」という音でも「大西洋」の「大」でなく「太」が使われることになった。

しかし、幕末から明治時代、この名前はすぐには定着しなかった。それどころか、「太平海」「大東海」「平海」「静海」など、さまざまな名前で呼ばれていた。「太平洋」という呼び名が定着したのは大正時代に入ってからのことだ。

ちなみに、大西洋は英語で「Atlantic Ocean」。これは「ヨーロッパの西側にある大きな海」という意味だったので、直訳で「大西洋」と記された。

海図に記されている「水深」と「高さ」は測る基準が異なる？

船が安全に航海するために必要な「海の地図」が海図だ。一般に海図といえば、「航海用海図」を指す。日本では、海上保安庁が刊行している。

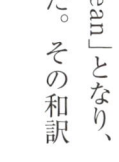

この海図には、陸の地図にはない情報がたくさん載っている。目には見えない水中や海底の様子、海の交通ルールなどもわかるようにしてあるので、記号も陸の地図とはまったく異なるのだ。

測る基準が異なる場合もある。たとえば、海図に記載されている「水深」と、陸部の山や塔の「高さ」の単位はどちらもメートルを使っている。ところが、水深と高さでは、測

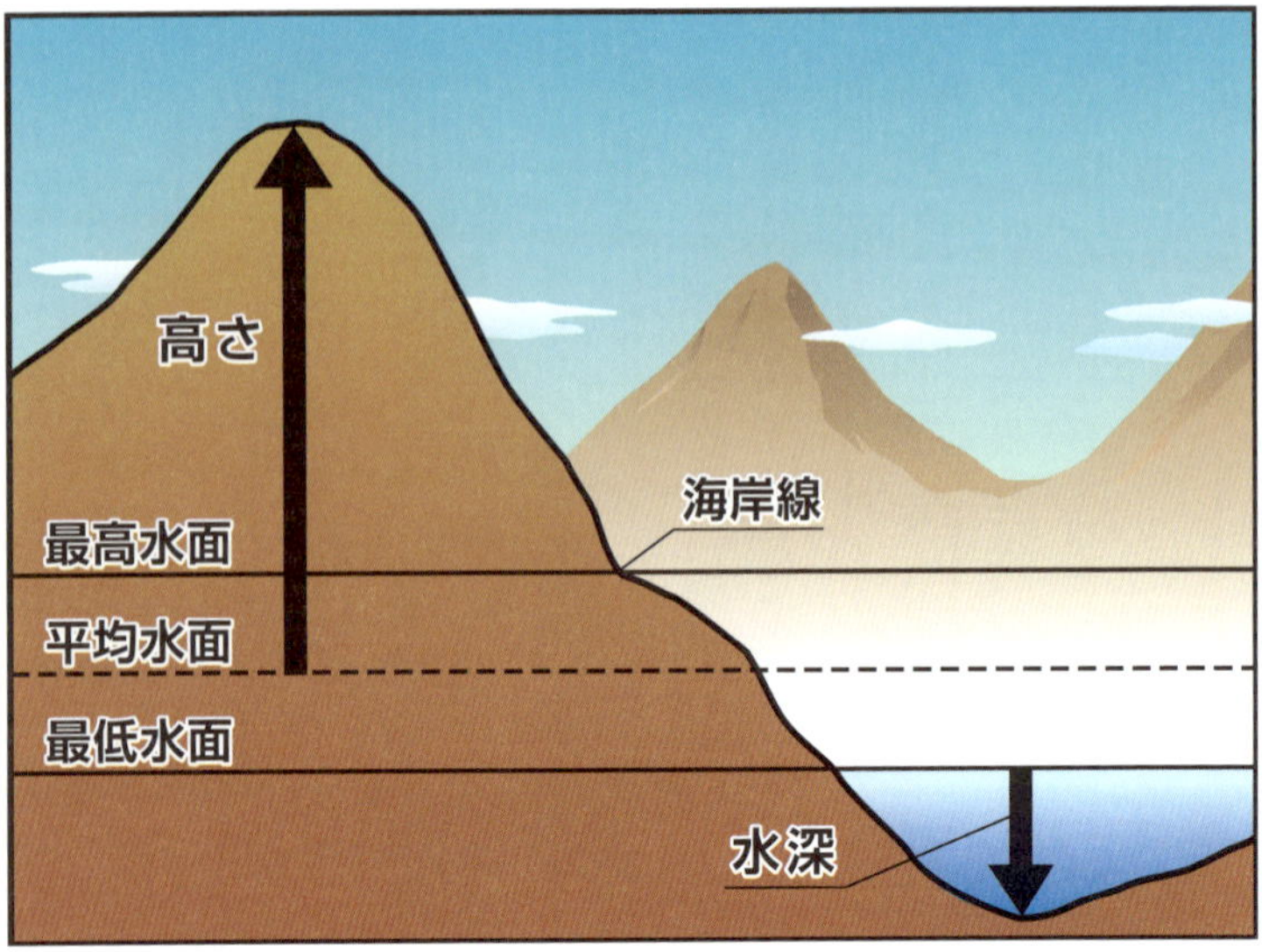

る基準面が異なっていることはあまり知られていない。

潮の満ち引きによって、水面の位置は変わってくるので、場所ごとに観測され、平均の面（平均水面）や、これ以上は下がることがないという面（最低水面）が割り出されている。水深はこのうち最低水面を基準にして測った値だ。これに対し高さは、平均水面から測った値。そのため海図には、水深・高さの単位と基準面が明記されている。

海部の表示には、「等深線」と記されたものもある。海底の起伏の状態を見やすくするためのもので、山の等高線に相当する。

等深線は、連続する細い実線で表わされ、通常の海図では2メートル、5メートル、10メートル、20メートル、200メートルの線が描かれている。

2

アジア

日本にとって歴史的にも経済的にも関わりの深い国ぐに。韓国などは東京の人からしてみたら、沖縄に行くよりも近いほどだ。しかし、その実態を私たちは意外に知らない。

そもそもアジアってどこからどこまでのこと？

世界の陸地の3分の1、世界人口の半数以上を占める広大なエリアがアジアだ。アジアというのは、もともとはギリシア・ローマ人から見て、エーゲ海よりも「東」の地域のことを指していた。

古代のギリシア・ローマ人にとっては地中海が世界の中心だった。そのため、現在のトルコ辺りのことをアジアと呼んでいたのだが、ヨーロッパ人の活動範囲が広がるにつれて、アジアの範囲も拡大していった。

ただ、どこからどこまでがアジアかという規定はあいまいだ。大まかには、ユーラシア大陸のヒマラヤ山脈を境界として西がヨーロッパ、東がアジアとなっているが、南側ではヒマラヤ山脈より西でもアジアと呼ばれる地域がある。広いアジアは、地理、気候、宗教、民族、国家、文化などによって分類が異なるのだ。

また、アジアのなかでも、東アジア、東南アジアなどと区分けされている。日本の外務省では東アジア、東南アジア、南アジアを「アジア」としているものの、各国によって定義は違う。

旧ソ連から独立した国の多いユーラシア大陸中部の国々は中央アジア、アラブ諸国の多い中東は西アジアとも呼ばれる。文化的にも民族的にも大きく違うのだが、サッカーW杯では同じ予選グループだ。また、ヨーロッパに分類されがちなロシアも、北アジアと呼ぶことがある。

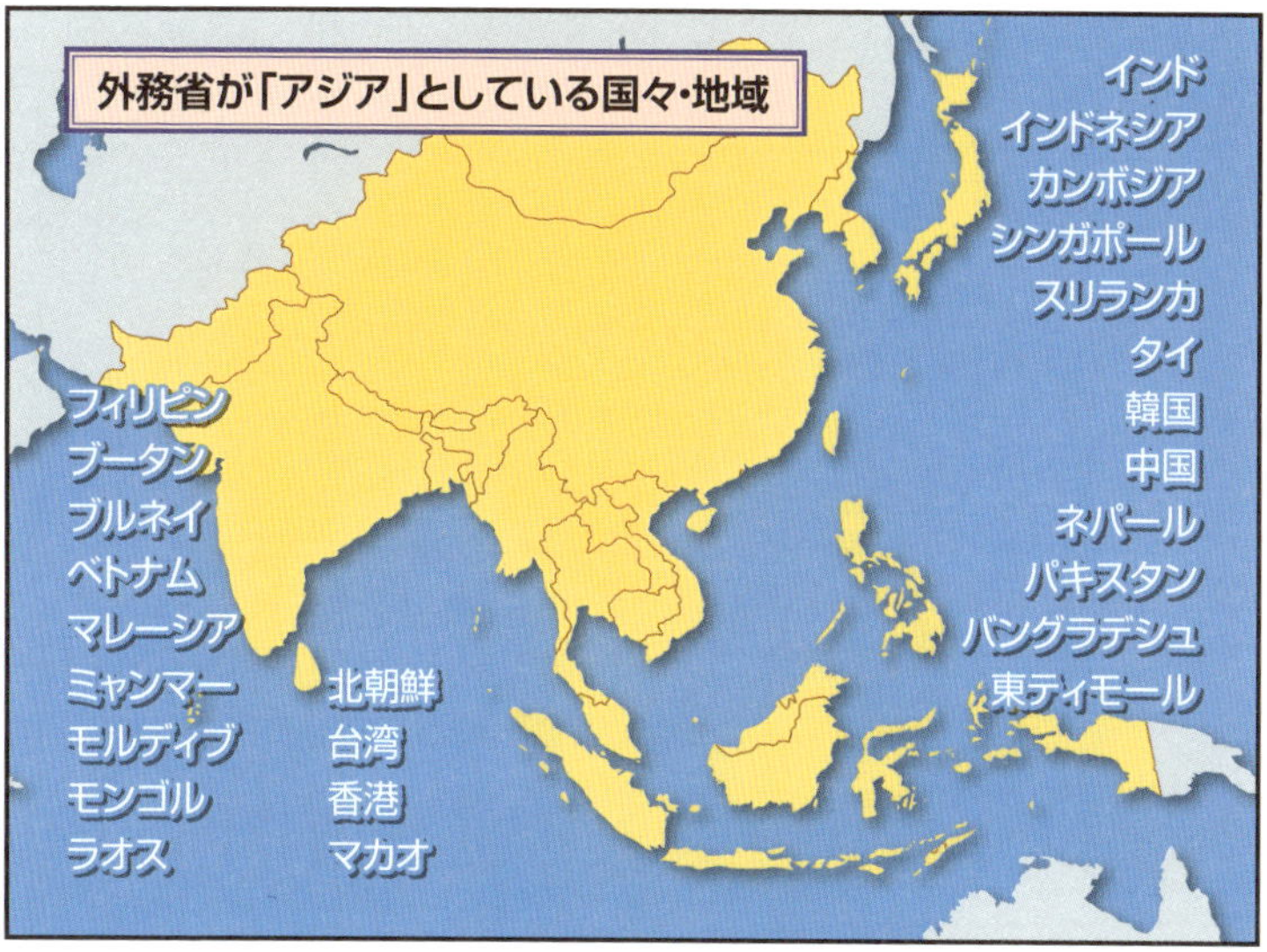

そもそも、ヨーロッパに近い中央アジアや西アジアでは、遊牧がさかんで、国境という概念が乏しかった。枠にはめようというのが間違いで、明確な線引きは難しいのだ。

北緯38度ではなかった韓国と北朝鮮の境界線

朝鮮半島を二分する、韓国と北朝鮮の軍事境界線は、通称「38度線」と呼ばれている。共同警備区域（JSA）の置かれた板門店《ハンモンテン》を停戦ラインとして、南北2キロメートルが非武装地帯（DMZ）だ。境界線付近でたびたび小競り合いがあり、緊張感が高まることもあるが、訪れる日本人観光客も少なくない。

そもそも38度線とは、第二次世界大戦後にソ連とアメリカが、朝鮮半島を分割統治するため、北緯38度を境界線とした大国同士の取り決めだった。しかし、のちに朝鮮戦争が勃発すると、まず北朝鮮が南下、その後アメリカの支援で韓国側が北朝鮮に北上、それに中国の支援を受け盛り返した北朝鮮が抗戦した。

こうして、膠着《こうちゃく》状態になったところで、現在の場所を軍事境界線として停戦協定が結ばれた。板門店の場所は厳密には北緯37度57分22秒だ。微妙にずれたが、結局は最初の取り決めと非常に近い場所が境界線になったことから、そのまま38度線と呼んでいる。

ところが、現在の停戦ラインはきっちり緯度で区切ったものではなく、戦闘の結果できたものなので、西では北朝鮮が韓国側に、東では韓国が北朝鮮側に食い込む斜めのラインになってしまった。

おかげで、かつて高麗《コウライ》の首都が置かれていた西の開城《ケソン》は北朝鮮側になり、北朝鮮が支配していた江原道《カンウォンド》が韓国側となった。現在の境界線は、朝鮮半島東海岸で北緯38度36分、西海岸で北緯37度50分と、東と西では南北80キロメートル以上の差がある。

韓国の地名は漢字で表せるのに なぜ首都のソウルだけカタカナ？

日本で出版されている韓国のガイドブックでは、地方や都市名は漢字で表されている。もともと中国文化の影響を強く受けてきた朝鮮半島は、１９１０年まで続いた李氏朝鮮の時代までは日本と同じ漢字文化圏だった。そのため、昔の地名は漢字で表せるのだ。「水《ス》原《ウォン》」や「済州島《チェジュド》」など、読み方は日本と違うが、現地でも駅名などは漢字と併記してい

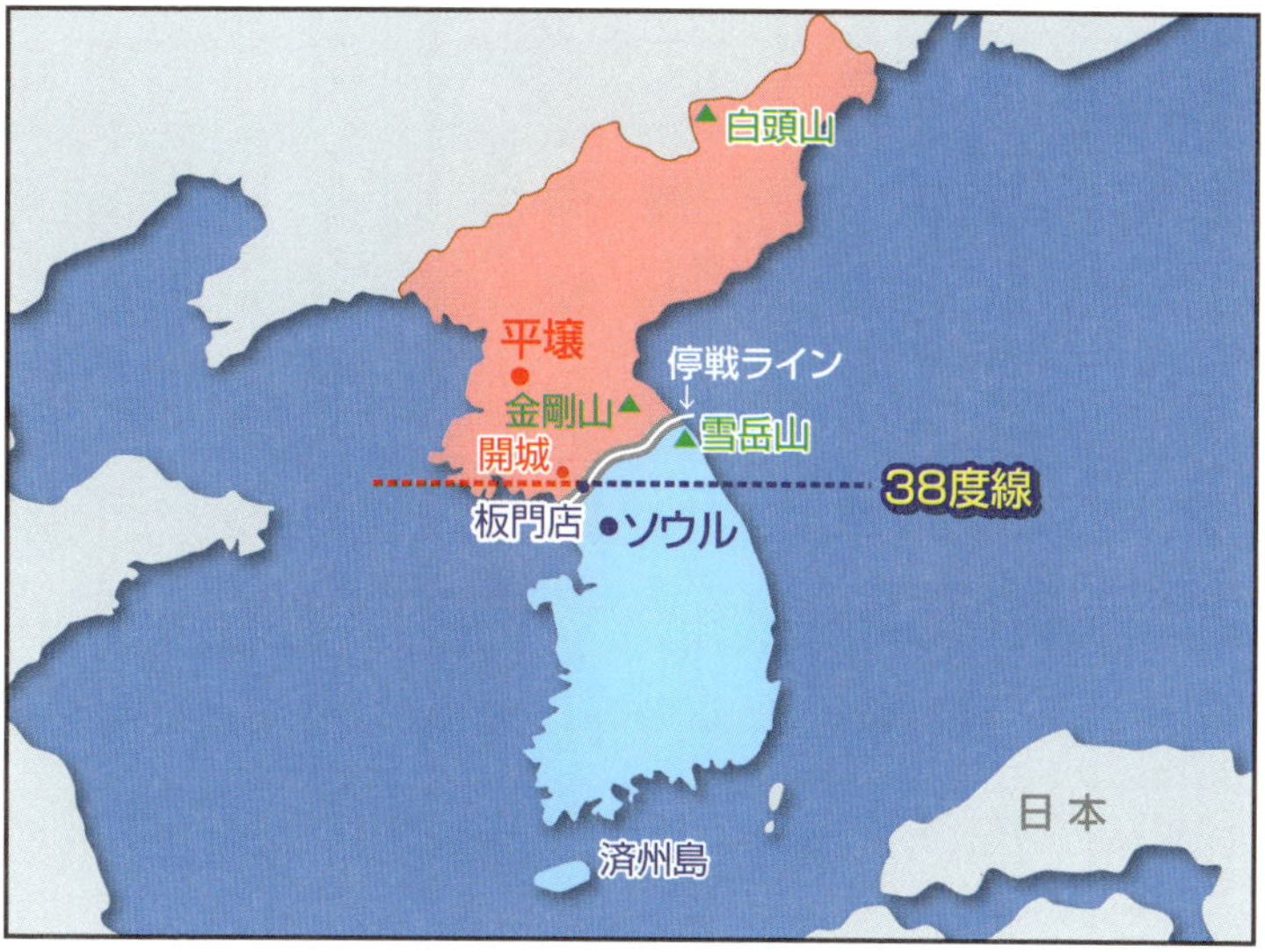

ることがあり、中国人や日本人など、ハングルが読めない人にはありがたい。

ただ、首都のソウルだけは漢字表記にできない。これは、ソウルという言葉そのものが「みやこ」を意味する朝鮮語であるためだ。もともとこの地は漢陽《ハニャン》と呼ばれており、朝鮮王朝の首都となったことで漢城《ハンソン》と呼ばれるようになった。ただ、李氏朝鮮時代から漢城のことを「ソウル（みやこ）」と呼ぶことがあり、韓国ができたとき、朝鮮語のソウルをそのまま首都の名前にしたのだ。

ただ、ハングル表記ではわかりにくいため、日本ではカタカナか英語表記を使っている。いっぽう、すべて漢字にする中国では、かつての首都名の漢城を使っていた。

しかし、2005年から韓国側の意向で「首爾《ショウアル》」の字を当てることになった。首都を意味する当て字だが、中国人向けの標識などは現在「首爾」に書き換えられている。ちなみに日本統治時代には、京城《キョンソン》とも呼ばれたが、これは日本が勝手に付けたものとされており、あまり使われない。

まるでモーゼの奇跡のように海が割れ、本土から歩いて渡れる珍島《チンド》

紅白歌合戦でも歌われた、演歌歌手・天童《てんどう》よしみの『珍島物語』という曲をご存じだろうか? この曲は、韓国に実在する島「珍島」を題材にしたものだ。

珍島は朝鮮半島西南端にある韓国では三番目に大きな島だ。なぜそんな名前なのかというと、島でありながら潮流と潮の満ち引きの関係で海が割れて、朝鮮半島本土と陸続きになる珍しい現象が起きるためだ。

旧暦の2月末と6月中旬になると、珍島の東海岸の潮が引き、本土との間に長さ2・8キロメートル、幅30~40メートルの道ができる。これが「韓国版モーゼの奇跡」として話題を呼び、シーズンには海割れ祭りが開催されている。1時間ほどでふたたび海中に沈んでしまうが、海割れの間に島まで徒歩で渡ろうとする人や、地表に現れた名産のワカメを収穫する人など、楽しみ方はいろいろだ。

いかにも神秘的な海割れだが、じつは世界的にはそう珍しい現象ではない。韓国でも珍島以外に数カ所見られ、日本でも、香川県の大余島《おおよしま》のエンジェルロードなどが知られる。世界的にはフランスのモン・サン・ミッシェルが有名だろう。しかし、規模でいえば、やはり珍島の海割れは格別だ。

シーズンには多くの観光客が訪れる。 ©Piotrus

焼肉店でおなじみの三大料理 うち二つは北朝鮮が発祥

焼肉を食べに行って、シメに頼むものとして定番なのが、ビビンバ、クッパ、冷麺だ。どこの焼肉店でもたいていメニューに入っているのではないだろうか。

韓国料理の世界では、ビビンバが全州《チョンジュ》、クッパは開城、冷麺は平壌《ピョンヤン》が発祥の地だったとされている。

全州は、韓国南西部にある全羅北道《チョルラプクト》の中心地。「食の都」と呼ばれるほど料理の発達した街だ。開城は、高麗の首都だった場所で、現在は北朝鮮側となり、南北融和のための開発特区に指定されている。そして、平壌はいうまでもなく北朝鮮の首都。韓国を代表するともいえる三大料理のうち、二つは北朝鮮が本場ということになるのだ。

韓国にも、地域ごとに有名なクッパや冷麺の料理があるが、じつはベースとなっているのは北朝鮮から伝えられたものなのだ。平壌の「玉流館《オンリユヴァン》」は1日1万食を売り上げる冷麺の人気店で、観光客はかならず訪れるといわれるほどだ。

もっとも、平壌以外では原料のそば粉の調達が難しいらしく、庶民はでんぷんばかりでつくったゴムのような冷麺を食べなければならないという。

韓国料理といえばキムチも人気だが、これも北朝鮮と韓国では全然違う。よく知っている唐辛子で真っ赤になったキムチは韓国だけのもの。北朝鮮では唐辛子が育ちにくいため白いままだ。

名称問題にゆれる 朝鮮民族の霊山・白頭山《ペクトゥサン》

北朝鮮と中国の国境に位置する、標高2744メートルの白頭山は、長白山《ちょうはくさん》や太白山《たいはくさん》などとも呼ばれている。万年雪におおわれ、頂上には天池と呼ばれるカルデラ湖があるが、現在も噴火の可能性がある活火山だ。

この白頭山は、朝鮮民族にとっては特別な山だ。神話では、天神の子・桓雄《ファヌン》が白頭山に降りたち、熊女《ウンニョ》と結婚して生まれた子が、朝鮮最初の王である檀君王倹《タングンワンゴム》だったとしている。檀君朝鮮の建国は紀元前2333年とされており、教科書にも朝鮮民族の起源として掲載されているほどだ。

もっとも、朝鮮民族の領土となったのは李

頂上付近にカルデラ湖がある白頭山。 ©Laika ac

氏朝鮮に入ってからのことで、それまでは渤《ボッ》海《カイ》国、金《キン》国、モンゴルと、領有権が変わっていた。金国を築いた女真《ジョシン》族にとっても霊山であり、やはり女真族の建てた清《シン》は、長白山と呼んで立ち入り禁止にしていたほどだ。そのため、中国では長白山と呼ぶのが一般的だったが、ここに領有権を主張する韓国が参戦し、長白山とは中国の侵略によって付けられた名前だと主張。中国側が、温泉地として観光開発を進めようとしていることにも猛反発しているそうだ。

マイナス10℃が当たり前でも風水で決まった首都ソウル

韓国のハワイとも沖縄ともたとえられる朝鮮半島西南端に浮かぶ済州島の緯度は日本の

四国と同じくらい。四国と同じくみかんが名産となっており、かつて流刑地だったとはいえ気候は温暖だ。

いっぽう、首都のソウルは北緯37度30分で、日本では福島県や新潟県と同程度。しかし、寒さでいえば北海道に匹敵するほどで、11月から気温はマイナスになり、1～2月にかけてはマイナス10～15℃くらいにまで下がる。理由は大陸から流れ込んでくる寒気がそのまま襲ってくるためだ。日本の場合は日本海で少しゆるやかになるため、同じ緯度でも気温は少し高めになる。

もっと暖かいところに首都を置けばよいとも思うが、そもそもソウルが首都になったのは李氏朝鮮時代のこと。初代の王となった李《イ》成桂《ソンゲ》は風水にもとづいてこの地を首都にしたのだ。日本の平安京なども同じで、風水では北に山、南に川のある場所がよいとされている。寒さよりも運気の上昇に期待したというわけだ。ちなみに、現在の仁川《インチョン》空港の北にある江華島《カンファド》は、朝鮮時代は済州島と並ぶ流刑地だった。済州島のほうがはるかに過ごしやすいが、都に近いのは江華島だ。罪人たちは、遠く離れた済州島よりも、寒さの厳しい江華島への希望者のほうが多かったという。

ダージリンやウバなどは なぜ紅茶の名産地なの？

ダージリン、ウバ、キーマンを世界三大紅茶銘柄という。すべて紅茶を産出する土地の名前だ。ダージリンはインド北部の山岳地。ウバは、かつてセイロンと呼ばれていたスリランカの中央高地にあり、キーマンは世界遺

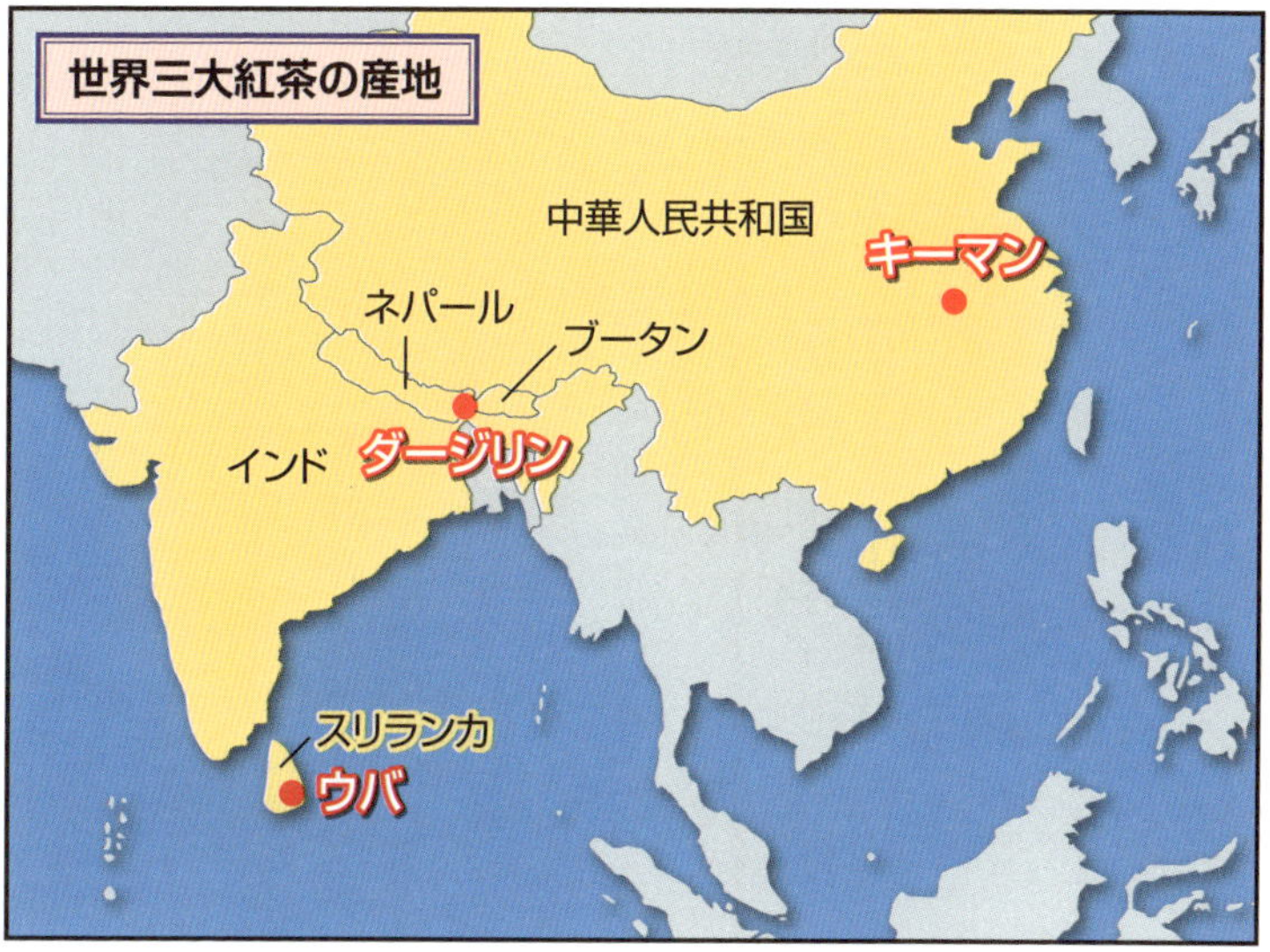

産にもなった中国の黄山のふもと。共通するのは高地ということだ。

　スリランカでは、標高４０００フィート（約１２１９メートル）以上の高地で栽培された紅茶をハイグロウン、２０００フィート（約６１０メートル）以下のものをロウグロウンとし、中間をミディアムグロウンとしている。三大紅茶はすべてハイグロウンティーだ。ハイグロウンの紅茶が人気なのは、涼しくて生育が悪い分、味や香りが濃くなるためだといわれている。

　もっとも、紅茶の品質は産地だけで決まるものではない。喫茶店などで見かけるオレンジペコーとは、紅茶の葉の新芽とすぐ下の葉のこと。オレンジペコーは産地ごとに存在する。しかし、低地栽培の紅茶は、育成が進んで葉が大きくなることから、茶葉の大きさをそろえるためにカットするので、ブロークン・オレンジペコー（ＢＯＰ）となる。

また、アールグレイは、複数の茶葉に、ベルガモットなど柑橘系の香りを付けたもの。世界一の紅茶好きとして知られるイギリス人が生んだフレーバーティーだ。18世紀にアジアに進出したイギリスは、次々と植民地化するいっぽうで、紅茶の虜《とりこ》となり、アフタヌーンティーの文化を定着させたのだ。

世界で4番目に大きな湖だった アラル海が消滅寸前!?

世界最大の湖は、中央アジアとヨーロッパの境にあるカスピ海。その東側、カザフスタンとウズベキスタンの間にアラル海という湖がある。湖なのに海と呼ばれているのは、それだけ大きいということだ。カスピ海の湖面面積は日本の総面積とそう変わらない。アラル海も、かつては世界で四番目に大きな湖で、東北地方が収まるほどだった。

なぜ「かつて」なのかというと、現在のアラル海は干上がってしまい、ランキングは下がるいっぽうなのだ。ここ50年間でアラル海は消滅寸前にまで追い込まれている。

きっかけは、旧ソ連時代の「アラル海プロジェクト」だった。１９６０年に、ソ連はアラル海周辺の緑地化プロジェクトを掲げ、アラル海に注いでいたアムダリア川とシムダリア川の流れを農業用水路に引き込んだのだ。

おかげで農業は一時活性化したが、注ぎ込む水を奪われたアラル海は急速に縮小を始めた。しかも、塩分濃度の濃くなった湖の表土が、風に運ばれて周囲の農作物に被害を与え

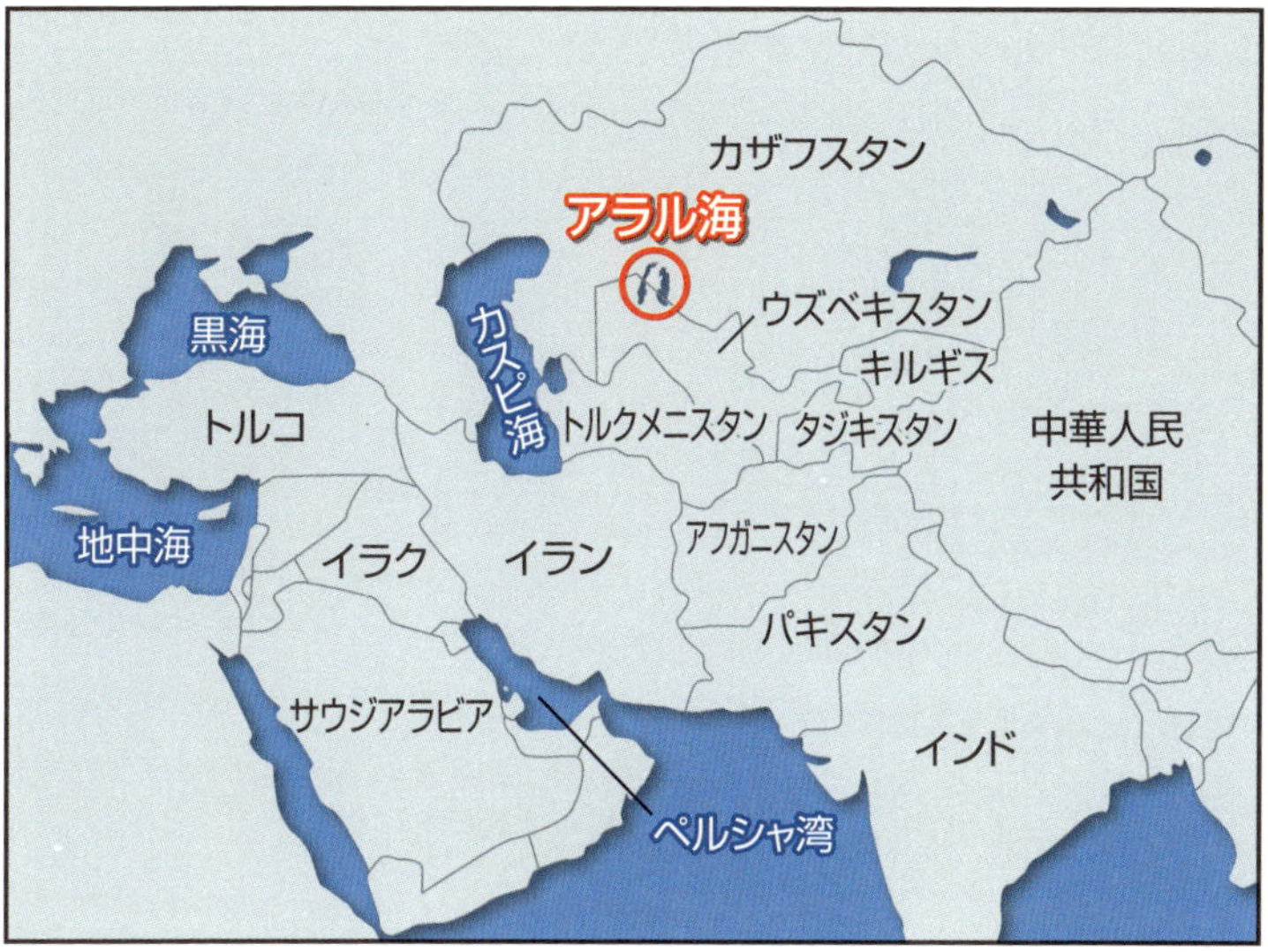

たため、農地では川の水を戻すどころか、さらに多くの水が必要になった。そして、気温の変化を和らげる水がなくなったことで、冬も夏も厳しい気温となってしまった。

現在、アラル海は湖底が露出しいくつにも分裂してしまっている。このままでは「海」どころか「湖」ですらなく、「池」レベルにまで落ち込みそうな勢いだ。地域住民の生活や健康にも大きな影響を与えているため、関係国が対策を講じているが効果は薄いようだ。

世界で一番低い場所にある死海が本当に死にそう

世界で最も標高の低い場所は、イスラエルとヨルダンの国境にある死海周辺。なんと海抜はマイナス423メートルにもなる。陸地

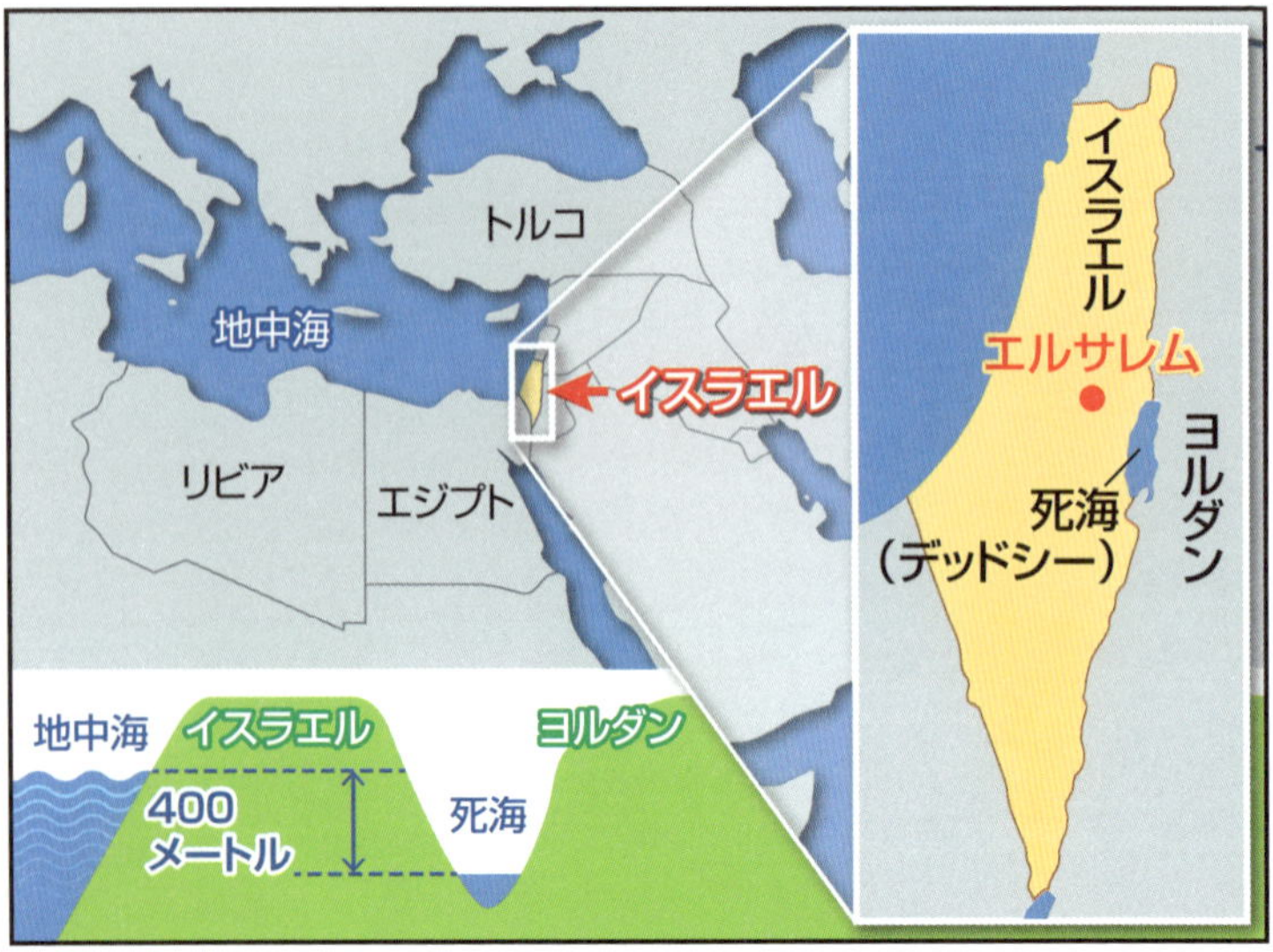

よりも、周辺の海よりもはるかに低いのだ。
死海に注いでいるのは塩分を含んだヨルダン川の水だが、それ以上低い場所がないので流れ出る水はない。水が減るのは蒸発するからで、塩分だけが残る。そのため、死海の塩分は約25パーセントにもなり、水に入ると人間が浮いてしまうことで有名だ。死海と呼ばれるのも、塩分が濃すぎて魚や水草などがまったく生きられないところからきている。
そんな死海が、あと30年ほどで干上がってしまう可能性があるという。原因は、ヨルダン川の水を灌漑《かんがい》に利用したことから、死海への供給量が大幅に減少したためだ。もともと砂漠地帯で雨もほとんど降らないことから、蒸発する水分量が供給量を上回り、水位がどんどん減っているのだ。さらに、生活用水やカリウム採取のための取水も行なっているため減るいっぽうだ。

イスラエルでは、地中海の水を死海に引き込む計画を立てているが、周辺は紛争地帯でもあり、なかなか計画は進まないようだ。

西アジアと中近東 一体どこが違うの？

西アジア一帯のことを中東といったり、中近東といったりするが、明確に違いのわかる人はいないだろう。それもそのはずで、そもそも明確な区分けなどないのだ。

「中東」（ミドルイースト）という言葉が初めて登場したのは1902年のこと。アメリカの海事戦略家のアルフレッド・マハンが、論文のなかでエジプトのスエズからインドまでの一帯をこう呼んだのが最初だ。中東というのは、ヨーロッパ人から見たアジア東部を「極東」（ファーイースト）、小アジア、バルカン半島など、ヨーロッパに近い旧オスマン・トルコの支配エリアを「近東」（ニアイースト）としたことから、その中間という意味でつくられた言葉だ。ただ、現在「中東」という場合は、アラビア半島周辺のことを指していることが多いので、当初の場所とは若干ズレがあるのだ。

中東と近東をあわせて「中近東」などと呼ぶこともある。日本における中近東の範囲は、東はアフガニスタン、西はモロッコ、北はトルコ、南はスーダンまでとされている。ただ、これは日本の外務省が便宜的に使っている独自の解釈であって、国際的なものではない。

アフガニスタンは中央アジアになる場合もあるし、トルコはヨーロッパに含む場合もある。モロッコやスーダンがあるのはアフリカ大陸だ。アフリカが入っているのは、イスラム教国が含まれているためといえる。とはいえ、かならずしもイスラム教国ばかりではないところが話をより複雑にしている。

イスラム教を国教とするアラブ諸国とはどこのこと？

中東のことを「アラブ諸国」ということもある。アラブとはアラビア、つまりはアラビア半島に住む人びとの国といえるが、アラビア語を話す人びとという意味にもなる。アラビア語はコーランの言葉でもあり、アラブ人はほとんどがイスラム教徒だ。

したがってアラビア語を話し、イスラム教徒であることがアラブ人であると定義することもできるだろう。アラブ人という人種や民族がいるわけではなく、文化や歴史、地理的・政治的な意味が絡まりあった結果、生まれた概念だといえるだろう。同じ中東にあっても、イスラム教を信奉するイランは、ペルシア人の国なので（公用語はペルシア語、トルコ語、クルド語など）、アラブ諸国には含まれない。アラビア半島に国土があっても、ユダヤ教であるイスラエルもアラブ諸国には入らない。いっぽう、エジプトやスーダンなど北アフリカ地域が含まれることもある。

最もわかりやすいのは、アラブ連盟の加盟国をアラブ諸国とすることだ。ただ、アラブ連盟は地域の互助組織なので、これもひとくくりにするのは難しい。加盟国のなかには、アラビア語を話しても宗教は違う、イスラム教徒だが使う言語は違うといった人びとが多

アラブ首長国連邦・アブダビのシェイク・ザイード・グランド・モスク。 ©HISHAM BINSUWAIF

数住んでいる場合もあるのだ。

どうにもはっきりしないが、当のアラブ人はアラブ人であることに誇りをもっている。少なくともアラブ人を、イラン人やイスラエル人と同じだと考えると、双方に対して大変失礼にあたるので注意が必要だ。

カザフスタンやアフガニスタン中央アジアに多い「スタン」とは？

旧ソ連から独立したカザフスタンやウズベキスタン、トルクメニスタンにタジキスタン、それ以前からあったアフガニスタンやパキスタンなど、中央アジアには末尾に「スタン」が付いている国が多い。キルギスも独立当初はキルギスタンを名乗っていた。

この「スタン」の語源はペルシア語で「土

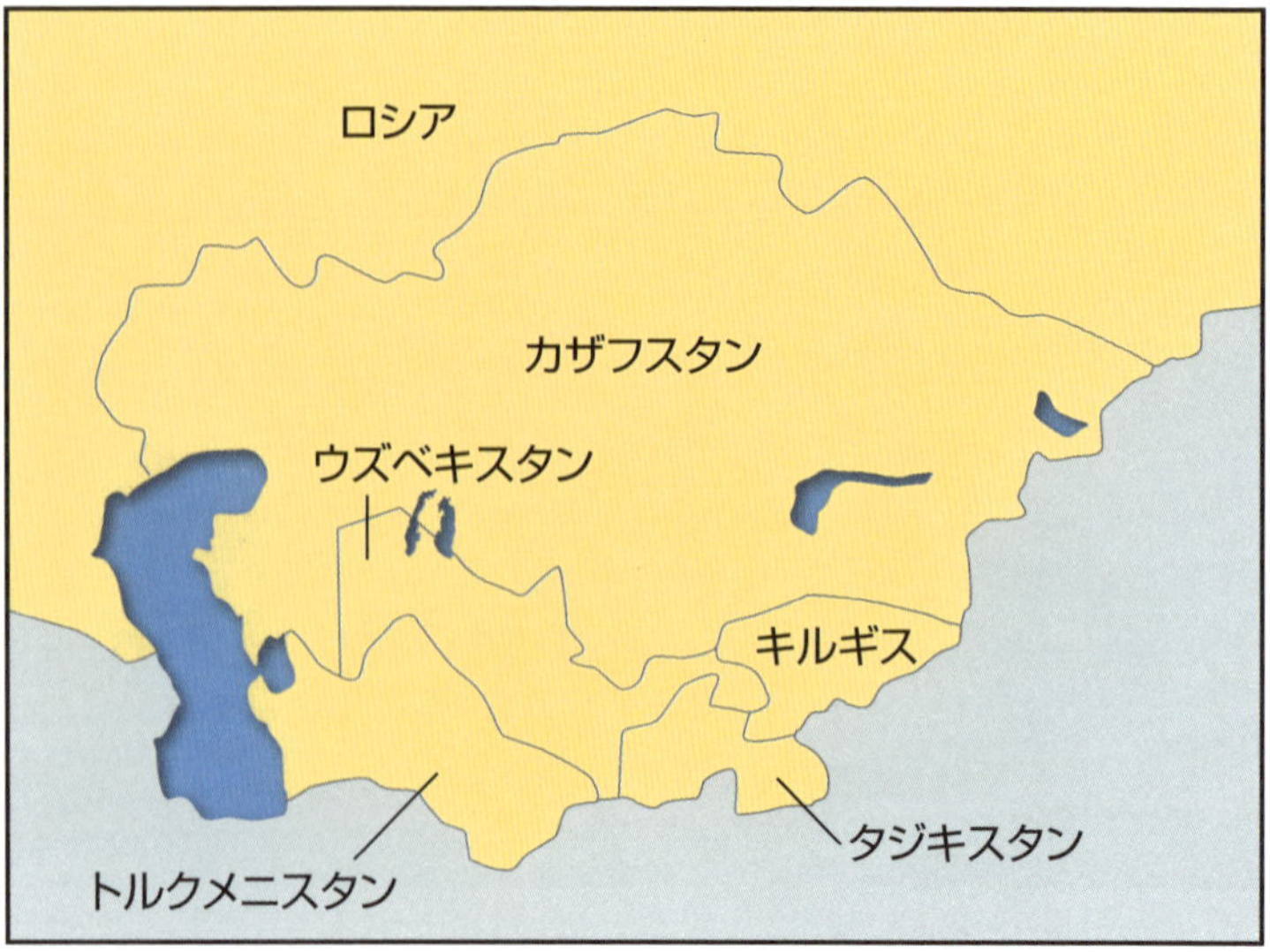

地、～の多い場所」を意味する「イスタン」（estan／istan）だ。つまり、アフガニスタンなら「アフガン人の土地」、ウズベキスタンなら「ウズベク人の土地」といった意味だ。

例外的なのはパキスタンで、Ｐは東部のパンジャブ州、Ａは西部に住むアフガン人、Ｋは北東部のカシミール地方、さらにイスラムのＩ、南部シンド州のＳ、西南部のバロチスタン地方のＴＡＮをつないだものだという。これが、ペルシア語では「清浄な国」という意味になるそうで、うまくつないだものだ。

「スタン」は、ペルシア系民族の間では、国の名前だけではなく、地方名にも使われる。そして、ほかの国にもスタンの付いた呼び方がある。中国のことを「支那《しな》」と呼ぶ場合もあるが、これは古代王朝の秦《しん》からとって「シナスタン」と呼んでいたのがもとになっている。中国の新疆《しんきょう》ウイグル自治区のトルコ系民族は、自分たちの居場所を「東トルキスタン」と呼ぶ。ほかにもロシアはルサスタン、イギリスはエンゲレスタンになる。日本で「露国」や「英国」などと、漢字に変換しているのと同じだと思えば納得しやすい。

中東に多いオイルマネー どうして油田だらけなの？

日本が輸入する石油の約3割はサウジアラビア産だ。ほかにもアラブ首長国連邦（UAE）やカタールなどからの輸入が多い。産油国といえば中東のアラブ諸国をイメージする人も多いだろう。潤沢なオイルマネーで贅沢な暮らしをしている国も少なくなく、石油輸出国機構（OPEC）でも、主要国は中東やアフリカ北部の国ぐにだ。しかし、中東や北アフリカは、石油以外にはほとんど資源をもたない砂漠地帯だ。赤道に近く、生きるのも大変な場所からなぜ石油がたくさん出るのか？

じつは、現在砂漠となっているこの辺りは、昔は海だったのだ。石油とは、海底に沈んだプランクトンの死骸が、長い間に堆積し、地熱や地圧の影響で変質したものだ。つまり、石油が出る場所というのは昔の海底なのだ。

厳密には、産油国は中東だけではなく、北ヨーロッパには北海油田があり、ロシアやインドネシアでも産出している。海底でも内陸部でも石油が出る場所は世界各地にある。南米のベネズエラは、埋蔵量ならサウジアラビアを抜いて世界一といわれる。ただ、中東の場合は砂漠という開けた場所にあり、採掘が比較的容易というのは有利な点かもしれない。

身内でも領土を主張しあう2強5弱のアラブ首長国連邦

アラビア半島の東部、ペルシア湾に面したアラブ首長国連邦（UAE）は、7カ国の首長国による連邦国家だ。各首長国はアブダビ、ドバイ、アジュマーン、フジャイラ、シャールジャ、ラアス・アル＝ハイマ、ウンム・アル＝カイワイン。全体で北海道ほどの面積をもつが、隣のサウジアラビアの28分の1しかない。

しかも、国土の8割以上はアブダビ領で、最小のアジュマーンはアブダビの260分の1しかなく、日本でいう佐賀県程度だ。

そして各首長国の領土も複雑に入り組んでいる。アブダビの次に大きなドバイはともかくとして、ペルシア湾とオマーン湾に面した突端周辺は、あちこちに飛び地やUAE内で共同統治する場所、領有権争いをしている場所があり、さらに隣国のオマーンやカタール、サウジアラビアと係争している地域や、共同統治している場所がある。海洋上の島の領有権争いなどもあるのだからややこしい。

各首長国の国力差から、大統領はアブダビ、副大統領はドバイから出すのが決まりとなっている。しかし、当然残りの5首長国も黙ってはいない。部族同士で争っていた時代のなごりがあるのだ。

もっとも、UAE内でいがみあっていても、いざ外国が相手となれば一致団結するので、結び付きは強い。ちなみに、各首長国間は往来自由なので、領有権争い自体、あまり意味がないともいえる。

まるで異世界のような生態系
シュールな植物が育つソコトラ島

ガラパゴス諸島や、マダガスカル島など、外界と隔絶したことで独特の生態系をもった島は少なくない。それぞれに珍しいが、インド洋に浮かぶソコトラ島もかなり独特だ。ソコトラ島はアラビア半島の南３００キロメートル、アフリカ大陸の東端から北東に２４０キロメートルの地点にある。若干アフリカのほうが近いが、中東のイエメンに属している。

この島でとりわけ有名なのは、切ると赤い血のような樹液を出す「竜血樹《りゅうけつじゅ》」だ。まるで巨大な傘の開いたキノコのような形状で、ヨーロッパや中国では、採取された樹液を固めて万能薬として売られていた。また、幹だけが異様に太く、最上部にわずかに枝と葉の付いた「ボトルツリー」や、世界で唯一のウリ科の樹木「キューカンバーツリー」などが、乾燥した岩肌にしぶとくしがみ付いている。島に自生する840種類の植物のうち、300種類以上がソコトラ島にしかない固有種だ。爬虫類《はちゅうるい》や鳥類にも島固有の種があり、虫の固有種はとても調べきれないほどだ。

中世には、中東とアジアを結ぶ拠点として港がつくられたソコトラ島は、東洋人にとっても西洋人にとっても異様な世界に映ったことだろう。一時外国人は立ち入り禁止となっていたが、2008年に世界自然遺産に登録され、現在は外国人の観光客も多い。ただ、厳しい自然環境であることは間違いなく、リゾート気分で行くと激しく後悔するだろう。

高級外車を乗り回して砂漠を暴走 サウジアラビアのドリフト族

オイルマネーで潤うサウジアラビアは、所得税も消費税もなく、教育費も医療費も無料。いっぽうで、イスラム教国のなかでもとくに厳格であり、酒もタバコも禁止で男女の接触もほとんどない。

そんなサウジで問題となっているのが若者たちの暴走だ。公道でほかの車が走っているのもかまわずにドリフト走行をくり返す若者が増大し「サウジドリフト」と呼ばれている。その理由とされているのは、若年層の20パーセントを占める失業者だ。外国人労働者が増えるいっぽうで自分たちには仕事がないということで、たまったうっぷんを晴らしている

サウジのドリフト族。富裕層が多く高級車を乗り捨てることもある。 ©borntosnore

のだ。とはいえ、甘やかされて育った若者たちは肉体労働などの3K職業を嫌がる。

富裕層の若者が多いことから、暴走に使われる車は高級車ばかり。スポーツカーだけでなく、高級4WD車で砂漠を片輪走行する者もいる。しかも、ガス欠になったらそのまま乗り捨てるなど、完全にオモチャ感覚だ。ギャラリーなども付いて来るが、なかにはマシンガンを撃ちまくりながら暴走したり、銀行を襲うなどギャング集団と化すグループも出てきた。ドリフトに失敗して車がひっくり返り、命を落とす若者の数も増大。人身事故の件数は世界トップレベルだ。

ちなみに、サウジアラビアのパトカーはランボルギーニ社製。スピードなら十分対抗できるのだが、事故や銃撃戦などの危険性が高まるため、あまり本気で追跡しようとしない。

エルサレムの街。ユダヤ教の聖地「嘆きの壁」(中央)、後ろにキリスト教の聖書に出てくるオリーブ山、左右にイスラム教の岩のドーム(左)とモスク(右)が見える。

©Sheepdog85

ユダヤ人ばかりではない 三つの宗教の聖地エルサレム

周辺をイスラム教国に囲まれたユダヤ人国家のイスラエル。首都エルサレムは、ユダヤ教、キリスト教、イスラム教、それぞれにとっての聖地だ。国民はユダヤ教徒が多数を占めるが、イスラム教徒のアラブ人居住者も20パーセント、キリスト教徒も2パーセントほどいる。そこで、道路標識などはヘブライ語、アラビア語、英語が併記されている。

エルサレムはきっちり四つに区切られ、東北はイスラム教徒区、東南はユダヤ教徒区、西北はキリスト教徒区、そして西南は古代からこの地に住むアルメニア人地区となっている。イスラム教徒区周辺は高い壁で囲まれ、通るには検問を受けなければならない。両者は互いの教義に干渉せず、ユダヤ教徒は毎週の安息日には仕事を休み、イスラム教徒はイスラム教暦の9月から断食節のラマダンに入り、キリスト教徒はキリスト生誕日のクリスマスを盛大に祝う、といった具合だ。

パレスチナ問題などで、「中東の火薬庫」と呼ばれるほどの紛争地帯だが、さすがに聖地でやり合おうとは誰も思わないようだ。とはいえ、それぞれに過激な思想をもった信者がいるため、両者の溝はなかなか埋まらない。

誰でもユダヤ人になれる? 審査は厳しいイスラエルの戒律

イスラエルは世界各地に散っていたユダヤ人によって建国された。では「ユダヤ人」とはどんな人たちなのか? ユダヤ教の規定では、ユダヤ人の母から生まれた子か、ユダヤ教の信者のどちらかであればユダヤ人となる。なぜ母親かというと、父親がユダヤ人で母親がそうでなかった場合、本当に父親がユダヤ人かわからないため。だが、ユダヤ教徒であればよいなら、改宗すれば誰でもユダヤ人としてイスラエルに移住できることになる。

もちろん、改宗が認められるにはかなり厳しい審査がある。改宗後は、ユダヤ教の戒律にしばられ、肉類では豚やウサギ、魚介類はうろこのないものを食べるのは禁止。男子は性器の皮を切り取る割礼が義務付けられている。また、イスラエルではヘブライ語が公用語となるため、まずキブツと呼ばれる集団農業共同体で働きながらヘブライ語を学ぶ。

また、同じユダヤ教徒でも、比較的戒律の

ゆるい世俗派、戒律に厳しい正統派などがいる。全体の1割を占める超正統派にもなると、外国人が認められるのはかなり難しい。超正統派は、つねに全身真っ黒な衣服を着て、ひげを伸ばし、断食も年6回行なう。さらに、イスラエルでは男女問わず兵役義務があるが、超正統派として認められると免除されることが多い。この審査も厳しく、FacebookやTwitterなど、ＳＮＳの履歴まで徹底的に調べられる。その覚悟がある人だけがユダヤ人になれるのだ。

世界一の海賊出現ポイント マラッカ海峡は日本の生命線

漫画やアニメの海賊は、冒険好きのヒーローだ。しかし、実際の海賊は、積荷だけでなく命を奪うこともある恐ろしい存在だ。21世紀に入ってアフリカのソマリア沖の海賊が話題となった。機関銃やロケットランチャーで武装して船を襲い、日本籍の船も被害を受けた。海上自衛隊の派遣をめぐっては国内でも議論が重ねられた。

ただ、２０１４年の海賊出没件数を海域別に見ると、東南アジアが１４１件で58パーセント、ソマリア沖は11件で４パーセント。海賊行為の半分以上は、インドネシア、マレーシア、マラッカ・シンガポール海峡で多発しており、東南アジアのほうが圧倒的に危険だ。

この海域は、東西貿易の重要な中継地点となっていて航行する船舶も多い。また、狭く入り組んだ海峡と無人島が多いことから、海賊が潜伏しやすく、発見されにくくなっているといわれている。

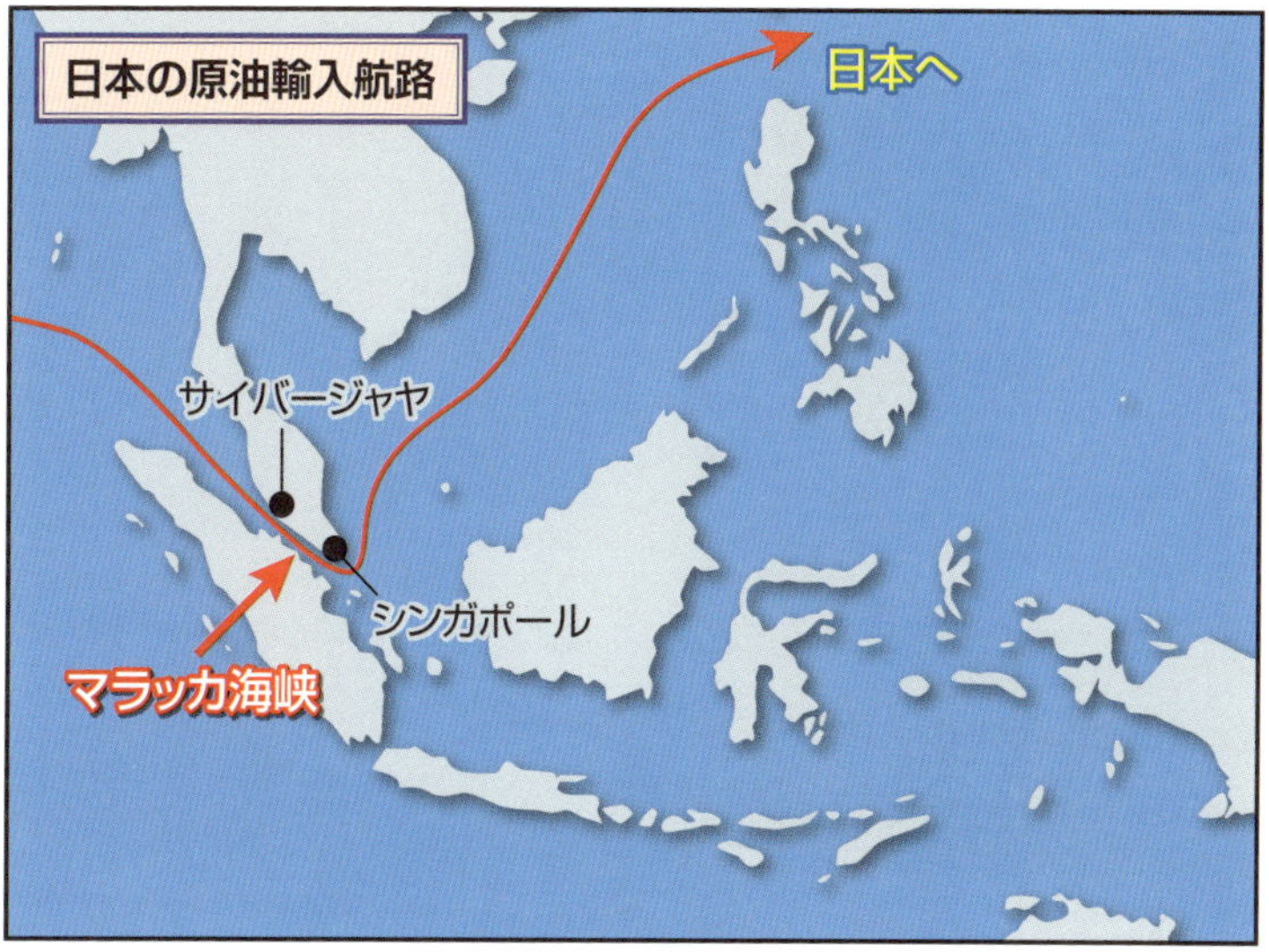

中東から日本に輸入される石油は、かならずここを通ることになる。海賊がタンカーを襲い、乗組員を誘拐し身代金を要求、石油を奪うという事件も発生した。インドネシアやシンガポールは、海域のパトロールを強化したが、イギリスの保険会社ロイズは、2006年にマラッカ海峡を「戦争地域に準ずる危険度」と発表した。

東南アジアに出現した近未来都市 マレーシアのサイバージャヤ

近年顕著な発展を遂げているのがマレーシアだ。技術吸収力では世界一といわれ、天然ガスやレアアースなどの天然資源に加え、家電やデジタル機器などの輸出で急成長した。携帯電話普及率は144パーセントを超え、スマートフォンの所有率も日本とほぼ同じ。

そんなマレーシアの首都クアラルンプール近郊に、突如として現れたのが、情報産業都市「サイバージャヤ」だ。これは、マレーシア政府が1996年に打ち出した開発計画「マルチメディア・スーパー・コリドー」によるもの。2020年の先進国入りを目指して、クアラルンプール空港近くのプランテーションを開発した。そして新たな行政都市「プトラジャヤ」に首都機能を移管し、IT産業の育成と集積のためにサイバージャヤを建設。海外のIT企業も積極的に誘致した。

政府が認めた企業には、10年間の法人税免除などの優遇措置がとられることから、開始して10年後の2006年には、目標の500社の3倍を上回る1642社が進出し、企業数は現在も右肩上がりだ。空港へのアクセスもよく、通信インフラも整った近未来都市だが、いっぽうで公園整備なども進められ、東南アジアを代表する都市となっている。

道にゴミを捨てたら罰金8万円 厳罰主義のシンガポール

東南アジアのマレー半島の南にあるシンガポールは、国全体でも東京23区ほどの広さしかない小国だ。

いっぽうで、東南アジア一の経済都市であり、厳しい罰金制度があることでも知られている。よくいわれるのが「道にゴミをポイ捨てしただけで1000Sドルの罰金」というもの。1シンガポールドル（Sドル）は85円ほどなので、約8万5千円の罰金だ。これは最高額であって最低500Sドルから。それ

シンガポールの高層住宅。1平方キロメートル当たり約7500人という世界第2位の人口密度を支えている。 ©alantankenghoe

でも紙切れ1枚でも捨てれば約4万円。しかも、再犯の場合は2000Sドル（約17万円）にはね上がり、清掃作業などの奉仕活動が追加される。また、古典的なムチ打ち刑も残されている。

なぜこれほど厳しいのかといえば、世界有数の人口密集地帯のため。狭い国土で国民が快適に暮らすには、とにかく清潔感が第一ということだ。シンガポールの政策はFine（美）& Fine（罰金）と呼ばれている。

電車内での飲食、指定場所以外での喫煙、鳥へのエサやりも罰金対象。住民は庭の樹を切るのにも許可が要る。海外旅行客がとくに注意しなければならないのは、チューインガムのもち込みだ。なんと罰金1万Sドル（約85万円）にもなるので注意。最高は麻薬や銃器のもち込みで、問答無用で死刑となる。

世界全般
アジア
ヨーロッパ
アメリカ 中南米
アフリカ・極地 オセアニア
日本

国土をちょっと広げるために土まで買ったシンガポール

シンガポールは、年々拡大している。経済ではなく国土面積のことだ。独立当初575平方キロメートルしかなかったシンガポールだが、現在は700平方キロメートル以上になっているのだ。

面積拡大は、海岸を埋め立てたことによるものだ。南側の海岸線の埋め立てが進んだため、かつて海外観光客でにぎわったビーチロード沿いは、ビーチから遠ざかり、オフィス街となっている。

しかし、狭いシンガポールに埋め立て用の土を採取できるような土地はない。なんと隣国のインドネシアから輸入しているのだ。

埋め立てといえば、日本ではゴミを埋め立てた「夢の島」が有名だ。現在人気スポットとなっているお台場もゴミによる埋立地だ。シンガポールでもゴミを使った埋め立てを行なっているが、ゴミはシンガポール島ではなく、8キロメートル南のセマカウ島に運ばれている。ほとんどはリサイクルにも焼却処分にもできなかった焼却灰などだが、周辺は堤防で囲み、マングローブを植えるなど、環境への配慮が行き届いている。ゴミの島なのにまったく臭くない緑の島となっているのだ。

下水をろ過したニューウォーターシンガポールの水不足解消策

1965年にマレーシアから独立したシンガポールだが、本島のシンガポール島も周辺

シンガポールのゴミ処理地・セマカウ島。　©Sengkang

の島も、高低差が少なく、井戸を掘っても出るのは海水ばかり。

自前の水源をもたないことから、シンガポールは長い間マレーシアから水を輸入してきた。マレーシアとの間にあるジョホール海峡を結んだ道路の下に水道を通し、水を供給してもらっていたのだ。しかし、けっして仲がよいとはいえないマレーシアにライフラインを握られた状態では、外交的にも弱い立場にならざるをえない。

そのため、シンガポールでは雨水をためたり、海水をろ過して淡水化するなどのさまざまな対策を講じてきた。17カ所も貯水池を置いて、マリーナ湾をせき止めて淡水化するダムも建造している。

しかし、500万人以上の水をまかなうにはとても足りない。

そこで、シンガポール政府が21世紀に入って始めたのが、日本の逆浸透膜を使ったろ過技術を利用し、下水を徹底的にろ過することにより、水だけを取り出した「ニューウォーター」の製造だ。つまり、おしっこを始めとした生活排水を飲み水に再利用しようというこころみだ。

元はおしっこだったと聞くとかなりの抵抗感があるようで、国内では反対の声が続出した。しかし政府は、２０３０年までに水利用率の半分をニューウォーターに転換することを計画している。

安全性をアピールするために、大臣みずからニューウォーターをゴクゴク飲んでみせるなどの広報活動を行なっている。さらに、この水処理技術を、海外にも輸出しようと画策しているようだ。

世界一高い山エベレストの背がちょっとだけ伸びた

世界一高い山といえば「エベレスト」だ。エベレストという名前は、１８３０年、インド測量局の初代長官となったイギリス人のジョージ・エベレスト卿《きょう》が、この山の位置と標高を確定したのにちなんでいる。

とはいえ、植民地になる前から山はあり、チベット語でチョモランマと呼ばれていた。チョモランマとは「女神」(Chomo)と「世界」(Lungma)で「世界の女神」を意味する。

ところで、そんなエベレスト（チョモランマ）だが、じつは少しだけ高くなっていたことが判明。これまで標高８８４８メートルだったのが、アメリカの全米地理学協会によ

カラパタール山から見たエベレスト。

り、標高8850メートルに修正されたのだ。いきなり2メートルも高くなった理由は、測量技術の進歩により、GPSを使った正確な測量ができるようになったため。しかし、地殻変動により、もともと年間数ミリずつ成長していたという意見もある。

ヒマラヤ山脈は、ユーラシア大陸とインド亜大陸がぶつかったときにできたもの。現在もインド亜大陸がユーラシア大陸に潜り込むように地殻変動を続けており、エベレストも少しずつ高くなっているというわけだ。

世界で2番目に高い山K2にはどうして名前がないの?

ヒマラヤ山脈には、世界一高い山であるエベレストよりも、ずっと登るのが難しいといわれる山がある。それが標高８６１１メートル、世界で2番目に高い山であるK2だ。

　K2というのは、カラコルム（Karakorum）山脈の2番ということ。これは高さが2番目ということではない。イギリス統治時代のインドで、測量局が山脈の南側から測量を始めたため、高い山にはK1から順に番号をふっていったことに由来するのだ。

　この山々に名前が付いていなかったのは、人里からあまりにも離れていて、現地人ですら近付かない秘境だったからだ。登頂が難しい理由もそこにある。その後、K1にはマッシャーブルム、K3にはブロードピークと名前が付けられていったのだが、イギリスの王立地理協会が、名前を付けるのに反対したため、K2だけは、そのまま残ることになった。

もっとも、名前の付いていない山というのはほかにもある。ヒマラヤ山脈南嶺にあるブータンは、国土の7割が標高２０００メートルを超え、７０００メートル級の山々に囲まれた山岳国なので、すべての山にいちいち名前を付けていない。名前を聞いても「ただの山です」としか答えてもらえないのだ。

人跡未踏の公園に世界最大の洞窟 マレーシアのサラワクチャンバー

　インドネシアとマレーシア、ブルネイが分割するボルネオ島（インドネシアではカリマンタン島）のマレーシア側にあるサラワク州グヌン・ムル国立公園は、標高２３７７メートルのムル山を中心とした自然公園。世界自然遺産にも登録されているが、東京23区に匹敵する５２８平方キロメートルもの敷地のう

世界最大級の洞窟サラワクチャンバー。 ©Robbie Shone

ち、半分以上は人跡未踏の地だ。

この公園の目玉となっているのがサラワクチャンバー。長さ700メートル、幅400メートル、高さ80メートルで、ニューメキシコのカールズバッド洞窟の3倍の大きさを誇る世界最大の洞窟とされている。

しかし、総延長175キロメートルという東南アジアで最も長いクリアウォーター洞窟など、ほかにも見どころは多い。高さ120メートル、幅175メートルのディア洞窟には、数百万のコウモリが生息しており、夕刻になるといっせいに外に飛び出す姿が見られる。公園内には100を超える洞窟があるが、人類がまだ入ったことのない洞窟も多い。サラワクチャンバーが発見されたのも1981年のことで、もっと大きな洞窟が見つかる可能性もゼロではない。

地球の最深部まで歩いて行ける深さ世界一のクルベラ洞窟

日本政府は、1991年に旧ソ連から独立したグルジアのことを、2015年から「ジョージア」と呼ぶように改めた。ジョージアとはドラゴン退治で有名な聖ゲオルギウスのことで、国の守護聖人としている。

グルジアというのはそのロシア語読みなのだが、国民の反ロシア感情に配慮する形で英語読みを求めたのだ。ただ、当のジョージア人は、公用語のカルトリ語で「サカルトベロ」と呼んでいる。

ムツヘタの歴史的建造物群、バグラティ大聖堂とゲラティ修道院などキリスト教関連の建築物が世界遺産に登録されているが、人工物ではない世界一の洞窟がある。

それが深さ2196メートルという、世界最深の洞窟「クルベラ洞窟」だ。入口が標高2256メートル地点にあるため、海の下に行くわけではないが、高低差が2000メートルを超える洞窟はほかにはない。

最深部に降りるには、入口からザイルを使い、クライミングならぬダイビングでゆっくり降りて行くしかない。途中で地下水の層を抜けるなどするため、1日100メートルも進めない。最深部に到達するまでには約1カ月かかるという。

しかも、この洞窟の途中には複数の分岐点がある。2196メートルというのは人が到達できた場所という意味で、もっと深い場所に通じる分岐点を探そうと、世界の探検家がチャレンジしているのだ。

ブルネイのスルターン・オマール・アリ・サイフディーン・モスク。　©NeilsPhotography

裕福なブルネイ国民の望みは国の建てた一戸建てより水上生活

東南アジアのボルネオ島は、北側がマレーシア領、南側がインドネシア領でカリマンタン島と呼ばれている。そして、マレーシア側のなかにもう一つ国がある。それが、ブルネイ・ダルサラーム国だ。スルタンが統治する王国だが、イギリス植民地となるまでボルネオ島全体を支配するほどの勢力をもっていた。

現在のブルネイは、北側の海以外は三方をマレーシアに囲まれ、面積は日本の三重県ほど。しかし、石油や天然資源の輸出により、所得税などもとられない豊かな国となっている。医療費や学費などは一部を除いて原則無料。なんと国王の資産は2～3兆円ともいわれる、世界有数のお金もちだ。しかも、国民の大半はイスラム教徒で生活は質素。首都人口6万人のうち、約半分がブルネイ川に浮かべた水上小屋で生活しているのだ。なぜ水上生活が発達したかというと、東南アジアの暑さから逃れるためだ。ブルネイでは、水上が一つの街になっており、モスクもガソリンスタンドも学校も水上にあって、むしろアクセスがよいほど。おかげで、国がエアコンの効いた一戸建住宅を建設しても、引っ越す人は少ないという。

世界一生き物の種類が多い お魚天国のラジャ・アンパット諸島

インドネシアは世界最大の島嶼《とうしょ》国家だ。東西の長さはアメリカ合衆国よりも大きく、人が住んでいる島だけで大小６０００。無人島まで含めると1万３０００というが、じつは多すぎて正確には数え切れていない。領海面積でいうと世界3位となる大国だ。

そんなインドネシアの東部、ニューギニア島の西パプアに近いラジャ・アンパット諸島は、世界一生物の種類が多い地域といわれているのだ。

ラジャ・アンパットとは「4人の王」という意味だ。その昔、卵からかえった4人の王が、ワイゲオ島、ミソール島、バタンタ島、サラワティ島の四つの島の王になったという神話が残る。ただ、そのほかに６００以上の小さな島があり、海域面積は4万平方キロメートル。

そのなかに、魚類が約１５００種、軟体動物類が約７００種、そしてサンゴが約５００

種も生息している。世界のサンゴの75パーセントを一度に見られるのはこの諸島だけ。これだけ多様な生物がいるのには、海水温度が生育に適していたことと、大陸から遠く、人類による生態系の破壊を受けなかった点が大きく作用している。ジャカルタから飛行機と船で6時間以上かかるが、全世界のダイバー垂涎《すいぜん》の地といえるだろう。

バンコクの建都当時勅命によって決まった名称は?

微笑の国タイの首都といえばバンコク。しかし、これは外国人による呼び方で、現地のタイ人は「クルンテープ」と呼んでいる。ただ、それも便宜上のもので、タイの首都の正式名称はもっと長い。

本来の首都名は「クルンテープ・プラマハーナコーン・アモーンラッタナコーシン・マヒンタラーユッタヤー・マハーディロックポップ・ノッパラット・ラーチャタニーブリーロム・ウドムラーチャニウェートマハーサターン・アモーンピマーン・アワターンサティット・サッカタッティヤウィサヌカムプラシット」という。意味は、「天人の都　雄大なる都城　帝釈天の不滅の宝石　帝釈天の戦争なき平和な　偉大にして最高の土地　九種の宝玉の如き心楽しき都　数々の大王宮に富み　神が権化して住みたもう　帝釈天が建築神ヴィシュヌカルマをしてつくり終えられし都」となる。あまりにも長すぎるというわけで、タイ人も最初の「クルンテープ」だけを使っているのだ。

この長い名前を付けたのは1782年に即位し、この地に遷都したラーマ1世。タイには王語と呼ばれるものがあり、王に対するときは極端なまでに謙譲語と修飾語を並べる。地位が高いほど長くなるので、首都の名前も精いっぱい飾り立てたというわけだ。ラーマ4世の代に若干変更されたというが、短くなることはなく、現在も儀式などでは正式名が使われる。

世界地図でも空白になっている中印パが入り乱れるカシミール

世界地図には国境線が引いてあり、国ごとに色分けされているものもある。しかし、世界にはどこの国のものとはいえない、空白になっている場所もある。

高級羊毛カシミアの産地として知られるカ

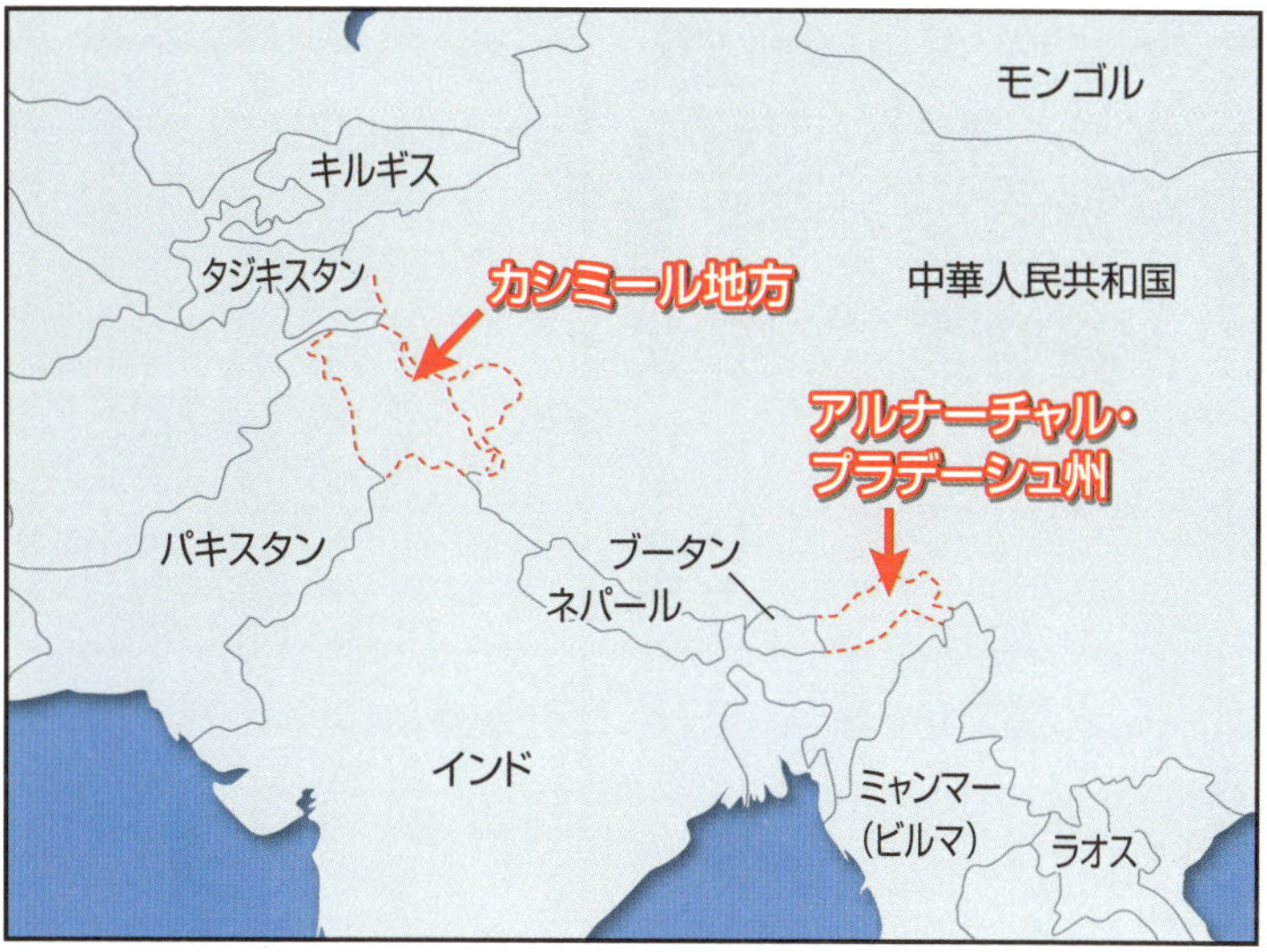

シミール地方もその一つ。インド北部にあってパキスタン・中国と国境を接するカシミールは、3カ国が領有権を主張して紛争が絶えなかった。そのため、現在は3等分して管理ラインを設けているが、いずれの国にも属さないとして地図上は白いままなのだ。

もともと、インドを植民地化したイギリスがまとめて支配していたが、インドとパキスタンが分裂するとき、カシミールでは支配者の藩王《はんおう》がヒンドゥー教徒だったのに対して民衆にはイスラム教徒が多かった。そこで、独立を考えたが、パキスタンの侵攻が始まったため、藩王はインドに帰属すると約束して救援を求めた。それがカシミール紛争の始まりで、第一次印パ戦争の引き金となった。

さらに、中国がカシミール地方東部アクサイチンの領有権を主張して侵攻してくると中国との間でも戦端が開かれた。こうして3カ国入り乱れての国境紛争が始まったのだ。

ちなみに、世界地図では、カシミール地方の東にも空白地がある。こちらはアルナーチャル・プラデーシュ州といい、やはりインドと中国で領有権を争っており、中国側では蔵南《ぞうなん》地区と呼んでいる。

国もうかつに手が出せない黄金がとれない黄金の三角地帯

メコン川をはさんで、タイ、ミャンマー、ラオスの3カ国が接する東南アジア奥地の一帯は、かつて「黄金の三角地帯」（ゴールデントライアングル）と呼ばれていた。金が産出されたわけではなく、この地域で栽培されるケシが、麻薬に精製されて巨額の利益を生んだためだ。

ケシそのものは19世紀から栽培されていたが、第二次世界大戦後に組織的なアヘンの密造と密売が行なわれるようになった。21世紀に入って、タイやラオスで麻薬の取り締まりが厳しくなり、ケシ畑は、コーヒーや茶の栽培に転換され、生産量は一時少なくなった。

しかし、2006年以降また増加し始め、2014年の違法薬物の経済規模は約2兆円に達するといわれる。おもな生産拠点はミャンマー側にある。ミャンマー北部のシャン族にとっては貴重な収入源でもあり、反政府組織の資金源にもなっている。ミャンマー政府もケシ栽培を禁止しているが、密林で武装化した組織の根絶は難しい。

また、再活性化の理由として、中国とタイを結ぶ南北回廊《なんぼくかいろう》など、交通インフラの普及も

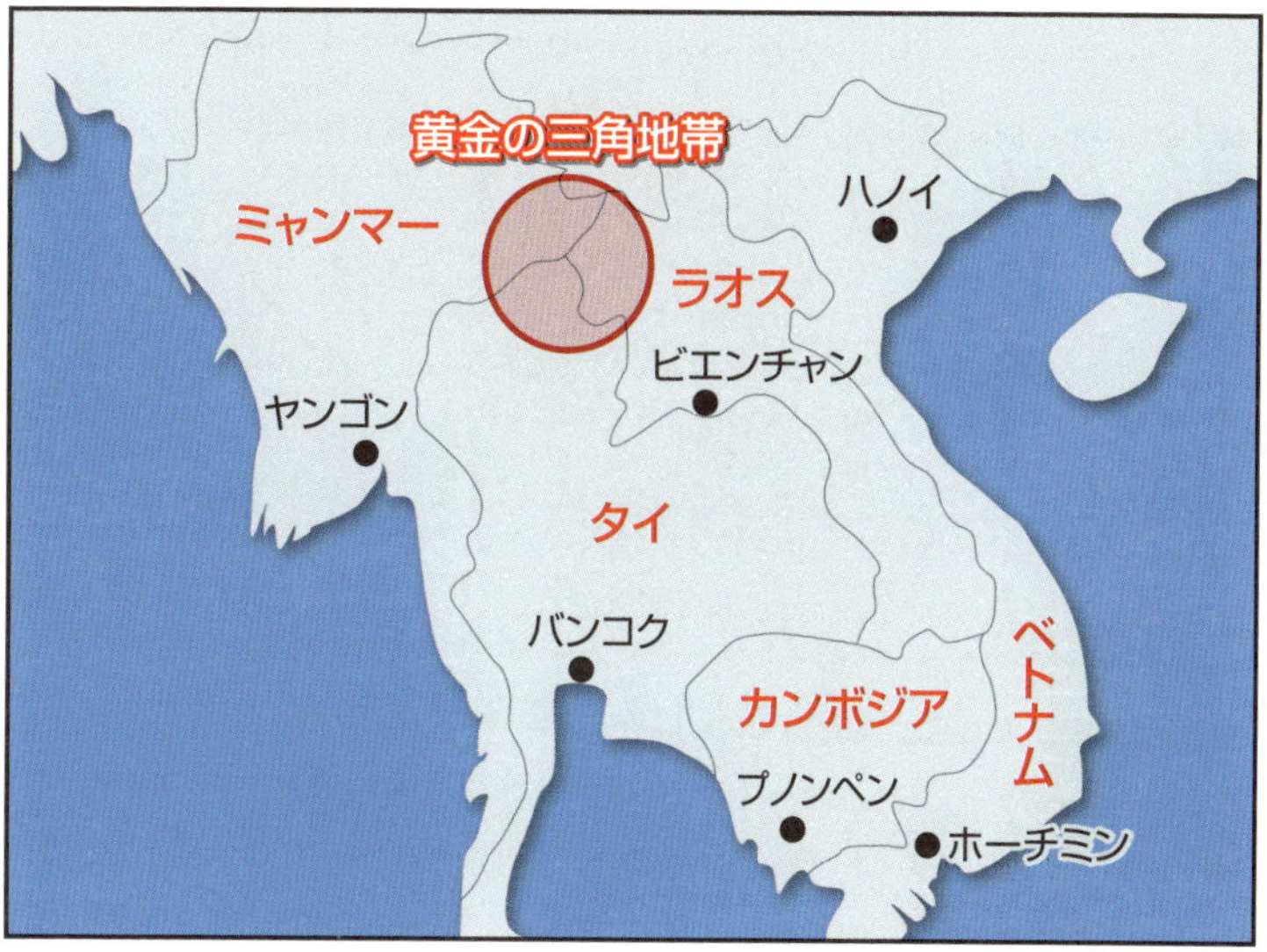

あるようだ。南北回廊は黄金の三角地帯のすぐ隣を走っており、高速道路を通じて中国などに輸出されていると考えられる。

世界遺産のアンコール・ワットに落書きした江戸時代の武士がいた!?

カンボジアの観光地といえばアンコール・ワットだ。ただ、首都のプノンペンからは飛行機でも40分かかり、陸路では半日以上もかかる。ところが、そんなアンコール・ワットに、約400年前に日本人が訪れ、壁に落書きを残していったという。江戸時代初期には、朱印船《しゅいんせん》貿易により多数の日本人がカンボジアを訪れていた。日本人はアンコール・ワットを釈迦《しゃか》が説法を開いたという祇園精舎《ぎおんしょうじゃ》（インドのシュラーヴァスティー）と混同していたらしく、お参りする人が絶えなかった。

平戸藩《ひらどはん》（現在の長崎県）の武士であった森本右近もそのひとりで、死んだ父の冥福を祈るとともに「寛永９（１６３２）年の正月に、父の菩提《ぼだい》を弔うために千里を越えて到来し仏像４体を奉納した」と筆で書き付けた。ほかにも日本人による落書きが14カ所もあるという。落書きは、一時ポル・ポト派にペンキで塗りつぶされたが、現在はペンキが剝げ落ちてふたたび見えるようになっている。

日本人はどうも落書きが好きらしく、現在でも世界遺産に落書きし、それをＳＮＳにアップしてアカウントを炎上させる人が多い。自分の足跡を残しておきたいということなのかもしれないが、あるイタリア寺院では、入口に誰でも書き込めるノートを設置したところ、落書きが激減したという。まるでラブホテルに置いてあるノートのようだが、意外と役に立つようだ。

中国が世界の工場から転落　存在感を増す東南アジア

好景気にわく中国人の「爆買いツアー」は日本でも話題になった。中国人ひとり当たりのＧＤＰは８０００ドルを超えており、もはや人件費の安い国ではなくなったといえる。中国にとってはよいことだが、労働賃金の安さを見越して進出した企業にとってはコストが上がるばかりだ。また、安全面や信頼性、海賊版の横行などの「チャイナリスク」も少なくない。

そこで、近年は、中国ではなく東南アジアに拠点を移す企業が増加。アメリカのインテ

マカオの夜を彩るネオン。今ではラスベガス以上のカジノ街になっている。 ©kaige

ルはベトナムに移転。日本企業も国内に工場を戻したり、タイやインドネシアに進出するケースが増えた。いっぽう、中国の農村部から農業研修に来ていた学生たちも、労働条件への不満を爆発させたため、ベトナムやタイなどの研修生へ切り替えが進んでいる。

ラスベガス以上のカジノ収益 埋め立てで生まれ変わったマカオ

香港に2年遅れて、ポルトガルから中国へと返還されたマカオは、特別行政区として現在もポルトガル統治時代のなごりがある。中国南端のマカオ半島と、タイパ島、コロアネ島という二つの島を橋で結んでおり、全体で東京の世田谷区ほどの面積しかないが、東南アジア最大の歓楽街として、カジノや高級リゾートホテルがひしめいている。

　大量の観光客の受け入れを可能にしたのが、タイパ島とコロアネ島の間の海を埋め立ててつくったコタイ地区。マカオ半島では、22の歴史的建造物と八つの広場が世界遺産に登録され、公道レースのマカオGPが開催されるなどしているが、発展が頭打ちになったため、コタイを一大リゾートエリアとして開発し、世界中の高級ホテルを集めた。

　最大のベネチアンマカオは、本場ラスベガスのカジノグループ・ラスベガスサンズが、イタリアのベネチアをコンセプトに建設した一大リゾート施設。ホテル、カジノ、リゾートやショッピングなどが楽しめる。その結果、マカオのカジノ収益は5兆円を超え、ラスベガスを抜く世界一のカジノ街となった。

　もっとも、カジノで大量に金を落とすのは中国人富裕層。一度に数百～数千万円をベットする人は「ハイローラー」と呼ばれて、よいカモになっている。

日本とベトナムに残る雅楽
大陸を通してつながる両国の関係

　ベトナムは、古代には中国に支配され、その後フランスの植民地となり、日本の侵攻を受け、ベトナム戦争を経て社会主義国となった。異なる国の文化の影響を受けたためか、「日本人と結婚し、中華料理を食べ、ヨーロッパの家に住むことこそ最高の幸せ」ということわざがある。

　日本との接点も多く、中国を通じて漢字文化圏に入っており、ともに雅楽が伝えられている。雅楽というと日本古来の音楽のようだ

ベトナムの古都フエにある王宮の正門。　©Andrea Schaffer

が、もとは大陸から伝えられた音楽を日本化したものだ。

　8世紀には大宰府《だざいふ》に漂着したベトナム僧によって舞楽が伝えられた。ベトナムの雅楽もまた、中国など周辺国の影響を受け、宮廷音楽として15世紀頃に完成した。日本の雅楽とは兄弟といえるだろう。

　また、現代でも日本の文化がベトナムに影響をもたらしている。ベトナムでは女性がメイドなどとして出稼ぎに出ることを「おしん」という。

　語源となったのは、アジア全域で大ヒットを記録した、NHKの朝ドラ『おしん』だ。ヒロインが住み込みで奉公したところから来ているが、近年は細分化し「通いのおしん」や「パートのおしん」などもいるという。

中国との微妙な関係が続く台湾は国じゃないの？

東日本大震災で、世界最多の義捐金を送ってくれた台湾。しかし、じつは日本は台湾を国として認めていない。世界中でも、台湾と正式な国交を結んでいるのは、わずか23カ国しかないのだ。しかし、台湾製のパソコンは世界的なシェアを誇り、日本人も台湾人も自由に旅行している。台湾はそもそも国なのだろうか？

台湾というのは島の名前であり、正式には「中華民国」だ。かつて中国を支配していた中国国民党が、中国共産党と戦った「国共内戦」に敗れたため、台湾に逃れて臨時政府をつくったのが始まりだ。そのため、現在でも中国本土全体が正式な領土ということになっている。

いっぽうの中国も、台湾は中国の一地方だとして、国としては認めない。そして、両方とも自国以外を「中国」として認めないことを諸外国に求めている。

だから、台湾と国交を結べば中国との国交は結べない。そのため、中国に配慮して国交を結ばない国が多いのだ。

もっとも、民間レベルの交流はできるので、企業同士の契約や個人の旅行は自由。台湾自体にも、21世紀に入ってからは、中国本土の領土を取り戻したいといった動きはなく、敵対する中国とも交流している。

別に国として認めてもらえなくても「外交も経済も自由にできるなら、別に気にしなくてよい」と考える人もいるようだ。

オマーンのニズワ城砦。かつては首長の住居が置かれたこともある。 ©Cazz

日本人と結婚した王様もいた！ 中東に親日国が多い理由とは

中東には親日国が多いといわれるが、その理由はいろいろだ。アラブ諸国では、中東戦争などで日本が欧米に同調せずに、関係を維持していたことが高評価となっているようだ。イランも、イスラム革命後も国交を断絶しなかったことを評価しているという。

とりわけ、トルコとは縁が深い。明治時代、当時オスマン帝国だったトルコの軍艦エルトゥールル号が和歌山沖で遭難。600人近くが海に沈んでいくなかで、付近の村人たちの懸命な救助作業により69名が助けられた。この「エルトゥールル号遭難事件」の100年後、イラン・イラク戦争で、テヘランに取り残された日本人を救出するために、トルコ政府が救援機を飛ばしてくれた。これは、エルトゥールル号で受けた恩返しのためだったといわれ、２０１５年に映画化されている。

また、親日が高じて日本人と結婚までしてしまったのが、前オマーン国王のタイムール王だ。王が治める海洋国家というところに親近感をもった王は、日本を訪れると神戸で大山清子という女性と出会った。しかし、結婚に猛反対されたことから、王位を捨てて日本に住むことを条件に結婚。日本では王族ということを奥さんにも秘密にしていた。ただ、清子さんが娘を出産後に病気で亡くなってしまったため、娘とともにオマーンに帰国。その後、一時日本との国交は絶たれたが、オマーンは中東きっての親日国となった。こちらも、映画化できそうな大ロマンスだ。

一度も国をもったことがない遊牧民族クルド人の受難

戦火の絶えない中東だが、民族問題も抱えている。それが、クルド人問題だ。クルド人というのは、トルコ、イラク、イラン、シリアなどの山岳地帯に住む遊牧民だ。クルド人の居住する地域をクルディスタンと呼んだりもする。

ペルシア系のイスラム教徒で、その数は約３０００万人。中東の各民族のなかでもペルシア人の次に多い。ただ、ペルシア圏、アラブ圏、トルコ圏にまたがることから、オスマン・トルコ帝国時代から、自治権を認められてひっそりと暮らしていただけだった。

ところが、オスマン帝国崩壊後、各国の小

競り合いのなかで、クルド人居住区も巻き込まれ、分断されることになった。分断されたクルド人は、小数派として迫害を受けた。このため、トルコやイラクでは、クルド民族の分離独立を訴える声が出て、武力衝突にまで発展した。戦乱の結果、大量のクルド人難民も生まれた。

日本では、おもに埼玉県蕨《わらび》市《し》に１０００人近い亡命クルド人が居住している。これは、トルコ系クルド人が友人を頼って日本に来ることが広がった結果で、蕨市をもじってワラビスタンなどとも呼ばれている。

中東では、現在も独立を目指して活動を続けるクルド人組織は少なくない。しかし、もともと遊牧民で国をもったことのないクルド人は、連帯意識が薄く、活動は限定的なものにとどまっている。

幸福度を国の指標にするブータン 昔ながらの夜《よ》這《ば》いもおもてなし？

中国とインドに挟まれた山間の国ブータン。面積は九州ほどもあるが、人口は熊本市と同じ程度。

日本人にはあまりなじみがないが、２０１１年に新しい国王夫妻が新婚旅行で日本に立ち寄ったことで注目を浴び、翌年にはブータンを訪れる日本人が倍増するフィーバーとなった。

ブータンでは、ＧＮＰ（国民総生産）ではなく、ＧＮＨ（国民総幸福量）を国の豊かさの指針とすることを掲げ、伝統文化や自然環境の保護を優先している。長い間鎖国状態で、外国人観光客を受け入れるようになったのは

©Wonderlane

標高3000メートルに建つタクツァン僧院と5色の「祈りの旗」。ブータン西部の都市パロの北西郊外にある。

1970年代からだが、けっして閉鎖的ではなく、むしろ人なつっこくもてなし上手。突然訪ねて来た人にもお茶や料理をふるまって会話をはずませる。

ただ、ちょっと行きすぎたおもてなしともいえるのが、男女間のスキンシップ。もともと一夫多妻、一妻多夫の習慣があったブータンでは、不倫も珍しいことではなく「MBA」という隠語まである。「Married But Available（結婚しているけど不倫はOK）」の略で、ちょっと前までは夜這いの風習もあった。

現在でも地方の村では行なわれているようで、観光客の女性のもとに何人もの男性が訪れたこともあるとか。ただ、女性が断った場合は帰る決まりなので、ある意味紳士的といえるかもしれない。

新疆ウイグル自治区での風景。漢語のほかトルコ語系のウイグル語が公用語とされる。 ©Dmitry P

なぜ中東から遠いウイグルでイスラム教が信仰されているの？

中国北西部の新疆ウイグル自治区に住む民族は、もともと中国では突厥《とっけつ》や狄《てき》と呼ばれていた。中国語では「トュルク」や「ティク」と読む。これは、トルコのことを中国風に発音したもの。ウイグル族は、遊牧と狩猟を営みながら、中央アジアからモンゴル、南シベリアまで広まったトルコ系民族だ。

新疆というのは「新しい土地」という意味で、中国側が勝手に名付けたもの。これに反発するウイグル族は、トルコ人の国という意味の「トルキスタン」を使う。

漢民族の中国とは系統からして違うので、イスラム教が広く信仰されている。仏教やチベット仏教の信者もいるが、ウイグル族はほとんどがムスリムだ。ウイグルの神話でも、ノアの子孫のひとりがウイグル族の祖先としているものがある。

もっとも、中東諸国に比べると戒律はゆるめで、北方民族には定番の馬乳酒や果実酒を自作している人もいる。歌や踊りが好きでお祭り好き。ただ、中国による弾圧が強まっていることから、独立運動なども起きている。

領土をまったくもたないのに国として扱われるマルタ騎士団

国家が成立するには「領土、国民、主権」の三つが必要だ。ただ、もう一つ国際社会からの承認というものも必要だ。

イスラム過激派組織のＩＳＩＳは、「イスラム国」と名乗っているが、国として承認しているところはイスラム圏にすらない。中東ではダーイシュと呼んでいる。

ところが、まったく領土がないのに、96もの国から国家として承認されている組織がある。それが通称マルタ騎士団だ。正式には「ロードスおよびマルタにおけるエルサレムの聖ヨハネ病院独立騎士団」という。マルタ騎士団は、十字軍遠征時に、エルサレムの近くで結成された「聖ヨハネ騎士団」がその原型。巡礼者のための宿舎と病院を警護していたが十字軍遠征が終わると、ロードス島やマルタ島に逃れてそこを領土とした。しかし、ナポレオンの遠征で領地を失うと、流浪の国家となり、イタリアからローマのマルタ宮殿と本部ビルを与えられ、そこを拠点とした。

現在の騎士団の活動は世界各地での医療活

動や病院経営だ。そのため、キリスト教圏を中心に、領土は失っても主権は残っているとして、国家として承認されているのだ。日本やアメリカは未承認だが、国連では国家に準じるオブザーバーの扱いを受けている。

中国と香港の一国二制度 本当は台湾のための計画だった？

長い間イギリス領だった香港が中国に返還されたのは1997年のこと。その2年後にはポルトガルからマカオが返還された。しかし、ヨーロッパの影響の強い香港やマカオでは、資本主義が浸透しており、急激な社会主義化は難しい。そこで、特別行政区として50年間の自治権が認められた。これが一国二制度だ。厳密には、香港とマカオでも法律や経済体制が違うので、三制度ともいえる。

じつは、この一国二制度が考え出されたのは1978年のことで、そもそもの目的は台湾を統治するためのものだった。対立関係にあった台湾の武力併合が難しいと考えた中国は、台湾の現状を変えない条件での平和的統一を目指すために方針を転換したのだ。台湾経済の利益を中国にも流れるようにする目的もあっただろう。しかし、台湾との交渉は進まないまま、香港とマカオが先に返還されたことで、そちらに適用されることになった。

とはいえ、自治権を与えられている香港では、近年中国共産党の影響が強くなっているといわれる。2014年には、親中派に偏る選挙制度の実施に対し、学生を中心とした反政府デモが起こった。デモは3カ月にもおよび多数の逮捕者を出したが、一応選挙制度の

砂漠を通るシルクロードの旅。 ©reginehui

改革案は否決された。しかし、2047年には50年の自治権が切れることになる。このまま中国にのみ込まれるか、民主政治を残せるのか、あまり時間はないともいえる。

東西をつないだはるかな交易路 シルクロードはどこからどこまで?

東アジアから中央アジアを抜けてヨーロッパへ東西を結ぶ交易路は、中国産の絹が遠くローマにまで運ばれていたことから「シルクロード(絹の道)」と呼ばれた。

シルクロードの出発点は、中国の都が置かれていた長安《ちょうあん》で、終点はシリアのアンティオキアだが、おもなルートには三つあった。

一つ目は、敦煌《とんこう》からタクラマカン砂漠を南に回り、ホータン、ヤルカンドなどのオアシスをたどってパミール高原に抜ける「西域南道」。二つ目は、敦煌から楼蘭《ろうらん》を経由して、天山山脈の南側を通る「天山南路」。3つ目は、敦煌の北方にあるハミ、トルファンで分岐し、天山山脈の北側をたどってサマルカンドに至る「天山北路」だ。このうち最短コースは西域南道で、インドに渡った玄奘三蔵《げんじょうさんぞう》や、マルコポーロも利用している。しかし、最も危険で過酷なルートでもあり、通常の商人たちは天山回廊のどちらかを使っていた。

　また、交易路はこれ以外にもあり、北上してモンゴルやカザフスタンを抜けて、カスピ海の北側から黒海に至る「草原の道」が、最も古いルートとされる。西域の民族が流れてきたのもこのためだ。さらに、船を使った海洋航路も古くからあったようだ。こちらは南方から、東シナ海、インド洋を経てアラビア半島に至り「海の道」と呼ばれる。現在は、これらの交易路も含めたものが「シルクロード」と呼ばれる。

東西で約4時間もズレがあるのに中国にはなぜ時差がないのか？

中国では時差がない。東西の距離では同じくらいのアメリカでは、四つの時間帯を設けているが、中国は北京を標準にした一つだけ。しかし、中国の東端から西端までの経度差は60度以上もある。東端に太陽が昇るとき、西端ではまだ真夜中なのだ。

　しかし、中国では時差を考慮しようという動きはまったくない。これは、中国の人口の大部分が東側に住んでいるためだ。中国で人口が多い地域は、東はハルビン、西は成都まで、両者間の時差は1時間半ほど。しかも、首都基準とされている東経120度線には、首都の北京と大都市の上海が通っている。これくらいのズレなら、「お昼は13時から」「お店の開店が10時から」といった程度で人間のほうが合わせられる。

そして、この地域だけで中国13億人のうち12億人までカバーできる。西域に住んでいるのは少数民族ばかりなので、あまり意見は反映されず、本人たちも気にしない。

いっぽうで、アメリカではニューヨークとロサンゼルスという大都市が東西にあるため、違う時間帯が必要というわけだ。ちなみに、日本でも北海道と九州では45分ほどの時差がある。ただ、日本の基準点となるのは、東経135度の明石市で、日本の東西のほぼ中間にあるため、あまり不便にならないのだ。

世界一多くの国と接している中国では国境問題も山積み

中国は、世界一多くの国と接している国だ。北朝鮮、ロシア、モンゴル、カザフスタン、キルギス、タジキスタン、アフガニスタン、パキスタン、インド、ネパール、ブータン、ミャンマー、ラオス、ベトナムと、じつに14カ国にもなる。海を隔てた隣国ということなら、日本や韓国、インドネシア、フィリピン、ブルネイなども加わるだろう。

それだけ多いと領土問題もケタ違いだ。まず日本との間で、有名な尖閣諸島をめぐって対立している。分裂した台湾は国として認めていない。さらに近年緊張感が高まっているのが、南シナ海の南沙諸島（スプラトリー諸

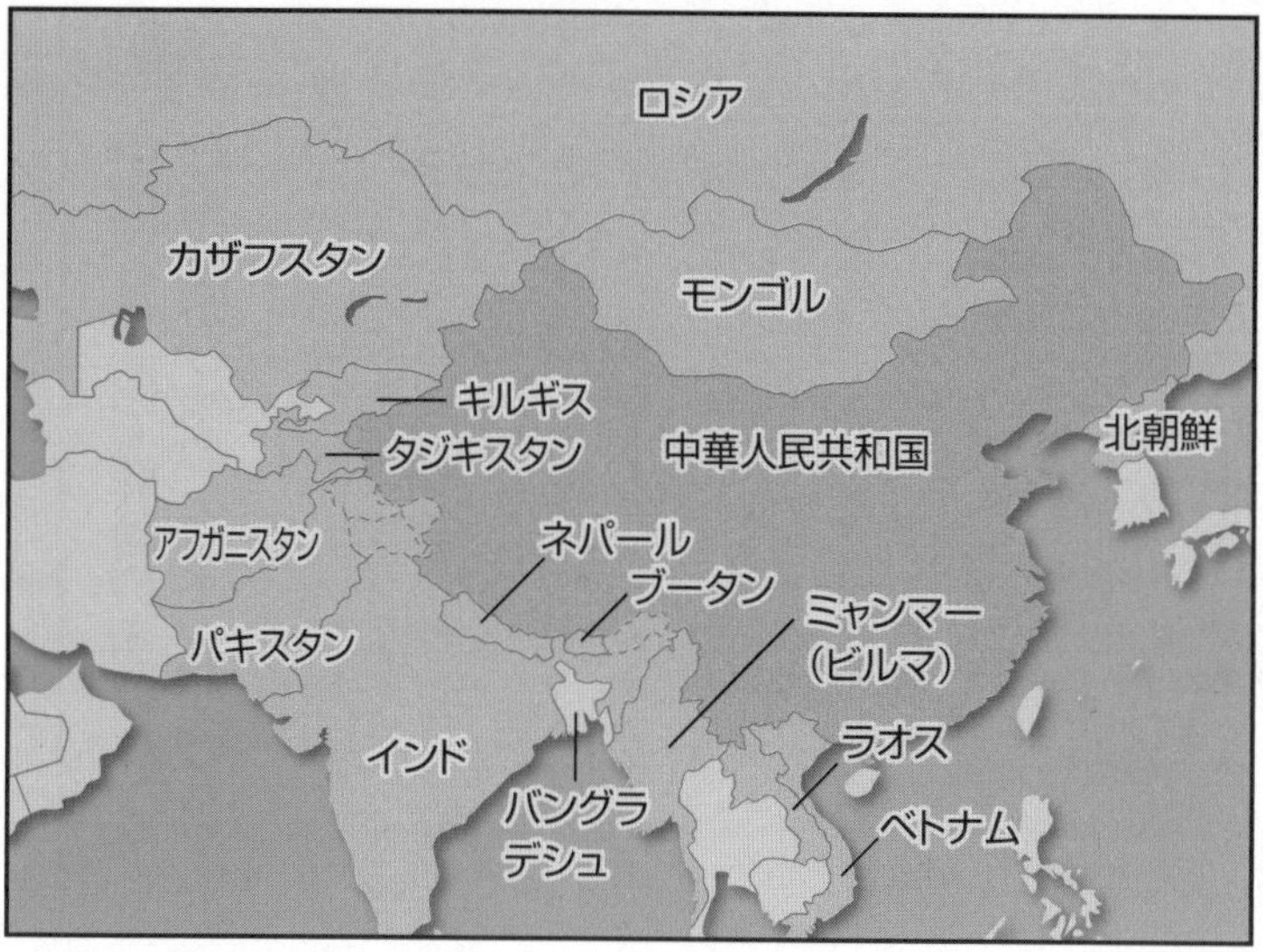

島）だ。中国が突如として岩礁を埋め立てて軍事基地を建設。フィリピン、ベトナム、マレーシアなど周辺国が反発し、米軍が派遣される事態にまで大きくなった。南シナ海では、西沙諸島、中沙諸島、東沙諸島など、全域で台湾や東南アジア諸国と対立。

陸地では、本書でも取り上げたカシミール地方やアルナーチャル・プラデーシュ州をめぐる問題がインドとの間で起きているほか、朝鮮半島では長白山（白頭山）をめぐって北朝鮮・韓国ともめている。北ではゴビ砂漠北側の外モンゴルを中国領だと主張している。

さらに、すでに中国領とされているチベットや新疆ウイグル自治区などのほか、ブータンの北方を勝手に占拠していることも問題になっている。これら諸問題に対して、中国は一貫して強気の姿勢を崩さない。

中国と並んで隣国の多いロシア理由は飛び地のカリーニングラード

世界最大の面積を誇るロシアも、隣国の多さでは中国と並ぶ。北朝鮮、中国、モンゴル、カザフスタン、アゼルバイジャン、ジョージア、ウクライナ、ベラルーシ、ラトビア、エストニア、フィンランド、ノルウェーと国境が接している。しかし、これだと12カ国しかない。じつはロシアにはリトアニアとポーランドの間にカリーニングラードという飛び地がある。そこで、両国を加えると中国と同じく14カ国と隣接していることになるのだ。

このカリーニングラードがロシア領になったのは第二次世界大戦後のこと。それ以前はケーニヒスベルグと呼ばれるドイツ領だったのだ。しかし、戦後のポツダム会談でソ連領となることが決まり、その後スターリンによって居住していたドイツ人が強制退去させられ、大量のロシア人が移住してきた。ロシアにとって、バルト海への玄関でもあり、ロシアと比べると温暖なこの地は別天地だった。

ところが、旧ソ連が崩壊すると、バルト海沿岸の国々が相次いで独立。カリーニングラードと接していたリトアニアが独立すると、ロシア本土から分離してしまう事態となった。

現在、カリーニングラードの人口は約95万人。ロシア本土との通行にはリトアニアのビザが必要になったが、取得が簡略化されたことから飛び地の不便さも解消した。東欧の中心に位置することから、ロシアでは比較的豊かな都市となっている。

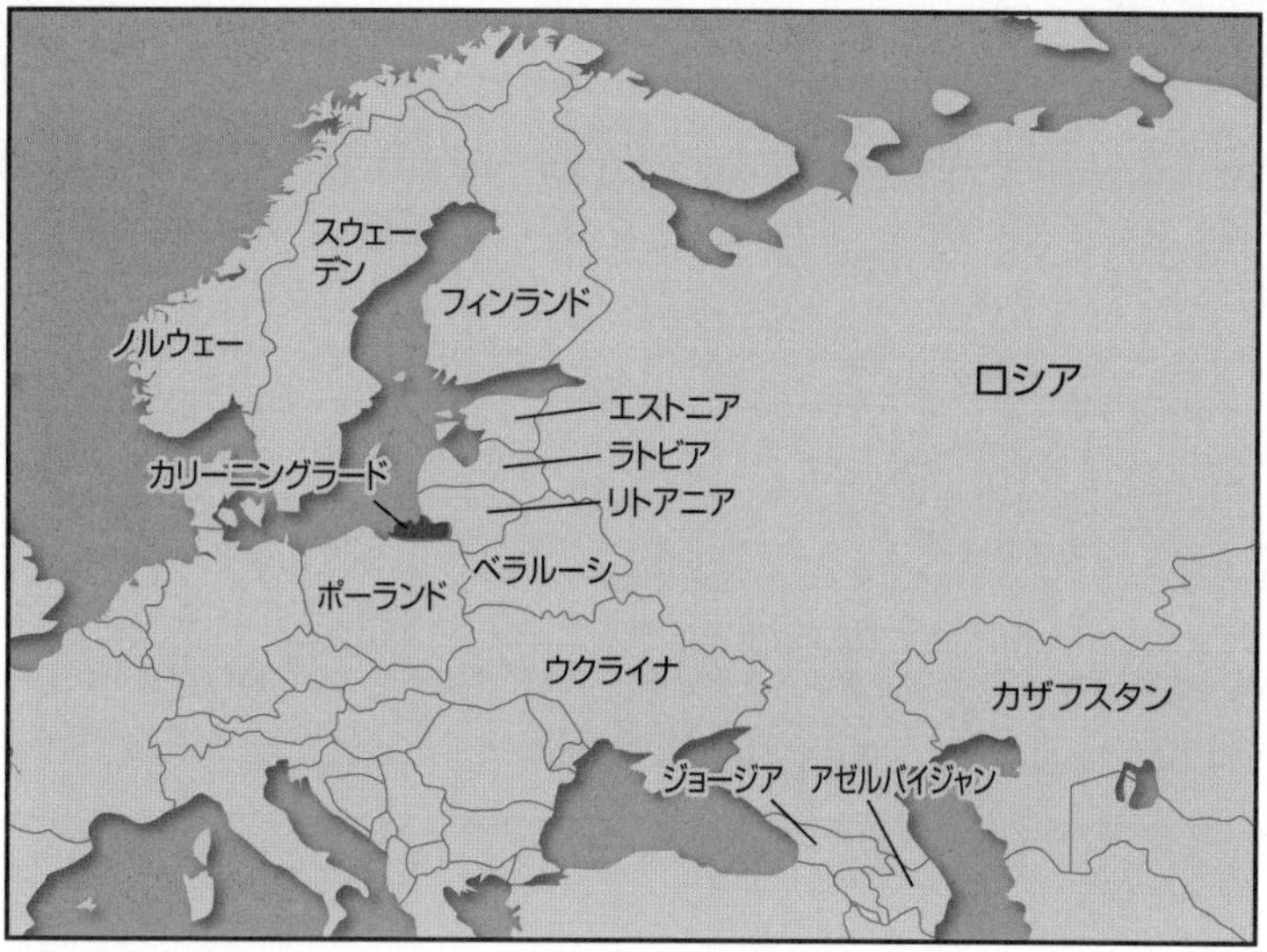

世界一広く東西に長いロシア 時差の区切りも11段階で最多

世界最大の面積を誇るロシアは、とくに東西が長い。ほぼユーラシア大陸を横断しているのだから、国土の東側と西側の時差は10時間にもなってしまう。そのため、ロシアでは九つに時間帯を区切っていたが、２０１４年からはさらに分割して11の時間帯で区切ることにした。

それぞれ、西からカリーニングラード時間、モスクワ時間、サマラ時間、エカテリンブルグ時間、オムスク時間、クラスノヤルスク時間、イルクーツク時間、ヤクーツク時間、ウラジオストク時間、スレドネコリムスク時間、カムチャッカ時間となる。想像を絶する時間帯の多さだ。

国土の西の端に位置するカリーニングラードはロシアの飛び地だが、中心地となるのはやはり首都のモスクワ。ただ、モスクワもかなり西側に寄っているので、モスクワの人が朝7時に朝食を食べようとするとき、カムチャッカでは午後3時のおやつを食べ終わっている頃だ。

不思議なことに、日本と経度が同じウラジオストクは、日本よりも2時間早い。これはなぜかというとウラジオストクが高緯度にあるためだ。同じ経度とはいえ緯度が下の国々より時間が早くなっている。また、以前はウラジオストクの時間は日本よりも1時間早いだけだったが、2011年にサマータイムを廃止したことから、さらに1時間進んでしまったのだ。

なんとマイナス71・2℃！世界一寒いロシアの街オイミャコン

南極や北極などは別として、人が永続的に居住する場所としての最低気温を記録したのが、ロシアの極東、シベリアのロシア・サハ共和国にある人口500人足らずの小さな村オイミャコンだ。

1926年1月26日に記録した最低気温はなんとマイナス71・2℃。盆地で寒暖の差が激しいため、夏の日中は30℃を超えることもあるが、夜は氷点下になることもある。冬はマイナス50℃が当たり前という寒さで、年間平均気温はマイナス15℃だ。

こんな過酷な場所だが、オイミャコンとは地元の言葉で「不凍の水」という意味。由来

世界で最も寒い定住地 オイミャコン。 ©Global Panorama

は、永久凍土の地にありながら、天然温泉が湧くために川の水が凍らないからだ。水道を通しても凍ってしまうため、昔は川まで水をくみに行っていたという。現在は給水車で水が供給されるが、住民の生活にビックリだ。

おもな食料は魚や馬肉、乳製品だが、釣った魚はその場で瞬間冷凍されてしまう。よって寄生虫などの心配はまったくない。

また、洗濯物も外に干すと瞬間的に凍ってしまうが、服の水分が氷のかたまりになって吹き出すので、氷を払い落とすだけで簡単に乾かせる。

ちょっと楽しそうにさえ思えてくるが、人が寒さを強く感じられるのはマイナス15℃くらいまでだそうだ。それを超えると、もはや麻痺して寒さの差を感じられなくなってしまうようだ。

世界全般
アジア
ヨーロッパ
アメリカ・中南米
アフリカ・オセアニア・極地
日本

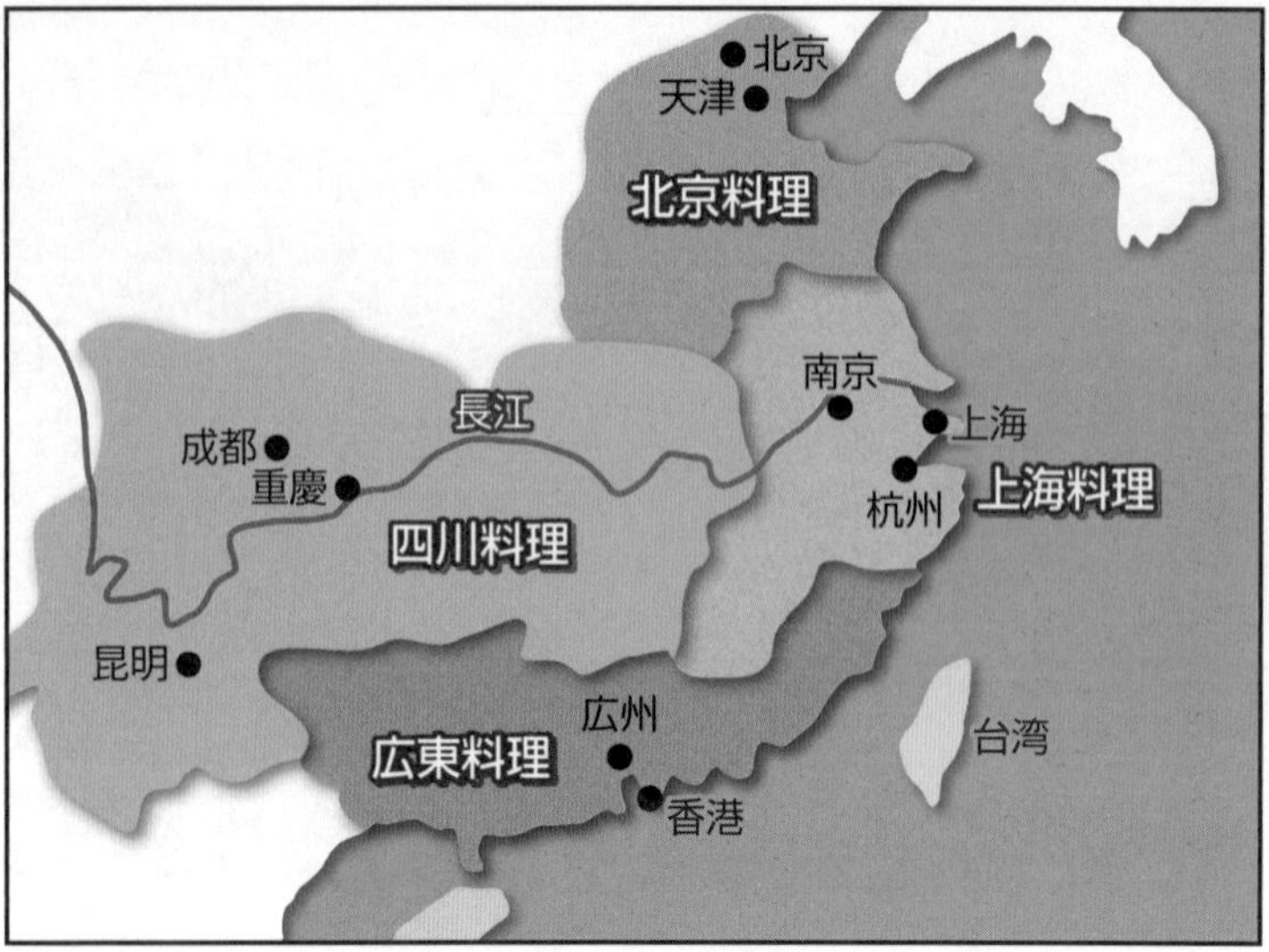

中国の食文化の決定的な違い
北は小麦の餃子《ぎょうざ》、南は米の炒飯《ちゃーはん》

中華料理は世界三大料理にも数えられる。その種類の豊富さはさすがに広大な国だけのことはある。俗に「北鹹《ペイシエン》（塩からい）・東《トン》酸《スアン》（酸っぱい）・西辣《シーラー》（辛い）・南淡《ナンタン》（あっさり）」と呼ばれ、北の北京料理は塩からく、東の上海料理は酸っぱく、西の四川料理は辛いのが特徴。ただ、味付け以前に南北で決定的に違う部分がある。それは主食とするのが米か小麦かということだ。

中国では育成環境の違いから、北の黄河流域では小麦が、南の長江流域では米が栽培されてきた。そのため、北では餃子や饅頭《まんじゅう》、麺類などの小麦粉料理が発達した。とくに水餃子は、中の具に野菜と肉が入り、皮を主食の小麦とした完全食。

いっぽう、南部では米が生産されたために、ご飯や米粉を使ったビーフンが主食となった。広東料理の炒飯も、肉とご飯と野菜を混ぜ合わせた完全食といえるだろう。

北京料理以外の四大料理はすべて南の米食文化地方になるので、やはり米食は強い。しかし、四川料理、上海料理、広東料理ともに小麦粉を使った点心や麺料理などが発達しており、どちらが上とはいえない。

城壁の前にさらに城壁をつくる増築で凸形になってしまった北京

京都の中心地は四角形に整備され、碁盤の目のようになっている。これは、平安時代につくられた平安京が、中国の唐の都のあった長安をモデルにしているからだ。

昔の中国の都市は、敵国や異民族の攻撃から皇帝を守るために、街全体を城壁で囲む「都城」となっていた。皇帝の居城は中央か北に置かれ、それを守るように官庁や家臣の住居があり、その周りに街がある。現在の北京も同様で、金の時代に首都となると、城壁で囲まれた都城が建設された。ただ、建設された当初は四角形だったが、現在は凸形に見える。

これは、明の時代にそれまでの城壁の南側に、新たな城壁を増設したためだ。首都ともなると住民の数も多く、城壁の周囲にも民家があふれることになった。しかし、城壁に設置された門を通行できる時間帯には制限があり、夜は門が閉められた。そこで、都の範囲を広げるのと同時に防御力を高めるために、

砂漠に現れる自然の造形物・魔鬼城。 ©momo

新たな城壁を築いて「外城」と呼んだ。

現在の北京は、開発が進み、かつての面影は薄くなったが、かつての城壁のあった場所が大通りとなり、地下鉄が通っている。

消えたロプノールと楼蘭《ろうらん》 さまよえる湖はもう一度よみがえる？

新疆ウイグル自治区の東端、かつてシルクロードの中継地点となったタクラマカン砂漠の北東に「ロプノール」という塩湖があった。湖の近くには楼蘭という都市国家があり、栄えていたともいう。しかし、3世紀には乾燥化によりロプノールは干上がり、楼蘭も衰退して「幻の都」となっていた。

その楼蘭の遺跡を発見したのが、中央アジアを探検したスウェーデンの地質学者スヴェン・ヘディンだ。楼蘭を発見したヘディンは、遺跡の北側に干上がった川の跡を見つけ、そこにロプノールの湖があったことを確信。1934年にクム川をカヌーで下って水をたたえた湖を発見。この地では高低差があまりないことから、風や泥の流入などで高低差が変化し湖が移動するという仮説を打ち立て「さまよえる湖」と呼んだ。

しかし、現在ロプノールとされた湖は完全に干上がり、別の場所に湖が形成されたという事実もない。これは、乾燥化に加えて川の上流にダムが建設された影響が大きい。もともとロプノールは水深わずか3メートルしかなく、水が供給されない限り1年で1メートルも蒸発が進んでいた。中国の調査隊は、完全に湖が干上がった時期を1962年とした。

ただ、一説にはロプノールには地下水脈があるとされており、地下水を通して人造湖をつくろうという計画もあるのだとか。そもそも、さまよえる湖というのが幻想という声もあるが、その復活にロマンをかきたてられる人は少なくない。

登山なら夏と冬のどちらがよいか？ 夏ほど大雪が降るヒマラヤ山脈

南半球と北半球では季節が逆転するため、北半球における夏に雪が降る地域もある。しかし、北半球にありながら、夏のほうが降雪量が多い場所がある。それが、世界最高峰のエベレストがあるヒマラヤ山脈だ。

この地域一帯では、夏になるとインド洋から水蒸気をたっぷりと含んだモンスーンが吹き上げ、この季節風がヒマラヤ山脈にぶつかると、その水蒸気が一気に冷やされて大量の雪となるのだ。この季節風は東南アジアを経て北の大陸性気団とぶつかって梅雨前線をつくる。日本の梅雨とヒマラヤの夏の雪は兄弟のような関係にあるといえるだろう。

猛吹雪の山頂をあきらめ、雪の降らないふもと付近をハイキングしようとしても、今度は雨で道がぬかるんで歩きにくい。悪天候の確率が高いので景色を楽しむことも難しい。

逆に、雪の量が少ない冬ならよいかというと、夏と比較して少ないというだけで、今度は氷河におおわれた極寒の地になる。

ではどの時期が登山するのによいのかといえば、春の3〜5月と秋の10〜11月。この時期は乾燥していて、高山植物なども咲き、登山には最適。山岳ガイドもこのシーズンは最も忙しくなる。

紙幣には17もの言語が記載される多民族国家インドの憂鬱

中国の13億人に迫る勢いで人口が増加し、約12億の人口を抱えるインド。国の面積も日本の9倍ほどだが、さまざまな民族が暮らす多民族・多言語国家だ。

一応の公用語はヒンディー語だが、ヒンディー語はおもに北部で使われている。インド全体での使用者は約40パーセントほどで、じつは半分にも満たない。

そのため、ヒンディー語以外にも22の言語が指定言語として認められている。準公用語として英語も認められているが、英語のわかる人というのも少ない。

そのため、インドの紙幣には、ヒンディー

インド紙幣（裏側）。左下に複数の言語で額が印刷されている。 ©Miran Rijavec

語と英語のほか、じつに15語もの言語が併記されており、記載される言語は、全部で17にもなるのだ。22言語すべてが使われていないのは、ルピーが通貨として制定されたときに、指定言語として認められていた言語が、この15種類だったためなのだ。

　また、インドは映画大国として知られ、年間1000本以上もの作品が製作されているが、こちらもヒンディー語の映画が中心とはいえ、タミル語、テルグ語などでも年間100本以上が製作されている。

　多くの地域で見ることができるように4種類の字幕を用意している作品もある。いっぽう、スクリーンが字幕だらけになってしまい見にくいということで、英語字幕だけにする場合もあるようだ。

　しかし、インドでは前述したように英語の

わからない人も多いので、言葉を気にせず映像で楽しめる、ダンスや音楽などをふんだんに盛り込んだ「マサラムービー」などと呼ばれる作品が人気となっている。

酸素ボンベも完備している
世界一標高の高い地点を走る鉄道

中国大陸の西、青海省《せいかいしょう》の西寧《せいねい》とチベット自治区のラサを結ぶ青蔵鉄道《せいぞうてつどう》。青は青海省、蔵は中国におけるチベットの名称である西蔵《せいぞう》から付けられている。

１９８４年にはゴルムドまでの線路が開通したが、その後、建設費不足からいったん中断されていた。しかし、２００１年からふたたび工事が始まり、２００６年に全線開通した。全長は約２０００キロメートル。

この鉄道は、世界一標高の高い場所を走る鉄道だ。ゴルムドまでは海抜３０００メートル以下だが、そこからチベットまでの路線はほとんどが富士山よりも高いところを走る。

最高地点のタングラ峠は標高５０７２メートル。標高４９０５メートル地点にある風火山トンネルは世界一標高の高いトンネル。標高３８００メートル地点の三岔河《さんたが》特大橋は、世界一標高の高い鉄橋と、鉄道の高さの記録を総なめにしている。

カナダの重工業メーカー・ボンバルディアが開発した車両は、酸素の薄い高地を走行するため、航空機と同じく走行中の酸素を取り込み、気圧と酸素濃度を調節している。

しかも、車内には酸素吸引の設備が置かれ、座席には緊急酸素マスクも完備。さらに医師と看護師も同乗している。

3
ヨーロッパ

おしゃれな街並みにおいしい料理、金髪碧眼の美男美女。私たちが漠然と思い描くヨーロッパ像はそんな風ではないだろうか。はたして、実際のところはどうなのだろうか。

ヨーロッパで三色旗が多くなった理由はある国旗をまねたから?

国旗のデザインのパターンとして、最も多いのは三色旗だろう。とくにヨーロッパには多く、フランス、オランダ、アイルランド、ルクセンブルク、ブルガリア、ルーマニアなど挙げればキリがない。なかには、ドイツとベルギー、イタリアとハンガリーなど、つい見間違えてしまいそうな国旗もある。

では、ヨーロッパではどうして三色旗が多いのか。真相はこうだ。16世紀、世界有数の先進国で当時のヨーロッパのリーダー的存在であったオランダが、国旗に三色旗を採用した。そして他国もそれにならった旗のデザインを考えていった。その結果、似通った三色旗が多くなったというわけだ。

そうすると「三色旗の元祖」はオランダとなるのだが、いっぽうで「オランダより先にオーストリアが三色旗を使っていた」という指摘もある。オランダが国旗に三色旗を採用する300年以上も前から三色旗を使っていたというのだ。しかし、オーストリアの国旗は確かに横に三分割したデザインだが、色だけに着目して考えると三色旗ではなく、赤と白の二色旗だ。

この二色は、第三回十字軍に参加したオーストリア公レオポルト5世が敵の返り血をあびて全身赤く染まったが、ベルトをしていたため腰の部分だけ白く残ったという故事に由来している。13世紀に制定されたもので、スイスの国旗とともに現在でも使用されている最古の国旗の一つだ。

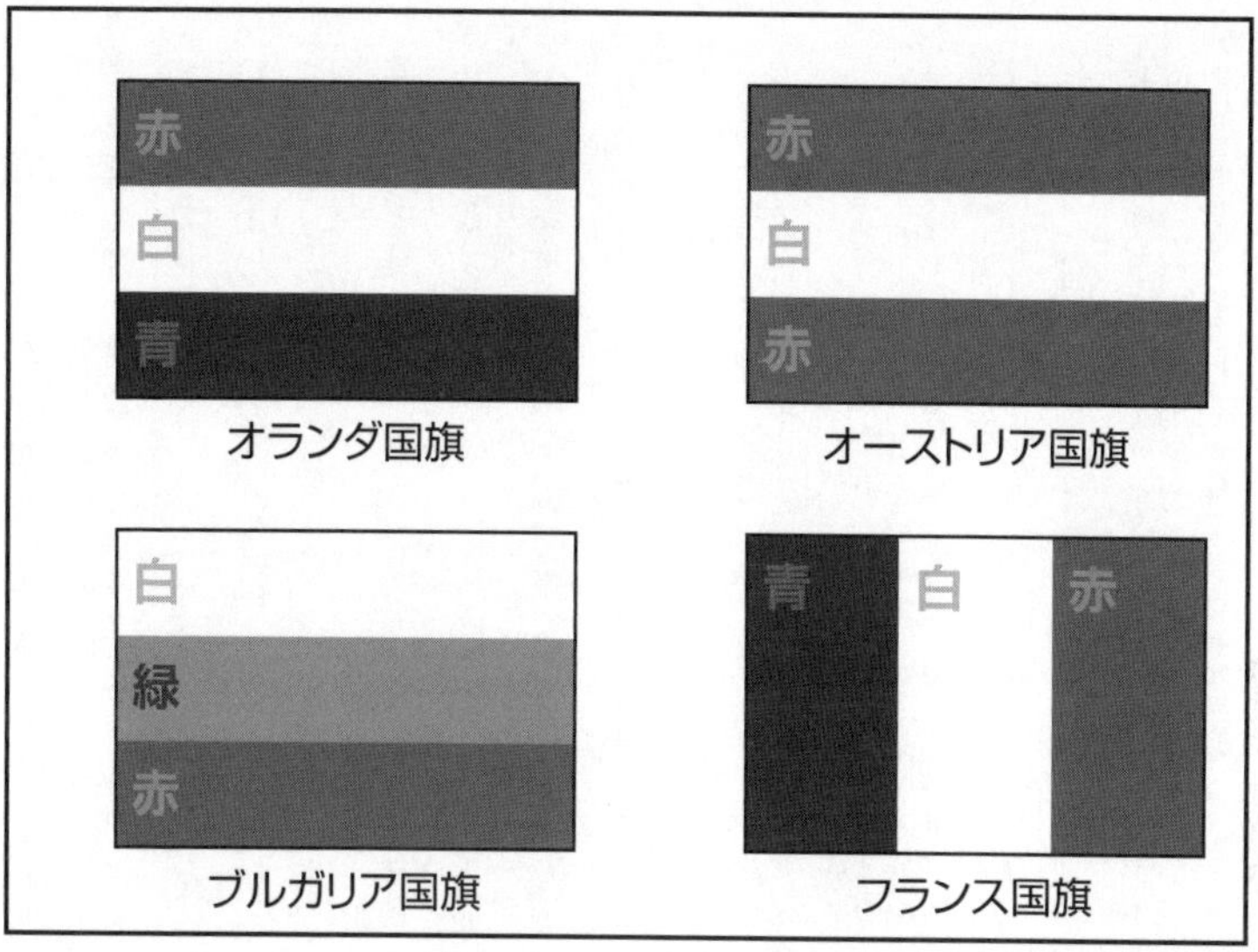

なぜヨーロッパで共同体が生まれわざわざEUをつくったのか？

第二次世界大戦後、戦場となったヨーロッパ、とりわけ西欧諸国では、経済復興のためにエネルギー資源や工業資源を共同で管理するという考え方が生まれた。これが、のちにヨーロッパ連合（ＥＵ）の前身であるヨーロッパ共同体（ＥＣ）に発展していった。では、そのＥＣはどうして誕生したのか。

１９５２年、フランス人の政治家シューマンの提案で、フランス、西ドイツなど６カ国がヨーロッパ石炭鉄鋼共同体（ＥＣＳＣ）を発足させた。この動きはヨーロッパ経済共同体（ＥＥＣ）、ヨーロッパ原子力共同体（ＥＵＲＡＴＯＭ）の設立へと発展した。

やがてEECの経済成長が著しくなり、加盟国はヨーロッパの統合を効率的に進めるための組織が必要になった。EEC、ECSC、EURATOMの3共同体は1967年に合併してECが誕生した。

当初イギリスは、フランスの反対がありECに加盟できずにいた。しかし、1973年にオイルショックの影響で資本主義の先進国が大きな打撃を受けたことを機に、アイルランド、デンマークとともに加盟が認められた。

その後、欧州会議の設立、各国通貨の廃止などを内容とするマーストリヒト条約に参加国が調印し、1993年、EUが発足した。ECが経済の地域内の統合を目的として設立されたのに対し、EUはそれを超える広域共同体を目標に、通貨の統合に着手した。それが単一通貨「ユーロ」だ。

ワッフルの本場ベルギーに「ベルギーワッフル」はない？

日本では、すっかり定番の焼き菓子となった「ワッフル」。その本場ベルギーでは、街のいたるところにワッフル専門店があり、国民の食べ物として親しまれている。

ところで、日本では「ベルギーワッフル」と呼んでいるが、ベルギー国内にはベルギーワッフルという焼き菓子は正式にはないらしい。いったいどういうことなのか。

ベルギーにあるのは、二つのタイプのワッフルだ。一つは、長方形の形状で表面がサクっとし、中身はふわふわとした食感が特徴のブリュッセルワッフル。生地は軽く甘さが控えめなので、フルーツや生クリームをトッピングして食べることが多い。ショートケーキのような食べ物なので、もち歩きには不向き。もっぱら店内か自宅で食べるスイーツだ。

もう一つは、円形か楕円形の形状で、少し固めの生地を焼いたリエージュワッフルだ。名前は発祥の地である東部ワロン地方の都市リエージュに由来する。弾力性のあるもちっとした生地が特徴で、「パールシュガー」と呼ばれるザラメのような砂糖が使われている。生地に甘味があるため、トッピングなしでも食べられる。街頭にある屋台でも販売しており、もち歩きに向いている。

日本人がいうところのベルギーワッフルとは、後者のリエージュワッフルを指すことが多い。しかし、日本人にはベルギーワッフルのほうが聞きやすく言いやすいため、この呼び方が定着してしまったのだろう。

ルーマニアでは「陽気な墓」と呼ばれる墓地が観光客に人気？

ルーマニア北西部マラムレシュ地方にあるサプンツァ村には、一見すると観光にはふさわしくない、ある「特別な場所」を見るために年間3万人もの観光客が訪れているという。それは「陽気な墓」と呼ばれる墓地だ。

どうして墓地が観光名所なのか。それはこの村の墓がとてもカラフルで芸術性に富んでおり、鑑賞に値する「作品」になっているからだ。青を基調とした木製の墓標に故人の生前の生活や職業、死因などがポップでシュールなタッチで描かれている。ひと目で故人の人柄がわかる絵は、故人を主人公にした絵本のようにも見えるという。

たとえば肝硬変が原因で亡くなった人の墓標には酒瓶を握っている男性の絵が明るいタッチで描かれ、自動車事故にあって亡くなった人は車にひかれる故人の絵がこれまた陽気に描かれている。見ただけで墓地に対する暗いイメージが吹っ飛んでしまう。

また、墓標にはユーモラスな墓碑銘が刻んであり、これを読むのも楽しみの一つだ。たとえばある医者の墓碑には、「彼は医者だった。多くの人を救ったが、自分の命は救えなかった」という、思わず苦笑するような文章が刻んである。ほかには「酒におぼれた人生だった」「姑との確執があった」など赤裸々な告白が記されているものもあるという。

この「陽気な墓」は、1935年頃に彫刻家の村人がポップな絵柄の墓標をつくったことが始まりだ。彫刻家は愛する人を失った悲しみが癒えることを願って、墓標を明るく陽気なものにしようと考えたという。彼の死後、弟子が遺志を継いだことで、個性的な墓標がどんどん増えていったのだ。

たまに聞く東欧とか西欧って誰がどんな基準で分けたの？

ヨーロッパを東欧、西欧、南欧、北欧といった区分で分けたとき、具体的にどの地域を指しているのか、どの国が該当するのか。じつはヨーロッパを東西南北に分ける分類法に明確な定義はないが、国連による区分が比較的よく知られている。

東欧は、一般にロシアと旧ソ連の諸国、ウクライナ、ベラルーシ、モルドバなどを指す。しかし近年、東欧という呼び名は時代遅れだ

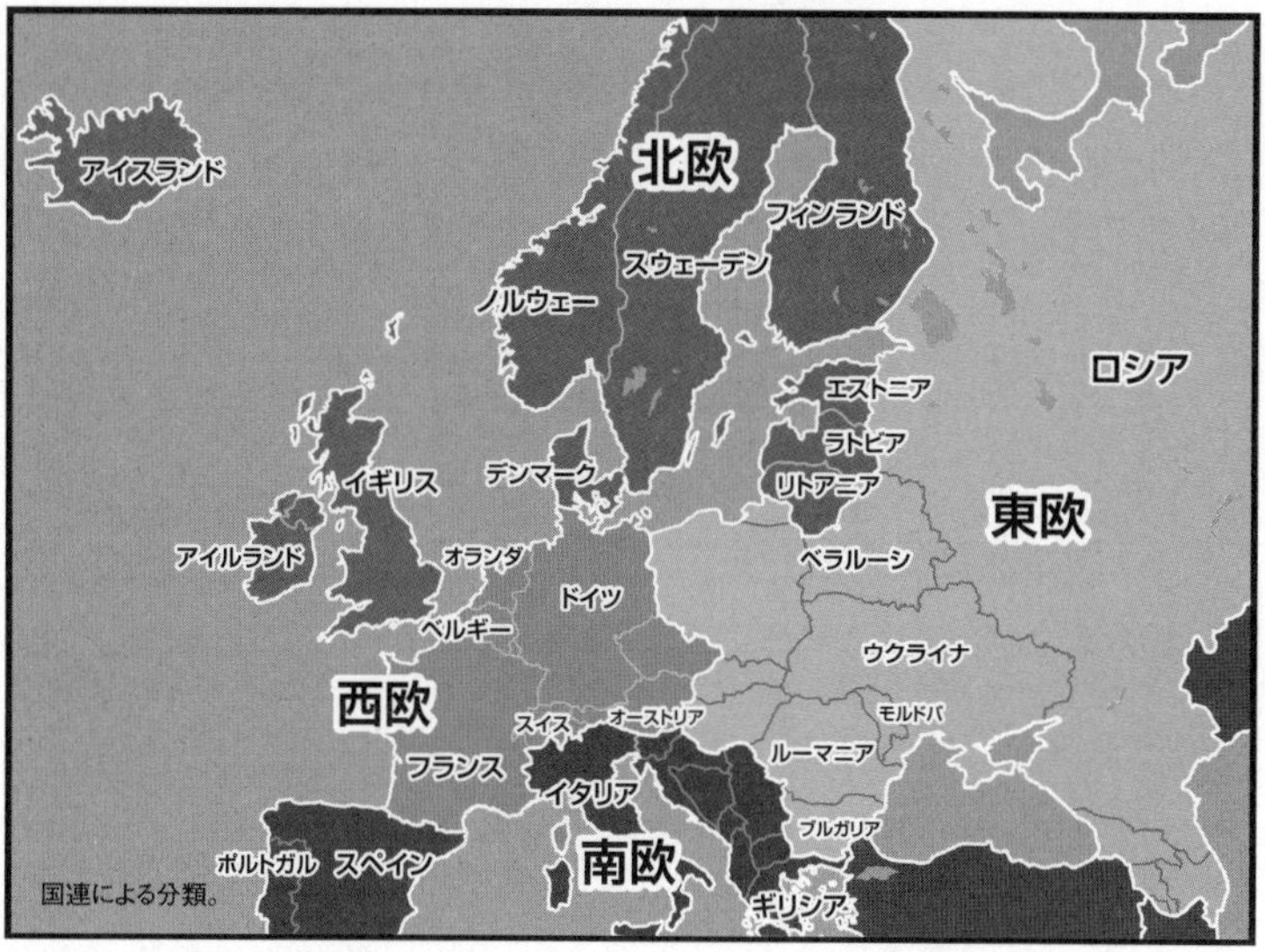

と受け止められている。もともと東西冷戦下でソ連圏に入っている「東側諸国」という意味合いがあったため、民主化以降、意味をもたなくなったからだ。

西欧は、オランダ、ベルギー、フランス、ルクセンブルクなどを指す。南欧は、スペイン、ポルトガル、イタリア、アンドラ、サンマリノ、マルタ、ギリシア、バチカン市国などを指す。ただし、スペインやポルトガルは、さらに細分化して「南西ヨーロッパ」と呼ばれることもある。また、南欧にモナコやキプロスを加える分類もある。

北欧は、アイスランド、スウェーデン、デンマーク、ノルウェー、フィンランドなど日本で比較的よく知られている国ばかりだ。これにバルト三国（エストニア、ラトビア、リトアニア）を加える分類もある。このほかに、

世界全般
アジア
ヨーロッパ
アメリカ 中南米
アフリカ・極地 オセアニア
日本

国連の分類にはないものに中欧という区分がある。ドイツ、オーストリア、リヒテンシュタインなど経済大国が多いのが特徴だ。スイス、ポーランド、チェコ、スロバキア、ハンガリーなどの国が含まれる。

ヨーロッパという地名の起源は伝説の王女エウロペにある？

「ヨーロッパ」という地名が用いられるようになったのは14世紀のことだと考えられている。名前の起源には諸説あるが、ギリシア神話に登場する王女エウロペに由来するという説が最も有力だ。

エウロペは、古代の地中海東岸にあったとされるフェニキア国の国王の娘だった。彼女に一目ぼれした好色な神ゼウスは誘惑するために白い牡牛に変身する。牡牛を見つけたエウロペがその背にまたがると、牡牛は彼女をクレタ島へと連れ去った。本来の姿を現したゼウスは彼女を最初の妃とした。牡牛の背に乗せられたエウロペは、そのままヨーロッパ大陸を駆けめぐったという。この伝説から、その地域は彼女の名前を取ってヨーロッパと呼ばれるようになったというのだ。

このほかには、古代アッシリア語で、「日没」を表わす言葉が転じて「西」を意味するエレブ（Ereb）という語があるが、この言葉がギリシアに渡ってエウロパとなり、これがヨーロッパの語源になったという説もある。古代メソポタミアのアッシリア（現在のイラク北部）から見たとき、ヨーロッパは西に位置している。つまり、太陽の沈む西に広がっていたので、そう呼ばれたというわけだ。

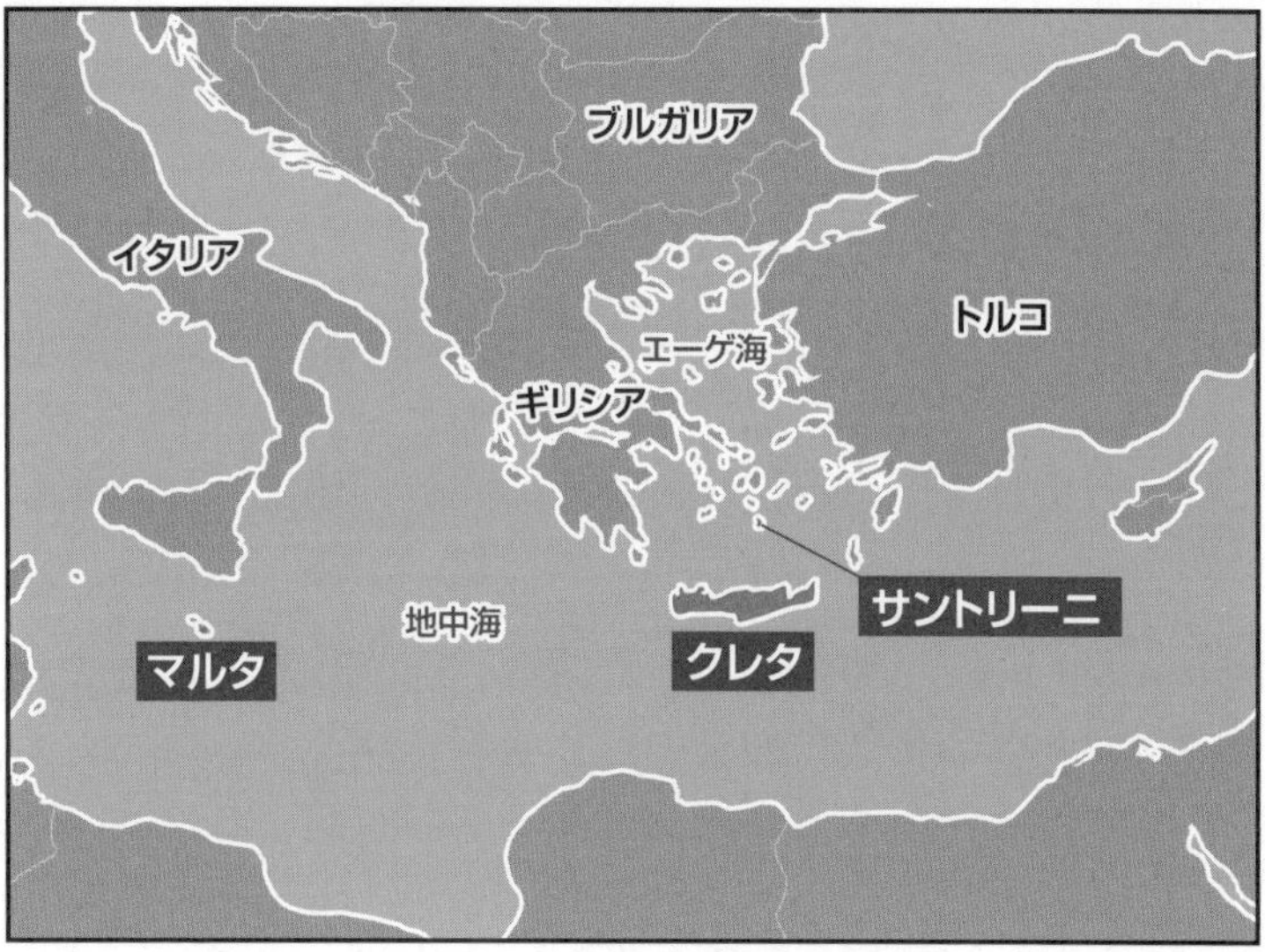

「アトランティス大陸の一部」と呼ばれる地中海の島国とは？

農産物や地下資源に恵まれ、強力な軍事力によりアフリカやヨーロッパの一部を支配下に置いていたとされる伝説の島国がある。「アトランティス大陸」だ。首都ポセイドニアには神殿が建ち、高度に発達した文明をもっていたと考えられている。しかし約1万2000年前、地震と洪水により一夜にして海底に沈んだという。

それが存在したと推測できる場所に関しては、じつに多くの説がある。「ブラジルの沖合」「黒海の海底」「南極」など挙げていけばキリがない。この内とくに有力とされているのが地中海説だ。

地中海の国ぐにの一つ、イタリア・シチリア島の南に位置するマルタ共和国は、淡路島の約半分の面積をもつ島国。マルタには新石器時代からすでに人が住んでいたことがわかっており、現在でも壮大な神殿や地下迷路の遺跡が残されている。そこから、ヨーロッパの研究者の間では「アトランティス大陸の一部ではないか」といわれている。

ギリシアに属するクレタ島とサントリーニ島も、アトランティス大陸の一部だったという説がある場所の一つだ。クレタ島では1900年からクノッソス宮殿の発掘が始まった。その際に発見されたフレスコ画のなかに、アトランティスを彷彿《ほうふつ》とさせるものがあったことが、その理由だ。

このクレタ島から110キロメートル離れたところにあるのがサントリーニ島だ。クレタ島とともにヨーロッパ最古の文明といわれる「ミノア文明」が栄えたとされるが、ギリシアの地震学者は「この島こそがアトランティスの一部だ」と主張している。

Facebook利用率が約90パーセントという国がある？

国際統計情報配信サービス会社の調査によれば、「世界のインターネット普及率ランキング（2014年版）」第1位は、98・16パーセントのアイスランドだ。第2位は96・30パーセントのノルウェー、第3位は95・99パーセントのデンマークとなっている。北欧諸国の普及率が高い理由は、国や自治体がIT化に積極的だったからだ。

いっぽうインターネットのSNS（ソー

シャル・ネットワーキング・サービス）のなかで、世界で最も普及しているサービスはFacebookだ。同社の発表によれば、世界に13億9000万人（2014年12月31日統計）の利用者がいるという。最もユーザー数が多いのはアメリカで1億8000万人。人口に対する普及率は57・98パーセントだ。

ただし普及率だけに着目してみれば、じつは意外な国が約90パーセントの利用率でトップとなっている。世界で2番目に小さな国「モナコ公国」だ。人口約3万6000人のうち、約3万2000人が利用者という計算になる。

利用率が高い理由は、モナコ国民が他国から移住してきた富裕層で成り立っており、SNSも活発に利用しているからだと考えられる。人口に対する外国籍者の割合はじつに84パーセント（フランス47パーセント、イタリア16パーセント、そのほか21パーセント）、つまりモナコ国籍者はわずか16パーセントなのだという。公用語はフランス語だ。なお国名の由来は、ギリシア語で「隠者」を意味する「モノエキ」がなまったものだとされている。

ひとり当たりのGDPで世界トップクラスの小国とは？

世界の大国と小国を比べた場合、一般に大国ほど国民ひとり当たりのGDPは大きく、小国ほど少ない傾向にある。ただし、このセオリーどおりになっていない国もある。

フランス、ベルギー、ドイツに囲まれたルクセンブルクがそうだ。沖縄県くらいの面積で、人口は約56万3000人の小国だが、国内経済は長期間高い水準で安定しており、国民ひとり当たりのGDPで世界トップクラスを維持している。国際通貨基金（IMF）の統計によれば、2014年は11万1716ドルで第1位。ひとり当たりの購買力平価GDPランキングでは、カタールに次いで第2位。ルクセンブルク国民は、要するに「世界で最もお金もちの国民」なのだ。

かつてのルクセンブルクは貧しい農業国だった。しかし、1960年代に世界の鉄鋼会社の誘致が転機となり、先進工業国へ変貌を遂げている。オイルショックを機に一度は低迷期を迎えたが、産業構造の転換に成功。21世紀に入ってからは、銀行業を始めとする金融サービス業が発展し、ユーロ圏の金融センターへと変貌した。現在では、ユーロ圏におけるプライベート・バンキングの中心地となっている。

世界最大の湖カスピ海の水位が上下しているのはなぜ？

中央アジアと東ヨーロッパの境界にあるカスピ海は、「海」と名付けられてこそいるが、実際には湖だ。確かに海のように広大な面積をもっており、その広さは湖としては世界最大。面積は37万4000平方キロメートルにもなる。これは日本の国土よりやや狭い程度の広さだ。

この湖は、世界のすべての湖水の40～44パーセントの量をたたえている。しかも驚くべきことに、その水位は何世紀にもわたり上下をくり返しているという。

カスピ海に流れ込んでいるおもな河川には、ヴォルガ川、ウラル川、クラ川、テレク

カスピ海に流れ込むクラ川。中央アジア南西部、カフカス地方最大の川。 ©Sids1

川などがあり、流入河川は約130本にもなる。その反対に、流出先は東部のカラボガズゴル湾のみという偏り方だ。今のところ、流出と湖面からの蒸発によって流入水との均衡は保たれている。ただし、歴史をさかのぼってみると、流入河川水域の降雨量の変動などにより、これまでに何回も大きな水位変動をくり返しているのだ。

19世紀には、おおむね海抜マイナス25〜26メートルで上下していたが、20世紀に入ると低下。1930年代には2メートル弱低下し、1977年にはマイナス29メートルまで下がった。その原因は、上流域で生活用水や工業用水の需要が増えたことによる。

その後、1977年を境に水位は上昇に転じ、1995年には最高水位に達した。その原因は80年代に入ってからのヨーロッパやロシアにおける冬季の気温上昇と、それに伴う同地域の融雪量の増加だ。その水位上昇が原因でカスピ海沿岸の街に洪水が発生した。その後はふたたび減少に転じているという。

アイスランドでは毎年2センチ国土が増えているって本当？

北大西洋上に浮かぶ島国アイスランドの面積は、北海道と四国を合わせた程度だ。ところが、毎年2センチメートルほど国土面積が増えているという。埋め立てによってそうなっているのだとすれば、2センチは少なすぎる。いったいどうしたというのだろう。

国土を広げているのは、火山活動によって生まれるパワーだ。アイスランドには約30の活火山があり、現在もなお国の中央部で割れ目噴火（線状の割れ目からマグマが噴出する現象）が起こり、溶岩が吹き出し続けている。その結果、大地は東西に押しやられ、1年に2センチほどずつ広がっているのだ。わずかな面積ではあるが、このペースで増え続けていくと、数十万年後には日本より大きくなるともいわれている。

アイスランドに活火山が集まっているのは、大西洋中央海嶺の真上にあるからだ。中央海嶺とは、大洋の底にある海底山脈のことで、マントルが地下深部から上昇してくる場所にあたる。

このため、アイスランドでは割れ目噴火が多く、噴出する溶岩の量も多い。1783年のラキ火山の噴火によって噴出した玄武溶岩の量は、約15立方キロメートルにもおよんだとされている。

ブルーラグーン。アイスランドでも指折りの観光名所の一つだ。 ©Moyan_Brenn

アイスランドに世界最大の露天風呂がある理由とは？

アイスランドは火山大国なので、日本と同じく多くの温泉が湧き出している。世界最大規模の露天風呂もある。首都レイキャビクの南西約40キロメートルに位置する「ブルーラグーン」と呼ばれる温泉施設だ。温水の色が青と緑なのでこの名前が付けられたという。

しかし、ブルーラグーンは世界最大の露天風呂ではあるが、自然に湧出する温泉ではない。隣接するスヴァルスエインギ地熱発電所がくみ上げた地下熱水の排水を再利用している。つまり、地熱発電の副産物として誕生した温泉施設なのだ。

アイスランドは国策として再生可能エネル

ギーを採用しており、国内の電力供給は約74パーセントを水力、約26パーセントを地熱から得ている。そのため、地中の熱水を使った発電が普及しており、発電に利用した熱水は温泉施設に再利用されているのだ。

ブルーラグーンでは、70℃以上ある使用済みの温水がコンピュータ制御により38℃前後に調整され、温水プールに蓄えられる。そのため真冬でも適温で入浴できる。そういった意味では世界最大の「ハイテク温泉」ともいえよう。

もくもくと湯気を上げる温水プールはその広大さから、一見すると天然の入江のようだ。白濁した温泉水はアトピーや湿疹などの皮膚病治療に効果があるとされていることから、医療施設を併設している。また、泥を使ったマッサージ施設も用意されているという。

グリーンランドとアイスランドの国名があべこべになった理由は?

アイスランドという国名は9世紀にノルウェーからバイキングがやってきて、「氷の土地」と呼んだことに由来する。名前を聞くと、いかにも「氷でおおわれた寒そうな国」というイメージだが、暖流のメキシコ湾流が国の周囲を流れているので、じつはそれほど寒くはない。首都レイキャビクの1月の平均気温は1℃になるというから、同じ時期の北海道より暖かいのだ。

ところが、いかにも寒そうな名前が災いしてか、アイスランドには移民がなかなかやって来なかった。そのため、もっと北にある巨大な島には、入植希望者が殺到するように、

「グリーンランド」という名前が付けられたといわれている。

　これは982年頃の逸話で、命名したのはヨーロッパ人として初めてグリーンランドに入植したエイリークだ。彼はアイスランドを追放され、グリーンランドに渡った。3年間、グリーンランドの沿岸を探索したのち、アイスランドに帰国。そこでグリーンランドの存在を広めたようだ。

　グリーンランドは「緑におおわれた土地」ではなく大部分が北極圏に属し、全島の80パーセント以上は氷床と万年雪におおわれている。厚い氷におおわれているせいで、地下資源の採掘は困難だったが、地下には莫大な量の原油が存在すると考えられている。グリーンランドに「グリーン」はないが、かわりに「オイル」があるのだ。

グレートブリテンのグレートは大きいという意味ではない

イギリスの正式名称は「グレートブリテンおよび北アイルランド連合王国」だ。英語での略称は、「United Kingdom」（連合王国）の頭文字を取ってUKが使われる。日本でイギリスと呼ぶのは、ポルトガル語の「イングレス」がなまったものだ。漢字では、明治時代に「英吉利」と書いたことから、略して「英国」となった。

　イギリスは、ウェールズを含むイングランド王国とスコットランド王国からなる「グレートブリテン王国」、イングランドの配下にあった「アイルランド王国」が1801年に統合して誕生した。複数の王国が集まった、まさに連合王国だ。このうち、イングランド、スコットランド、ウェールズの3カ国はグレートブリテン島にある。

グレートブリテン王国やグレートブリテン島の「ブリテン」という言葉は、アングロ・サクソン人がケルト系先住民に対して使っていた「地方の人」という意味の言葉に由来する。5世紀頃、デンマークやドイツ周辺にいた民族からすれば、その巨大な島は「地方の人が住む島」だったというわけだ。

いっぽう、「グレート」には「大」でなく「遠方の」という意味がある。アングロ・サクソン人によって故郷の島から追い出されたケルト系ブリトン人が、やむなく移住した地域がフランスの「ブルターニュ（Bretagne）」だ。この地域には今でもフランスのほかの地域とは異なる文化が残っている。

それにちなんで彼らが本来住んでいた海を挟んだ遠方の島は、「グランド・ブルターニュ」と呼ばれた。これが英訳され、「グレート（遠い）ブリテン」という地名が定着したとする説が有力だ。

スコットランドの「スコット」は特定の部族に付けられた愛称？

グレートブリテン島にある3カ国のうち、イングランドは「アングロ・サクソンの国」という意味をもつ。アングロ・サクソン人は5世紀頃、現在のデンマークやドイツ周辺からグレートブリテン島に渡った部族の総称だ。アングル人、サクソン人、ジュート人の3つの部族から成る彼らは、先住のケルト系ブリトン人を支配し、やがて「イングランド人」になっていった。

スコットランドとウェールズは、もともとはグレートブリテン島に住んでいたケルト人の国で、現在のものとは別にちゃんとした名前があった。しかし、島にやって来たアングロ・サクソン人によって、現在の地名に変更させられたのだ。

スコットランドには、先住民のカレドニ族にちなんで「カレドニア」という地名が付いていた。やがてアイルランドからケルト系のスクイト族がこの地方に移住し、カレドニ族と混血して以降もスクイト族と名乗っていた。しかしアングロ・サクソン人は彼らを「スコット」と愛称で呼び、彼らの住む場所に「スコットランド」という地名を付けたのだ。

いっぽうウェールズは、ケルト系ブリトン人キムブル族が住んでいたので、その部族名にちなんで「カムブリア」という地名だった。しかしアングロ・サクソン人は「ウェリクス（外国人の住む土地）」と呼んだ。これが転じて、のちに「ウェールズ」となったといわれている。

ロンドンに霧が多いのはどうして?

イギリスの首都ロンドンは、「霧の都」と呼ばれるように、霧が多いことでも知られている。年中漂っている霧は「ビッグベン」と並ぶロンドン名物の一つといっても過言ではないだろう。

ロンドンに霧が多いのは、二つの海流がドーバー海峡で正面衝突しているからだ。グレートブリテン島の西側を暖流のメキシコ湾

©David Holt London

霧の都ロンドン。『シャーロック・ホームズ』シリーズには、霧の風景がよく出てくる。

流が1年中北上している。そのいっぽうで、北東からは寒流の北極海流が流れ込んできているのだ。

この二つの海流がぶつかり合った結果、メキシコ湾流が運んできた暖かく湿った空気は冷たい北極海流に冷やされ、大量の霧へと変化していく。それが港町であるロンドンへ東から流れ込む。この霧が上昇し、雲のようになって上空を漂い、ロンドンを「霧の都」に仕立てているのだ。とりわけ北極海流の勢いが強まる10月下旬から1月にかけて霧がよく発生している。

なお、ドーバー海峡を含む英仏海峡は1年中霧が多く、昔から海難事故の多発地帯となっている。損害保険業界では、それがロンドンで船舶専用の損害保険が発達した理由だともいわれている。

アイルランドをアイルランド語でエールと呼ぶのはなぜか？

19世紀以降のアイルランドの歴史は、イギリス支配からの独立・自治確立の歴史だった。「アイルランド独立戦争」直後の1922年、アイルランド島32州のうち南部26州がイギリスより分離し、イギリスの自治領アイルランド自由国が成立した。

その後もイギリスからの影響力を排除する活動が続き、1937年にアイルランド憲法を施行。国名を英語でIreland、アイルランド語ではEire（エール）と定めた。そして1949年、イギリス連邦を離脱した。

ところで、アイルランド語での国名Eireとはどういう意味なのだろう。これには諸説ある。最も有力なのが、アイルランド神話に登場する女神Eriu（エリュー）に由来しているという説だ。

ほかにも、方位を示す言葉だとする説が二つある。一つは、ire（アイル）はゲルマン語で「西側の」という意味で、イギリスから見てアイルランドは西側にあることに由来するという説だ。この場合、アイルランド語では定冠詞「E」がついてEireとなる。もう一つは、「日没（西の果て）」という意味の古代アッシリア語「Ereb」が「Eriu」に転じ、Erieになったという説だ。

なお、英語での国名である「Ireland」はアイルランド語の「Eriu」（Eは定冠詞）と、ゲルマン語の「国」を表わす「Land」を合わせたものだ。「女神エリューの領地」を意味する。

ロンドンに敷設された世界初の地下鉄は蒸気機関車だった？

イギリス・ロンドン市域を走るロンドン地下鉄の最初の区間が開業したのは１８６３年。これが世界最初の地下鉄だ。その後、路線は延び、１８８０年には年間約４０００万人を輸送するまで拡大した。驚くべきことに、１８９０年に電化が始まるまでの約30年間、すべての車両は石炭燃料で走る蒸気機関車がけん引していたというではないか。

地下鉄とはいえ蒸気機関車なので、換気する必要があった。そのために、地下駅部分は天井が吹き抜けになっていた。また、路線はトンネルばかりでなく適所に青空の見える区間を設け、煙を逃がす工夫がされていた。これができたのは、開通当時、掘削してからフタをして進める工法を採用したからだ。

いっぽう、機関車にも煙を少なくするような工夫が施されていた。蒸気機関車の蒸気は煙突から煙と一緒に勢いよく吐き出される。これは燃焼室の煙を霧吹き器の原理で排出するシステムだが、地下鉄をけん引する蒸気機関車の場合、勢いよく出ては困るので、蒸気は側面に設けた水タンクに誘導し、冷やすようになっていた。

さらに運転時にも配慮がなされた。駅では ボイラー圧を十分に上げ、トンネル内では石炭をくべないようにしたのだ。これによりトンネル内では煙を少なくするよう努力した。

それでも、車内や駅はすすけていた。また、当時のホームは木造だったので出火もあり、乗客には不評だったということだ。

幅の違いに注目。
これが正しい向き。

英国旗を「ユニオン・ジャック」と呼ぶのはなぜ？

イギリスの国旗は、洋服やバッグなどファッションのデザインによく使われる。通称「ユニオン・ジャック」だ。では、どうしてそう呼ぶのか。じつは諸説ある。

ユニオン・ジャックとはもともと「船の国籍を示す旗」だったという説と、船首を「ジャックスタッフ」と呼び、そこに掲げる旗に由来するという説が有力だ。どちらにしても、船に掲げて国籍を示していた旗が国旗になったことを表わしている。しかし、そもそもどうして「ジャック」という男性名が用いられたのかは定かではない。

ところで、この旗は一見、裏返しても同じ

デザインであるように見えるが、じつは裏表がある。斜めにクロスしているベルトの下半分で、白い部分の幅の広いほうが左側に来るのが正式だ。さらに、イギリスの国旗にはいくつもの種類があることもあまり知られていない。たとえば東京都千代田区にあるイギリス大使館では、中央に大使専用の紋章を付けた国旗が揚げられている。

スペインの南端にイギリスの領土があるのはどうして?

地図を注意深く見ていると、ときおり不思議な地理を発見する。都道府県や市町村の一部が、ほかの自治体のなかに離れて存在している「飛び地」だ。じつは世界には、国をまたいだ飛び地が存在する。

地中海の出口にあたるジブラルタル海峡に突き出した面積6・5平方キロメートルの地域は、スペインと砂州でつながっているがイギリスの領土だ。しかもジブラルタル自治政府によって治められている。

イギリスは1704年、スペイン継承戦争に介入し、イベリア半島の南端を占領。1713年より正式にイギリス領になり、約290年間、イギリスの実効支配が続いた。

やがて2002年、イギリス女王とスペイン国王による共同の主権化で、ジブラルタルに独立国に相当する自治権を与える提案が発表された。しかし、ジブラルタルの住民による投票の結果、イギリス領のまま残ることになってしまったのだ。しかも、地中海の出入り口を抑える戦略的な要地なので、現在もイギリス軍が駐屯している。

アイルランド人とイギリス人どちらかを選べる国とは？

現在、アイルランド島は、イギリスとアイルランドに分割されている。１９２２年、南部の26州がアイルランド自由国として独立した際に、北アイルランドに位置するアルスター地方の六つの州がイギリスへの残留を決定した。その理由はやや複雑で、12世紀にイギリスがアイルランドを征服した際、もともとアルスター地方に住んでいたカトリック系住民を殺害し、その後にイギリスからプロテスタント系の入植者が流入して多数派となったという経緯をもつからだ。

こうして北アイルランドではプロテスタント系住民が支配的地位を占めるようになり、カトリック系住民を差別するようになっていった。これに対して、北アイルランドの少数派カトリック系住民の差別撤廃を目指す運動が起こり、プロテスタント系住民との間で激しい衝突が生まれた。

やがてアイルランド統合を求めるカトリック系組織を中心としたテロが頻発し、「北アイルランド紛争」が勃発。１９９８年、アイルランドとイギリスの和平合意で、アイルランド島はアイルランドと、イギリス領の北アイルランドに分割された。

この結果、北アイルランドの住民にはアイルランド人、イギリス人のどちらか、あるいは両方になってもよい権利が与えられた。つまり、イギリス領の北アイルランドに住んでいても、アイルランドの市民権が得られるようになったのだ。

ローマのコロッセオ。古代には闘技場として使われた。 ©Viditu

イタリアが世界一「世界遺産」が多い国になった理由とは？

世界で最も世界遺産が多い国はイタリアだ。その数は51件。第2位は48件の中国、第3位は44件のスペインと続く（すべて2015年12月時点での数）。

このうち第2位の中国は、戦乱の歴史が長く続き、これを文字として残す文化があったために多くなったといわれている。では、第1位のイタリアに世界遺産が多いのはどうしてなのだろうか。

第一の理由は、ローマ帝国の首都が存在したからだといわれている。古代ローマは、王政から共和政、元首政、帝政と移行していったが、その間の1000年以上、ローマは中心都市であり続けた。さらに、ローマ帝国がイタリア半島を征服していた時期もあったため、多くの世界遺産が生まれたのだと考えられている。

第二の理由は、中国同様、文字が発達していたことだ。文字によって文化は伝えられ、発達を遂げるので、世界遺産が多くなったのだという。第三の理由は、高温多湿な気候ではないため、石造りの建造物が多く現存していることだ。

遺跡の多さを紹介するのに、こんなエピソードがある。ローマの鉄道網はテルミニ駅を中心に発達しているが、地下鉄は2本しか通っていない。これは、地下鉄を掘る際に、たびたび遺跡にぶつかってしまうからしい。いろいろな調査が必要になってしまうため、なかなか進まないようだ。

世界最古の小さな共和国はイタリアの山中にある？

イタリア北東部の山中に、現存する共和国としては世界最古の国「サンマリノ共和国」がある。周囲はすべてイタリアで、国土面積は東京都世田谷区よりひと回り大きい程度。しかも世界で5番目に小さい国で、人口は約３万２０００人だ。

１６３１年にローマ教皇が独立を承認し、世界最古の共和国として成立した。19世紀中期のイタリア独立運動でも義勇軍を派遣し、独立国の地位を守っている。

１８６２年に統一されたイタリア王国とは関税同盟や友好条約を結び、独立を維持した。また、第二次世界大戦中は中立を宣言したものの、イタリア戦線が始まると戦火を逃れるため、周辺国から約10万人もの難民が国内に流入した。

大戦中にはドイツ軍に、次にドイツ軍を撃退した連合国にしばらくの間占領され、数奇な運命をたどった。それでも、大戦後の1947年には、世界初の自由選挙による共産党政権が誕生した。実質的には、イタリアに経済を依存するイタリアの保護国のような状態だが、1992年には国連に加盟した。

住民のほとんどがイタリア人。EUには加盟していないが、通貨はユーロを使用。イタリアとの間に国境の壁や門もなく、入国審査なしで行き来できる。

基幹となっている産業は観光業。ユニークな歴史や景観が人気を集め、世界中から多くの観光客が訪れている。

イタリアと童話『ピノッキオ』との切っても切れない深い関係とは？

日本ではディズニー映画で知られる『ピノッキオ』。子供の頃、親や先生から「ウソをつくと鼻が伸びる」と教えられ、恐怖を味わった人もいるのではないだろうか。

原作はイタリアの作家カルロ・コッローディの童話『ピノッキオの冒険』だ。1883年に初版が出版されて以来、130年以上にわたり世界中で読み継がれている。コッローディはフィレンツェ出身。作品が高く評価されたのは彼が亡くなった後だったが、20世紀にはイタリアの国民的作家として認知されるようになる。

その彼の代表作『ピノッキオの冒険』の世

界を堪能できる「ピノッキオ公園」が、フィレンツェから電車で約1時間の場所にある。そこは、作者のペンネームに由来するコッローディという名前の小さな村だ。運営はカルロ・コッローディ財団。1956～1987年に建設された公園で、当然のことながらピノッキオをモチーフにしている。いたるところにピノッキオの銅像やお面、モニュメントが飾られており、メリーゴーランドなどのアトラクションも充実しているという。

リアス海岸のルーツとなった海岸はスペインにあった？

狭い湾がノコギリの歯のように複雑に入り組んだ海岸を「リアス海岸」という。日本では東北の三陸海岸や山陰海岸が有名だ。じつはこの呼び名のルーツとなった海岸が、スペイン北西部のガリシア地方にある。この地方のリアス海岸は、規模でも面積でもヨーロッパ最大だ。

ガリシア地方には、険しいガリシア山塊から流れ出る河川によって深い峡谷が形成された。約2000万年前、地殻変動によってガリシア山塊が北方向に沈下。海水が川の下流域の渓谷に入り込み、深い入江が多数つくられたのだ。

リアス海岸の「リアス」とは、ガリシア地方の深い入江を発見したドイツ人探検家がガリシア地方の言葉で「入江」を意味する「リア」をもとに命名したという説が有力だ。ほかにも、地元で「リア」と呼んでいたものが国際地学用語として広まり、やがて複数形の「リアス」となったという説もある。

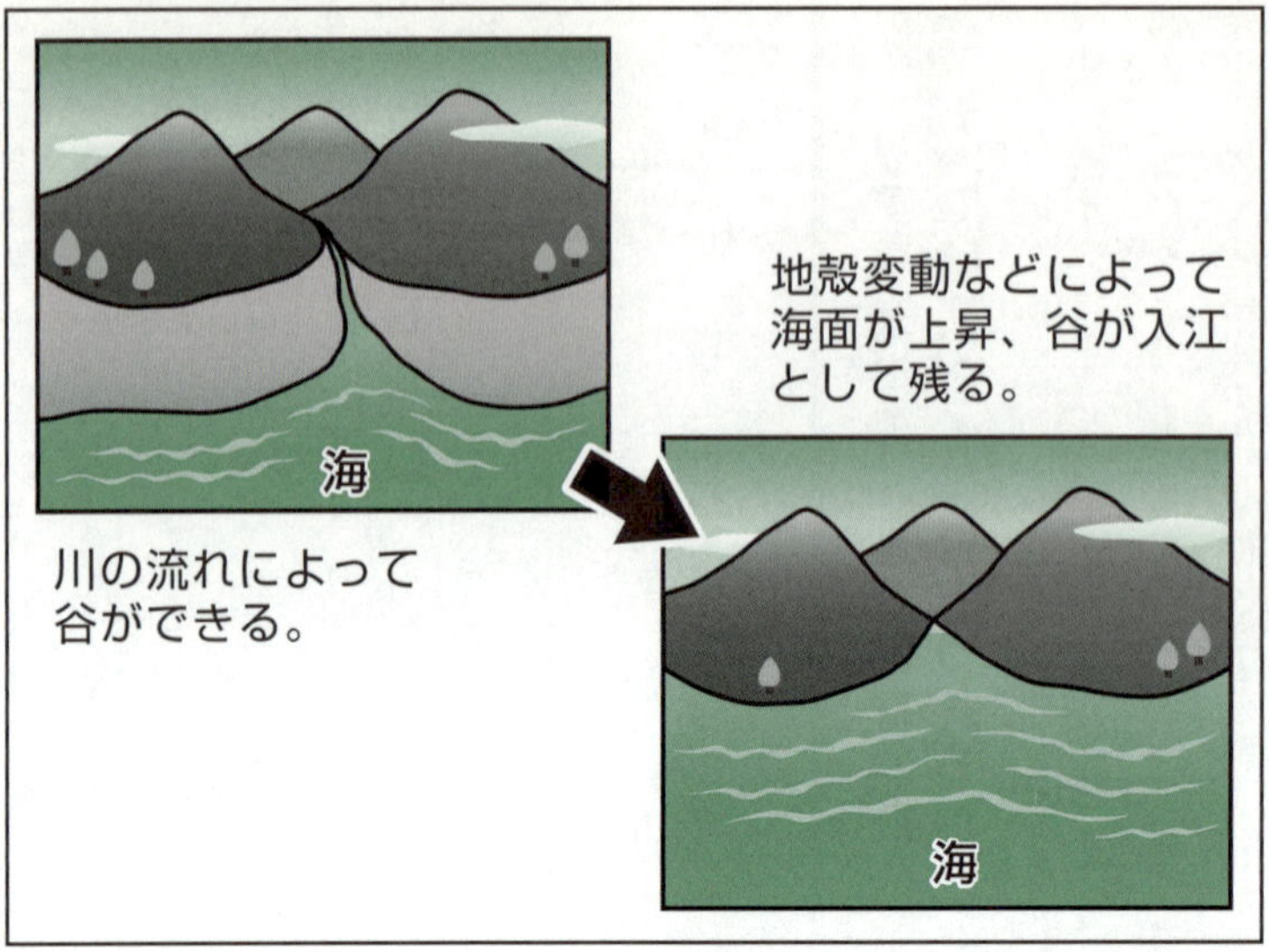
地殻変動などによって
海面が上昇、谷が入江
として残る。
海
川の流れによって
谷ができる。
海

リアス海岸とよく似たものに、北欧で見られる「フィヨルド」がある。リアス海岸が河川の浸食でできた入江であるのに対し、フィヨルドは氷河の浸食でできた複雑な地形の入江だ。

世界中で話されているはずのスペイン語がじつは存在しない？

スペイン語を母国語とする人は、中国語に次いで世界で2番目に多く、約3億3000万人にものぼるといわれている。また、母国語ではないが、スペイン語を話す人は約5億人にも達するともいわれている。

ところが、驚くべきことに、厳密にいえばスペイン語という言語は存在しないというではないか。スペインはEU域内の多くの国と同じく多言語国家だ。スペインで使われているのは、カスティーリャ語、カタルーニャ語、ガリシア語、バレンシア語、バスク語、アラン語などの言語だ。では、公用語はどうなっているのか。

現行憲法では、公用語を次のように定めている。「カスティーリャ語は国家の公用スペイン語である。すべてのスペイン人はこの言語を知る義務と使う権利を有する。そのほかのスペイン諸語も、それぞれの自治州内で、自治憲章の規定によって公用語となる」

つまり、カスティーリャ語が第一の公用語で、対外的にはこれがスペイン語ということになる。しかし、同時に自治州公用語も存在するということだ。具体的には、バレンシア州ではバレンシア語、バスク州ではバスク語、ガリシア州ではガリシア語が、それぞれの州の公用語になっており、二重公用語地域になっているのだ。そういった意味では、確かにスペイン語という言語は存在しないということになる。

住民の8割が独立希望なのに独立できない州がある？

スペインの自治州のなかには、固有の言語をもち、民族意識を発展させてきた歴史を有する地域がある。スペイン北東部のカタルーニャ自治州（州都バルセロナ）もそのうちの一つだ。

州の人口は約750万人でスペイン全体の約15パーセントだが、GNPは20パーセント近くを占めており、マドリード自治州と並んでスペイン経済をけん引している。歴史的にフランスとの結び付きが強く独立志向も強い。13世紀には自治制度を確立したが、18世紀初頭に起きたスペイン継承戦争で１７１４年に自治権を失った。しかし、スペインが第二共和政となった１９３１年にふたたび自治権が認められている。

第二次世界大戦後のフランコ独裁下ではカタルーニャ語の使用が禁止されていたが、フランコ没後の１９７９年に公用語としての地位を回復した。そして２００６年、より高度な自治を求める自治憲章を制定。しかし、スペインの憲法裁判所は、民族・財政・司法などの独立に関する条項を違憲として退けた。

それでも、独立の機運は下火にならず、２０１４年11月9日、州の独立をめぐる非公式の住民投票が行なわれた。その結果は、「独立を望む」とした人が約81パーセントにも達したのだ。しかし２０１５年2月、スペイン憲法裁判所は、主権に関する住民投票を実施する権利は中央政府にのみあることを理由に、全員一致でこの住民投票は違憲との判決を下した。住民の８割が独立を希望しているのに独立できない不幸な自治州といえよう。

スウェーデン語を公用語にするフィンランドの島とは?

バルト海、ボスニア湾の入口に位置する６５００を超える島々からなるオーランド諸島は、フィンランドの自治領だ。ただし、住民のほとんどはスウェーデン系で、公用語もスウェーデン語。その理由は、オーランド諸島がかつてスウェーデン領だったからだ。

オーランド諸島は、もともとスウェーデン

人が移り住んで開拓した島だった。しかしバルト海の中央という立地から、ロシアが軍事的戦略の要所として着目し、1809年にフィンランドとともに征服、領土とした。

　ロシア革命後、フィンランドはロシアから独立。その際に島民は母国スウェーデンへの帰属を希望したが、かなわなかった。1921年、国際連盟の裁定で自治権こそ認められたが、フィンランド領のままだったため、オーランド諸島はスウェーデン語を唯一の公用語とした。さらに1991年に成立した自治法によって、スウェーデン語とスウェーデン文化が保護されることになったのだ。

　じつは、フィンランド政府によって、スウェーデンへの復帰を認められているが、帰属国を問う住民投票では現状を望む人が大半を占めているという。その理由は、スウェーデンに復帰すれば一つの県にすぎなくなるが、フィンランドのもとでは大幅な自治が認められるからだ。

オランダの国土の4分の1は埋め立て地だった？

日本人が使う「オランダ」はじつは俗称で、北海沿岸の「ホーランド」に由来する。「窪地」という意味だ。正式な国名は「ネーデルラント王国」で、「低地の王国」という意味をもっている。

　その名のとおり、オランダは海抜が低い。オランダの国土は、氷河期の洪積層《こうせきそう》が北海に向かってじょじょに潜り込むところに、氷河や川に運ばれた土砂が堆積してできた土地だ。紀元前700年頃から海の浸食作用が日

立ち始め、海水が陸地に入り込んで湾や海水湖を形成したり、たび重なる洪水で土地を失ったりすることが多くなったという。

そこで国土を広くするために中世から積極的に埋め立てを行なうようになった。経済の発展によって増えた人口を養うための農地の拡大が目的だった。現在でも国土の約30パーセントは海面より低く、なんと国土の約25パーセントは、13世紀以降の干拓事業によって増えた土地なのだというから驚きだ。

1927年から1932年には、ゾイデル海を堤防で塞いでそのなかを干拓し、1650平方キロメートルを新たな領土とした。こうして国土の4分の1は埋め立て地で賄われるようになったのだ。なお、国連海洋法条約では、領海は領土として認められるので、埋め立て地は問題なく自国の領土となる。

オランダは風車が有名だけど あんなにたくさん何に使うの？

オランダと聞いて、多くの人がまず思い浮かべるのは風車だろう。この風車は何も名物にしようとしてつくられたわけではない。オランダにいろいろなメリットをきちんと生み出したのだ。

まず、オランダに欠かせない干拓地の造成に大活躍した。堤防の内側の海水をひたすらくみ出し、干上がらせるために風車が用いられたわけだ。また、干拓後にも水位管理のため使われ続けた。

風車はヨーロッパでは地中海沿岸で12世紀頃に見られたが、南西風の強いオランダでは13世紀頃から小麦の粉ひきや、油絞りなどにも使われるようになった。14世紀には沼地で、とくに泥炭を掘る際の排水動力に活用された。

さらに16世紀には風車のメカニズムの改良により、いっそう広範囲な動力として、米の脱穀、煙草の製造、羊毛の圧縮、帆綱の材料となる大麻を叩くなど、あらゆる工業の動力として用いられた。これらがオランダの貿易の急速な発達とともに、新しい需要を生み出したのだ。

それればかりではなく、風のエネルギーを動力に変える風車のメカニズムには帆船と似たところがあるため、風車の羽根に張る帆布、方向固定のための策具や滑車、動力伝達のための心棒や歯車は、帆船の不可欠の部品となっていった。つまり、風車の技術が船舶技術に応用され、海洋王国オランダを支える技術になったのだ。

ベルギーには日本人観光客の問い合わせで建設された銅像がある？

ベルギーと聞いても、具体的に思い浮かぶものは少ないかもしれない。ところが、ある地名を挙げれば、ピンと来る人も多いのではないだろうか。

ベルギーのフランデレン地方は、英語では「フランダース」と読む。いわずと知れた、世界的な児童文学『フランダースの犬』のフランダースだ。舞台となったのは、このフランデレン地方アントワープ近郊のホーボーケン村なのだ。

同作の原作者はイギリスの女流作家ウィーダ。日本では、1975年にテレビアニメ化されて知名度の高い作品だが、じつは舞台となったベル

ネロとパトラッシュの像。

ギーでは、この物語はほとんど知られていなかったという。

ところが、日本でのテレビアニメ放送後、日本人観光客からの問い合わせがとても多くなった。それを受けて、舞台となった村では、この物語を題材にした「町おこし」を行なうに至った。

1986年、ホーボーケンに主人公の少年「ネロ」と、その愛犬「パトラッシュ」の銅像が建てられたのだ。さらに2003年には、アントワープ・ノートルダム大聖堂前の広場に記念碑まで設置されたというから、好評だったのだろう。

日本のアニメが元になって起こった町おこしとしては、海外では初めてのケースだったかもしれない。外国が舞台になっているほかのアニメにも注目してゆきたい。

オランダに「ダム」の付く地名が多い理由とは？

日本で「ダム」といえば、「黒部ダム」のような貯水や発電のための巨大建造物を思い浮かべるが、オランダの場合は地名だ。首都のアムステルダムやヨーロッパ最大の港のあるロッテルダムを始め、フォーレンダム、レーンダムなど、「ダム」の付く地名が多い。

じつは「ダム」はオランダ語で「堤防」「堰」という意味。日本語になっているが、もとはオランダ語なのだ。

オランダとダムは切っても切れない関係にある。低地が多いため干拓によって国土を広げてきたオランダでは、川に堤防を築いてその内側に都市を建設してきた。そのため川の名前とダムを結び付けた地名が多いのだ。たとえばアムステルダムは「アムステル川のダム（堤防）」、ロッテルダムは「ロッテ川のダム（堤防）」という意味だ。

ギリシア北部山中に600年以上女人禁制の自治国家がある？

エーゲ海沿いにあるギリシア北部ハルキディキ半島の南部一帯にある「アトス山」は、世界でも珍しい「聖山の修道院による自治国家」。正式名称は「聖山修道院自治州」といい、大幅な自治が認められている、いわば「宗教共和国」だ。1988年にユネスコの世界遺産に認定されたことで世界的に知られるようになった。

修道会の代表で構成される評議会が行政・司法の権限をもっており、人口約2200人のうち大半が修道士。しかも女人禁制なのですべて男性だ。これは600年以上続く伝統で、女性は船の上からアトス山を眺めて祈ることしかできない。

「入国」するには特別なルールがある。観光客はギリシア外務省で発行される仮ビザを持参して入国し、首都カリエで正式ビザを発行してもらう。アトス山に向かうには、ギリシア北部の街ウラノポリから出航する船に乗るか徒歩しか方法はない。しかも訪問者の数と滞在期間は限定されている。

アトス山に修道士が住み始めたのは9世紀頃だといわれている。855年にビザンチン皇帝がこの山を修道士の聖域とする勅令を発効し、治外法権を与えた。それ以来ずっと自治権を与えられている。修道院に所属していない修道士のなかには、土産《みやげ》用の宗教画や彫刻をつくったり、農業や漁業で生計を立てている者もいるという。近年ではタクシードライバーや自動車修理などの仕事に就いている修道士もいるとのことだ。

「ギリシア」と呼ぶのは世界で日本だけだった？

ギリシアは２０００年以上にわたり、さまざまな国に支配されてきた。トルコからの長い独立戦争を戦い抜き、独立したのは１８２９年のことだ。

冒頭に「ギリシア」と書いたが、これは日本での通称で、正式名称は、エリニキ・ディモクラティア。英語での公式表記は「ヘレニック・リパブリック（Hellenic Republic）」で、通称「Greece（グリース）」だ。

さらに、ややこしいことに、肝心のギリシア人は自国を「エラーダ」や「ヘレネス」と呼んでいる。エラーダは「エルの土地」という意味で、ヘレネスは「ヘレンの息子たち」という意味だ。「ヘレン」はギリシアの伝説上の王の名前で、その息子たちが住んでいる場所を「ヘラス」という。

このように多くの呼び名が付いているギリシアだが、じつはギリシアと呼んでいるのは日本のみだ。では、どうして日本では「ギリシア」と呼ばれているのか。ポルトガル語の「グレシア（Gresia）」を「ギリシア」と音写したものというのが定説だ。さらに日本語表記には「ギリシア」と「ギリシャ」の二つがあるので、余計にややこしいが、外務省が採用しているのはギリシャのほうだ。

スイス貨幣。向かって左側下に「HELVETIA」の文字が見える。 ©JFS

スイスの貨幣には国名が書かれていないって本当？

スイスでは、ほかのヨーロッパの国と同じく多国語が使われている。各地方の地理的・歴史的な理由から使用言語が分かれているため、憲法では四つの言語が公用語に定められている。

首都ベルンを始めとし、チューリッヒやバーゼル、ルツェルンなど国土の大半ではドイツ語が使われる。いっぽうジュネーブやローザンヌなどレマン湖周辺で使われるのはフランス語だ。さらに、南部のルガノやロカルノなどではイタリア語、グラウビュンデン州ではロマンシュ語が使われている。

なお、ロマンシュ語とはイタリア語に近い

言語で、スイスで使っているのは3万5000人程度だ。

　このようにいろいろな言語を使う国民に配慮して、四つの言語で国名を記すのは煩雑なので、スイスのコインや切手、車のナンバープレートなどには、どこにも国名が書かれていない。ラテン語の「ヘルベチア」という古い呼び名を記しているだけだ。

　ヘルベチアは古代ローマ時代のスイス地域の名称だ。この名称は先住民族のヘルベチア族に由来するという説と、女神ヘルベチアに由来するという説がある。

　ちなみに、スイスの国際記号は、ラテン語による国名表記「ヘルベチア連邦（Confoederatio Helvetica）」の頭文字を取って「CH」としている。スイスで登録された車のナンバープレートにもこの略称が使われている。

「東の辺境地」という意味の国名をもつ国とは？

　オーストリアとはじつは英語読みで、ドイツ語では「エスターライヒ」という。「エスター」は英語の「イースト（東）」と同じ意味で、「ライヒ」は国を表わす。しかしここには「東の国」という以外にも、「東の辺境地」という皮肉的な意味が含まれている。

　それにしても「東の辺境地」とは、身もふたもないいい方だが、そもそもどうしてそのような意味になったのか。それを説明するには、5世紀から9世紀にかけて西ヨーロッパを支配した「フランク王国」の時代までさかのぼる必要がある。

　フランク王国は現在のフランス、イタリア

北部、ドイツ西部、オランダ、ベルギー、ルクセンブルク、スイス、オーストリア、スロベニアを領土としたゲルマン系の王国だ。その官職の一つとして、現在のオーストリアに「オストマルク東方辺境伯家」が置かれた。

8世紀末、東方からスラブ民族が侵攻していたため、現在のオーストリアは異民族の侵入を防ぐための特別区に指定された。それが「オストマルク東方辺境領」だ。

907年には、ハンガリー大公のアールパード家が率いるアジア系のマジャール人が侵入し、東方辺境伯家はフランク王国に援軍を要請。駆け付けた援軍によりマジャール人は撤退した。

その後、東方辺境伯家が衰退すると、ハンブルクを支配していたレオポルト1世が公位を認証され、オーストリア辺境伯となった。

これ以降に、東の辺境を表わす「エスターライヒ」という語が生まれたとされている。フランク王国がオーストリア辺境伯の土地を見下していることがよく伝わってくる表現といえるだろう。

ハンガリーはもともとアジア系の民族がつくった国だった?

ハンガリーは17世紀末にオーストリアの支配下となったのだから、国民にはオーストリア人（ゲルマン民族）が多いのかと思えば、そうでもない。国民のじつに95パーセント以上がハンガリー人なのだ。その元をたどればマジャール人ということになる。

マジャール人は、ロシアを南北に分けるウラル山脈中南部の草原で遊牧を営んでいたアジア系民族を起源とする。9世紀にヨーロッパへの移住を開始し、やがてハンガリー平原にたどり着いた。

しかし現在のハンガリーに先に侵攻したのは、北アジアの遊牧騎馬民族のフン族だった。4世紀後半のことだ。やがて433年に西ローマ帝国によりパンノニア地方（現在のオーストリア、ハンガリー、クロアチア、セルビア、スロバキアにまたがる地域）の支配を認められ、ハンガリーを主要領土とする独立国家が初めて誕生した。

その後、フランク王国の支配下になるが、ほどなく撤退すると、9世紀にマジャール人が移住した。彼らがのちにハンガリー人と呼ばれるようになる。

ハンガリーはその後、中央ヨーロッパの強国となっていくが、20世紀に入ってからは領土の面積は激減してしまっている。ロシアやオーストリアなど大国の狭間にあり、大きな戦争が起きるたびに領土を奪われていったからだ。現在の国土は、最盛期の3分の1ほどしかないという。

ベルギーの鉄道によってドイツにベルギー領が生まれた？

ドイツとベルギーの国境地域には、ドイツ領に囲まれたベルギー領がある。そのため周辺に住むドイツ国民はしょっちゅうベルギー領を横断して暮らしているという。

これはベルギーのフェン鉄道が4カ所でドイツ領内に入り込んでいるため、鉄道の線路と駅の敷地だけがベルギー領になっているからだ。細い敷地のベルギー領が通路のように

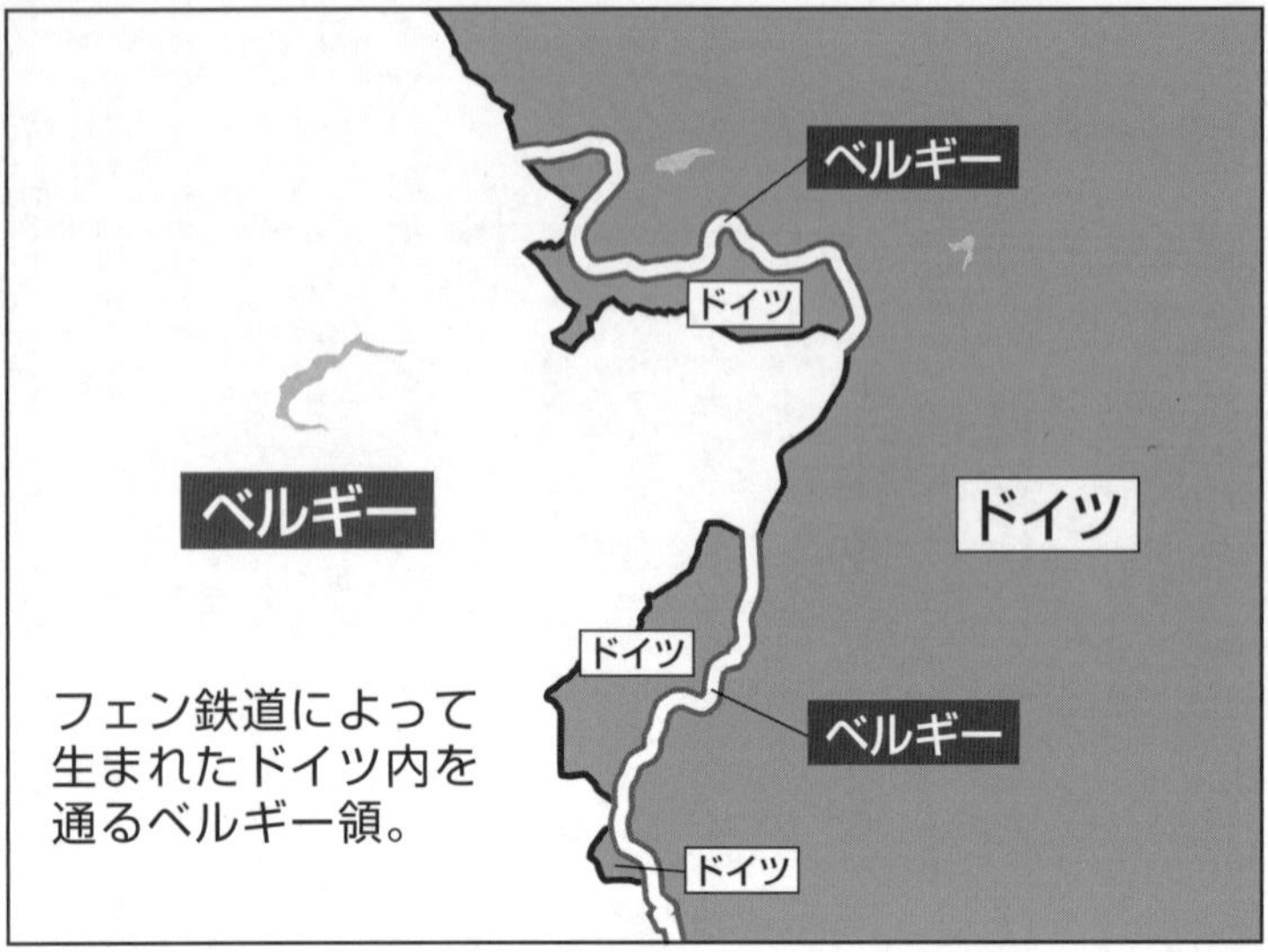

フェン鉄道によって生まれたドイツ内を通るベルギー領。

ドイツ国内を通り抜けているのだ。

そうなった原因は、第一次世界大戦前の両国の国境が現在とは異なっていたから。フェン鉄道は19世紀の終わり頃、オイペンからマルメディを経由してベルギーに入る鉄道としてドイツが開通させた。開通当初は大部分がドイツ国内を通っていた。

しかし、第一次世界大戦でドイツが敗れ、ベルギー国境付近の領土を割譲したことで、今度は鉄道の大部分がベルギー国内を通ることになった。そのため、ドイツはベルギーに鉄道を譲渡し、ドイツ国内に食い込んだ鉄道の敷地をベルギー領としたのだ。

この鉄道は1989年に一度は廃止されてしまっている。しかし1993年からは蒸気機関車による観光列車として復活。現在でも利用されている。

パリでは地名も地下鉄も数字で呼ばれている？

フランス・パリ市内は20の区からできている。しかし日本の世田谷区や渋谷区に当たるような名称は付かない。全部数字だけだ。

1区はルーブル美術館の辺りで、そこから渦巻き状に2区、3区と続く。それぞれの区ごとに特徴があるのもパリならではだ。たとえば8区はシャンゼリゼの繁華街、16区は高級住宅街といった具合だ。手紙や荷物を配達するときに必要な住所表示は、通りの名前と番地からなっている。

パリの地下鉄にも日本の丸ノ内線とか銀座線のような名称はない。シャンゼリゼ通りの地下を通る1号線を始め、どれも数字で呼ばれている。さらに道路の名称も番号だ。国道のみならず、日本でいう県道や市道もすべて「○号線」と呼ぶ。

このように地名や鉄道、道路も数字で表現される理由は、パリ市民が数値評価や順位が好きだからだといわれている。また、利用者のわかりやすさを追求すれば、おのずと表示はシンプルになるという合理的な考え方もあるようだ。

フランスのルーツとなったフランク族の武器は投げ槍？

フランスという国名のルーツは、5世紀末にフランク王国を築いたゲルマン系フランク族だ。フランク王国は、現在のフランス、イタリア北部、ドイツ西部、オランダ、ベルギー、ルクセンブルク、スイス、オーストリア、スロベニアなどを領土とした大国。その中心地が「フランク族の土地」という意味で、のちに「フランス」と呼ばれるようになる。

フランク族はもともとゲルマン人の一部族にすぎなかった。その名前は「フランク」と呼ばれる投げ槍を共通の武器としたことに由来しているという。

そのフランク族は3世紀半ば、現在のドイツ辺りからライン川を越えて西方に侵入した。やがてローマ帝国北部のガリア国境が崩壊すると、先住民の部族をイベリア半島に追いやり、フランク王国を建国。フランク族はゲルマン系やラテン系、ケルト系などさまざまな民族を受け入れて国家を築いていったが、それが原因で王権は求心力を失っていき、分裂を招いていった。

ドイツに「～ブルク」と付く地名が多いのはなぜ?

オランダにアムステルダムやロッテルダムのように「ダム」が付く都市が多いのと同じく、ドイツには、ハンブルクやレーゲンスブルク、デュイスブルク、アウグスブルクなど、語尾に「ブルク」の付く都市が多い。ドイツ以外のドイツ語圏でも、ドイツと隣接するルクセンブルクやオーストリアのザルツブルクなどの国や都市にも付いている。この「ブルク」とはいったいどういう意味があるのか。

ドイツ語の「ブルク(burg)」には、「都市」という意味がある。もともとは中世の「山城」や「居城」が転じたものだ。神聖ローマ帝国時代、ゲルマン人は山の上に城を建て、騎士や領主がそこに住んだ。
周囲に教会を中心とした街ができ、教会関係者とその信者（市民）が移り住んだ。やがて市民は教会や領主に忠誠心を誓い、献金や納税を行なうことで市壁のなかに住めるようになった。こうして「ブルク」はやがて「都市」という意味に転じていった。たとえばルクセンブルクはもともと「小さな城塞」という意味、ハンブルクは古いドイツ語の「湾の城」に由来する。

ゲルマン人の名付け親は古代ローマ人？

ドイツの英語表記「Germany（ジャーマニー）」は、古代ローマ人がゲルマン民族の居住区を「ゲルマニア」と呼んでいたことに由来する。場所はライン川の東、ドナウ川の北の地域で、現在のドイツやポーランド、チェコ、スロバキア、デンマークを指す。

そこはローマの支配を受けない「大ゲルマニア」と呼ばれた。これに対してローマ領だったライン川西部と南部の地域が「小ゲルマニア」だ。古代ローマでは、ローマから遠い地方を「大」、近いほうを「小」としたので、ローマ人が征服できなかった大ゲルマニアはローマから遠い地域にあたる。

ゲルマニアの語源には、いくつかの説がある。古代の言葉で「貪欲な人」という意味の「ゲルマン」、「沼地に住む人」という意味の「ゲル・マン」などがルーツではないかといわれている。なお音が似ているので、よく間違えて使われる「グルマン」はフランス語で、「大食漢」「食い意地の張っている人」という意味だ。もっとも、食に対して「貪欲な人」のことなので、意味としてはゲルマニアの語源に通じるのだが。

余談だが、ジャガイモを主要食材としてつくる「ジャーマンポテト」はドイツの料理だと思われているが、じつはイギリスの家庭料理だ。いっぽうプロレスの技「ジャーマンスープレックス」はドイツ出身を名乗ったプロレスラー、カール・ゴッチの得意技なので、こちらはドイツと関連のある言葉といえよう。

リヒテンシュタインが国家として認めていない2国とは?

スイスとオーストリアに囲まれた小国リヒテンシュタイン。日本での公式表記は「リヒテンシュタイン公国」だ。面積は160平方キロメートルと小豆島とほぼ同じ広さ。人口は約3万4000人。非武装中立国で、スイスが防衛を担っている。

このリヒテンシュタインは、ヨーロッパにある二つの国を国家として認めていない。その国はチェコとスロバキアだ。じつは相手国のチェコとスロバキアもリヒテンシュタインを国家として承認していない。どうしてこんな関係になったのか。

その理由は第二次世界大戦後、当時のチェコスロバキアが同国内のドイツ人とハンガリー人のチェコスロバキア国籍をはく奪し、財産を没収したからだ。チェコ内に領地をもっていたリヒテンシュタインは、チェコスロバキア政府が議会の採決なしに施行したこの措置を違法とみなした。

さらに1919年のチェコスロバキアの独

立と、1945年のチェコの共産主義化の影響でリヒテンシュタインの多くの財産がチェコに国有化されてしまったことにも強い不満を抱いている。元首であるリヒテンシュタイン家はチェコに対してこれらの返還を要求している。

チェコとスロバキアはこれへの対抗措置として、リヒテンシュタインを国家として承認していない。2009年、リヒテンシュタインは両国との間に外交関係を結ぶと発表したが、いまだ実現には至っていない。

ポルトガルという国名は港町の名前に由来する?

ポルトガルは15世紀半ばから17世紀半ばに起こった大航海時代の先駆者で、ヨーロッパで最初に日本との貿易を始めた国でもある。その国名は海洋国らしく、海と関わりの深い港町に由来する。北部の湾港都市ポルトだ。

首都リスボンに次ぐポルトガル第二の都市であるポルトは、5世紀以前に創設された歴史のある港町だ。ローマ帝国時代にドウロ川南岸が「カレ」という地名だったことから、ラテン語で「ポルトゥス・カレ(カレの港)」と呼ばれていた。12世紀にはポルトを中心に独立王国となる。この間に「ポルトガル」へと変化し、やがて国名となった。

その後、大航海時代にポルトで生産された船はポルトガル海軍の発展に大きく貢献した。ポルトはポルトガルが世界に「出航」する際の重要な港にもなったのだ。

また、18世紀以降、ポルトガル北部で生産された特産ワインが、ポルト港からイングラ

ポルトとドウロ川。ドウロ川はスペイン北部を源流とし、大西洋に注ぐ。 ©Pepe Martin

ンドに大量に輸出され評判になっていった。これが英語で「ポートワイン（ポルト・ワイン）」と呼ばれ、現在では世界各国で愛飲されている。なお、ポルト（Porto）は英語では「ポート（Port）」と同じ音になるので、イングランドでは「港ワイン」と呼ばれていたということになる。

イタリアのベニスが低地の泥湿地帯の上に開発されたわけとは？

イタリアのヴェネチアは、日本ではベニスとも呼ばれ、「水の都」としてよく知られている。海抜1メートルにも満たない土地にあるため、おのずと運河が発達している。交通機関は水上タクシーや水上バイクがメインで、ゴンドラは観光客に大人気だ。

ベニスはもともと、干潟に建物を建てるために打ち込まれた大量の丸太の杭を土台としてつくられていった街だ。つまり、ベニスは低地の泥湿地帯の上に開発された都市なのだ。しかし近年、その木の土台の浸食が激しく、ベニスは少しずつ水没し始めている。

では、イタリア人はどうしてそのような悪条件の土地を開発したのか。それはアジアから侵攻してきたフン族から逃れるためだった。

ベニスを開拓したのはヴェネト人だ。彼らはイタリア半島とバルカン半島の付け根の地域からヴェネト地方（現ヴェネト州）へ移り住んだ。ヴェネト州の名は彼らに由来する。

6世紀頃に東方からフン族がヴェネト地方に侵入してきた際、ヴェネト人はフン族から逃れるために干潟へ避難した。フン族は足場が悪い干潟に侵攻できず、避難した人びとはここに暮らし続けるようになる。

船の操縦が得意だったヴェネト人は、陸地と防波堤のほぼ中間に新都市を建設した。その場所は泥湿地帯だったので、木の杭を打ち込み、その上に石を敷き、建物を建てたのだ。そこがベニスになっていったというわけだ。

パリの道路が広いのはなぜ？

フランスのパリの道路は、シャンゼリゼ通りを始め、広くて立派なものが多い。現在のパリの基盤を築いたのはナポレオン三世だ。彼はパリをフランス帝国の首都にふさわしい街に改造しようとした。

1850年当時のパリは人口100万人を超え、ヨーロッパ屈指の大都市に発展してい

シャンゼリゼ通り。長さ1910メートル、幅はなんと約100メートル。 ©ColdSleeper

た。しかし通りの真ん中を生活排水が流れ、街角にはいくつもの汚物の山ができあがっていた。このような衛生面の悪さから疫病も多発するような状態だった。

また、市内では犯罪と暴動が続いていた。狭くて曲がりくねった袋小路が多く、薄暗い路地や建物の陰をひとりで出歩けば、暴漢に襲われることが日常的だった。パリの急激な人口増加、劣悪な環境、不安定な雇用に伴う失業者の増加は、貧困にあえぐ者を不安に駆り立てていた。そこでナポレオン三世は、大規模な都市計画を施すことでパリを変革しようとしたのだ。

そこで、通りに面した建物の高さやデザインを統一し、放射状に道路を建設した。このときに道路も現在のような広い通りに再開発したのだ。その最たる理由は市民が起こす暴動対策だったとされる。

暴動をおこす市民は道路にバリケードを築く戦法を採用していたので、見通しのよい広い道路を建設すれば、バリケードを築くことができなくなり、暴動が少なくなると考えたのだ。その結果、道路が広くなったわけだが、パリはウィーンやローマなど世界中の都市計画に大きな影響を与えることになっていく。

ドイツが世界的なビールの産地となったわけは?

ドイツと聞けば、ビールをすぐに思い浮かべる人は多いだろう。ドイツには現在、600種類ものビールがあり、ブルワリー(ビール醸造工場)の数は1200以上ある。これは全世界のブルワリーの約40パーセントを占める。このようにドイツが「ビールの本場」になったのはどうしてだろう。

ドイツでは6世紀以降、多くの修道院でビールがつくられるようになり、やがて各都市で民間の醸造所が開設されていく。その結果、各地で工夫を凝らしたビールが開発されるようになっていった。その過程で誕生したのが、のちに世界中で最も多く飲まれるようになる「ラガービール」だ。このビールを開発し、大ヒットさせたことでドイツはビールの本場の称号を勝ちえたのだ。

ラガービールは15世紀、ドイツのバヴァリア地方で誕生したといわれている。ラガービールは酵母をおけの底に沈ませて発酵させる手法を採用。醸造過程でいったん「ラガー」と呼ばれる倉庫に貯蔵することから、ラガービールと呼ばれるようになった。

スウェーデンのストックホルムは「丸太の柵」に由来している？

スウェーデンの首都ストックホルムは「北欧のベニス」と呼ばれている。バルト海に面した14の島と半島からなる水上都市で、美しい都市景観をもつことからそのように呼ばれる。しかし、そのストックホルムがもともとは「丸太の柵」や「丸太の小島」を意味することはあまり知られていない。

ストックホルムの歴史は13世紀、スウェーデン東部のメーラレン湖東に位置するスタッホルメン島に砦が築かれたことに始まる。やがて都市としての機能もできあがっていく。

これが現在「旧市街」と呼ばれているガムラスタンだ。街はしだいに発展し、やがて周囲の島や半島、バルト海に面した入江の土地まで広がっていった。

このガムラスタンはバルト海へ抜けるときに通らなければならないポイントとなる地だった。そのため、防御のため島を囲むように丸太の柵がめぐらされていた。その丸太の柵や丸太で囲まれた小島を、スウェーデン語で「ストックホルム」と呼び、それがそのまま都市の名前として使われるようになっていったのだ。

蛇足だが、ストックホルムを代表する著名人といえば、ダイナマイトを発明したアルフレッド・ノーベルの名前が挙がるだろう。彼の功績を記念して設けられた「ノーベル賞」の授賞式は彼の命日である12月10日、ストックホルムで毎年開催されている。日本人も多数受賞しているので、身近に感じられるだろう。

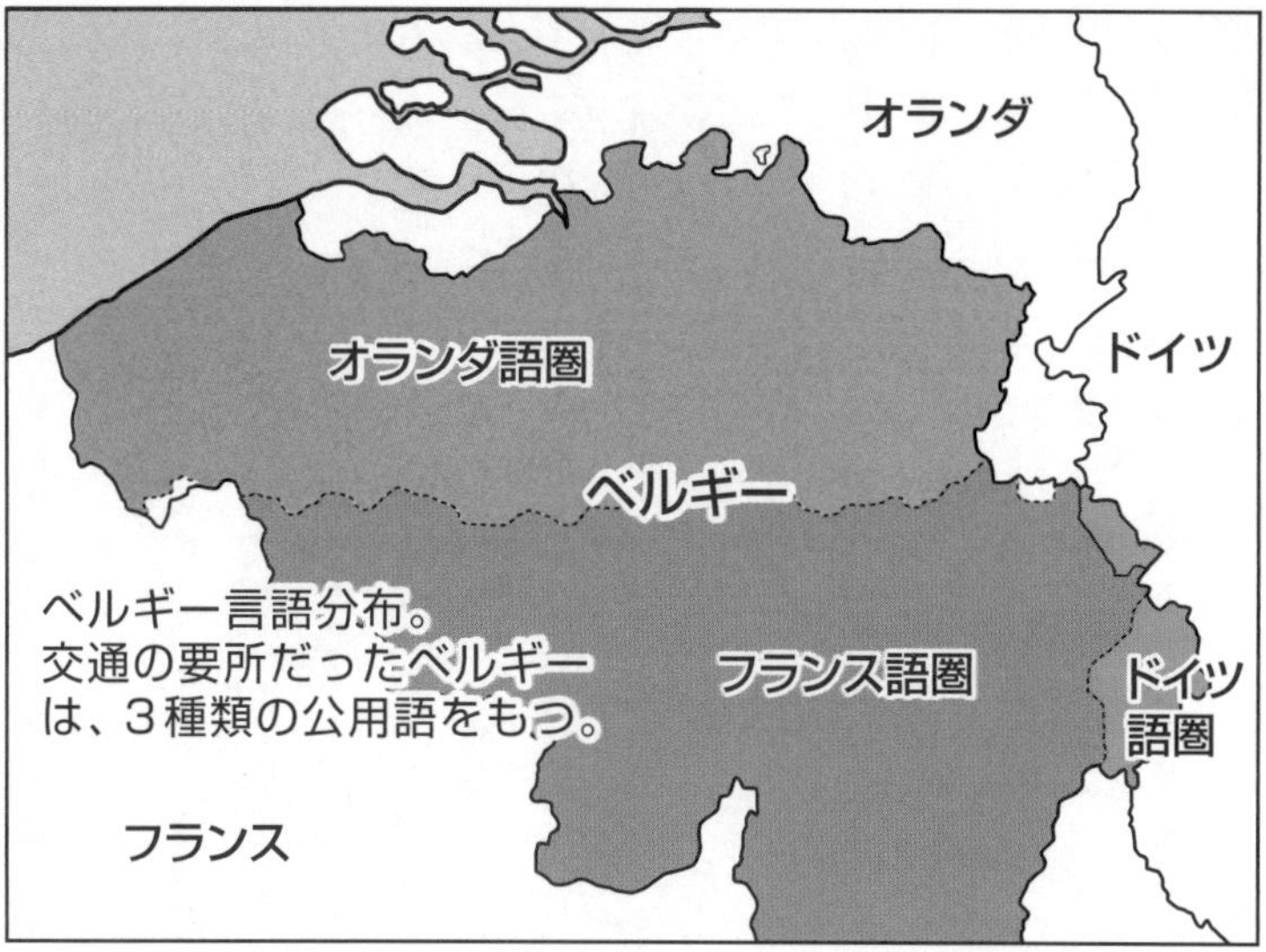

ベルギー言語分布。
交通の要所だったベルギーは、３種類の公用語をもつ。

ベルギーには三つの公用語があり正式国名も言語によって違う？

フランスやオランダ、ドイツ、ルクセンブルクと接するベルギーは、ＥＵの主要機関の多くが置かれているため、「ＥＵの首都」とも呼ばれている国だ。

この国ではオランダ語、フランス語、ドイツ語の三つが公用語となっている。そのため正式国名も、用いる言語によって表記が異なるという。最も多く使われているのがオランダ語の方言であるフラマン語だ。全体の60パーセントを占めている。これを公用語とするのは北部フランデレン地方。次に多いフランス語は全体の39パーセントを占めており、これを公用語とするのはフランスに面する南部ワロン地方だ。東部のごく狭い地域はドイツ語圏となっている。

こうなった原因は、この地方がラテン文化とゲルマン文化が交わる地域だったからだ。さらに、オランダ語を話すゲルマン系のフラマン人がフランデレン地方に、フランス語を話すケルト系のワロン人がワロン地方に、ドイツ人が東部に住み着くようになり、その状態で1831年に独立した。

独立するにあたり、一度はフランス語を公用語としたことがあった。その際、オランダ語系住民とフランス語系住民の間に格差が生まれ、差別を受けたフラマン人が不満を募らせ、対立に発展してしまう。それを受けて1933年、フランデレン地方とワロン地方、ブリュッセル首都圏の区分からなる連邦制に移行したのだ。

「税金のない国」の国家財政は公爵のポケットマネー？

スイスとオーストリアに挟まれた、小豆島くらいの小さな高原の国リヒテンシュタイン公国。国家元首はハプスブルク家の重鎮だったリヒテンシュタイン家だ。

1866年のプロイセン王国とオーストリア帝国との「普墺《ふおう》戦争」を契機に非武装中立政策をとり、現在に至るまで維持し続けている。主要産業は、精密機械、医療機器、観光などだ。

リヒテンシュタインは「税金のない国」としても知られている。それができるのは、税金面での優遇を目的として進出してきた外国企業からの法人税があるからだ。登記された法人数が人口の倍以上を占め、人口の過半数を外国人が占める。

外国資本や外貨獲得のために意図的に税制を優遇して、企業や富裕層の資産を誘致している国や地域のことを「タックスヘイブン」という。リヒテンシュタインはまさにこのタックスヘイブンだ。

企業の法人税のほか、コレクター向けの郵便切手の発行が国家財政を支えている。それでも国家予算が足りなくなったときは、公爵がポケットマネーを出して公国を維持しているという。

それができるのは、リヒテンシュタイン家の資産規模が欧州ではトップクラスに入るほど大きいからだ。資産はオーストリアの不動産などを中心に、推定50億ユーロにものぼるといわれている。

サウナ発祥の地フィンランドでは賃貸住宅もサウナ付き?

北欧のフィンランドは福祉先進国で長寿国としても知られている。フィンランド人の健康を支えている一つの要素がサウナだ。フィンランドはサウナ発祥の国でもある。一説には約2000年前からフィンランド人の生活の一部になっていたという。

戸建住宅の庭にサウナハウスが設置されているのはもちろんのこと、賃貸マンションでもシャワールームにサウナが付いていたり、住人専用のサウナ室が敷地内に用意されていたりする。フィンランドには約150万室のサウナがあるといわれている。

フィンランドでは、サウナにたっぷり時間

を取る。通常、1時間半から2時間。体内の老廃物が汗とともに排出され、健康や美容につながるというわけだ。また、公衆サウナはコミュニティーの社交場にもなっている。

フィンランドのサウナに欠かせないものがある。「香花石」と呼ばれるサウナストーンだ。薪《たきぎ》で石を熱し、そこに水をかけると蒸気が出る。サウナストーンは火成岩が氷河で冷やされ、長い年月を経て硬化したものだ。フィンランド全土で採取されているほか、バルト海やボスニア海の海底から採取されたものも使われている。「香花石」は熱しても水をかけても変形しない。

サウナの入浴で重要なことは、よく熱したサウナストーンに水をかけることだ。こうして発生する蒸気を浴びるのがフィンランドサウナの大きな特徴だ。

ブルガリアのヨーグルトが世界的に有名になったわけは?

ブルガリアと聞いて、すぐにヨーグルトを思い浮かべる人は多いだろう。ヨーグルトに相当する発酵乳食品は他国にも多くあるのに、どうしてブルガリアのヨーグルトは世界的に有名なのか。

ロシアの微生物学者イリヤ・メチニコフが1907年、「ヨーグルトは長寿に効果がある」と発言。これがヨーロッパ中に広がっていったことがまずはきっかけとなる。

メチニコフはヨーグルトを世界で最も多く摂取しているブルガリア地方に長寿で若々しい熟年層が住んでいることに着目。ヨーグルトと長寿の関連性を研究した。

そして彼が発表したのが、「老化の原因は腸内の腐敗物質にある。だが、ヨーグルトに含まれるブルガリア菌が腸内にすみつき、腐敗物質を駆逐してくれるおかげで長寿になれる」という学説だった。翌年の1908年、メチニコフが免疫の研究でノーベル生理学・医学賞を受賞したこともあり、彼の「ヨーグルト不老長寿説」は世界中から注目を集めた。

しかし、その後の研究によりブルガリア菌は腸内にすみつくことはないということが証明され、この説は覆された。これによりヨーグルトと健康の因果関係への関心は一気に下火になった。

ただ、ヨーグルトをよく食べるブルガリア人が長寿で若々しかったことは事実だった。そのため後進の学者たちによって研究は続けられた。

その結果、乳酸菌が健康にもたらす効果が解明されていき、ふたたびブルガリアのヨーグルトも世界中に知れ渡るようになっていったのだ。

ブルガリアの山中にある「バラの谷」ってどんな谷?

ブルガリアは東部が黒海に面しているので低地のイメージが強いかもしれないが、実際は国土の3分の1を山岳地帯が占めている。そのなかにある渓谷の一つに「バラの谷」と呼ばれる地帯がある。バルカン半島の名の由来となったバルカン山脈と、スレドナ・ゴラ山脈に挟まれた一帯だ。

そこはバラの生産地として知られており、「バラの谷」は観光名所の一つになっている。

とくに多くの観光客が集まるのが、5月中旬から6月上旬にかけて毎年開かれる「バラ祭り」の期間だ。「バラの谷」の中心地であるカザンラク市をはじめ、周辺の村々でバラにちなんだイベントが開かれる。それぞれの村の民族衣装を着た人たちが、歌ったり踊ったりしてバラの収穫を祝う姿を見ることができる。このバラ祭りが初めて開催されたのは1903年なので、すでに100年以上の歴史がある伝統的な祭りなのだ。

　この一帯は土壌と穏やかな気候がバラの生育に最適であったため、300年以上前から栽培され続けてきたという。「バラの谷」で生産されるバラ香水は全世界の生産量の過半数を占めている。バラからは石鹸《せっけん》、ローズオイル、ジャム、リキュー

ローズオイルの蒸留をしている樽。

ルも生産されており、一大産業になっているのだ。

「地中海のヘソ」と呼ばれる国は太古には避難所だった？

地中海に浮かぶ島国のマルタ共和国は、EU最南端の国だ。小さな三つの有人島と二つの無人島から成り、ヨーロッパのリゾート地として知られている。

この国は地中海のほぼ中央に位置することから「地中海のヘソ」とも呼ばれている。面積は316平方キロメートルで、淡路島の半分くらいの狭い土地に住宅街や商業施設、観光施設が密集しているため、人口密度は世界4位だ。

マルタという国名は日本語の「丸太」と同じ音なので、どことなく親しみが感じられるが、もともとはフェニキア語の「Maleth（避難所）」が語源だ。紀元前1000年頃、フェニキア人が島に渡り、支配者になった。地中海全域における海上交易で活躍したフェニキア人にとって、その島は避難所のような存在であったのかもしれない。また、小型犬の「マルチーズ」の発祥の地でもあり、その名もマルタに由来する。

歴史上マルタを最も有名にしたのは、マルチーズではなくマルタ騎士団だ。1522年にロドス島を追われた聖ヨハネ騎士団が島に上陸して所領とした。以降、彼らはマルタ騎士団と呼ばれるようになる。1565年、オスマン帝国の攻撃を受けたが、およそ4カ月で包囲軍を撃退。オスマン帝国海軍の不敗神話を覆した戦いとして語り継がれていった。

世界で2番目に小さな国 モナコはギリシア語で一軒家？

モナコ公国はとてもユニークなミニ国家だ。まず、その面積は同じヨーロッパのバチカン市国に続き、世界で2番目に小さい。約2平方キロメートルというから、東京ディズニーランドとディズニーシー、ホテル群まで含めた「東京ディズニーリゾート」とほぼ同じ広さの国土だ。

人口は約3万7000人だが、GDPは49億4000万ユーロ（2013年）。ひとり当たりのGDPになおすと、6万4082ユーロ（2013年）で、どちらもすこぶる優れている。

かつてはカジノに代表される観光産業がメインだったが、現在はタックスヘイブンによる企業との手数料取り引きや法人税が主要な国家収入となっている。なお、個人居住者からは所得税を徴収していない。

そんなモナコの国名だが、107ページで紹介したもののほかに、6世紀頃まで近隣にあったポカイア人（ギリシア人）の入植地の名に由来しているという説がある。その地はギリシア語で「一軒家」を意味する「Monoikous」（モノイコス）と呼ばれていた。これが転じて「モナコ」になったというのだ。

別の説もある。ギリシア神話では、ヘラクレスが現在のモナコの地を通りかかり、土地の神がみを退散させたといわれている。それにちなんで一つの神殿が建設された。その伝説を踏まえ、のちに「一軒家」から転じたのではないかという説だ。

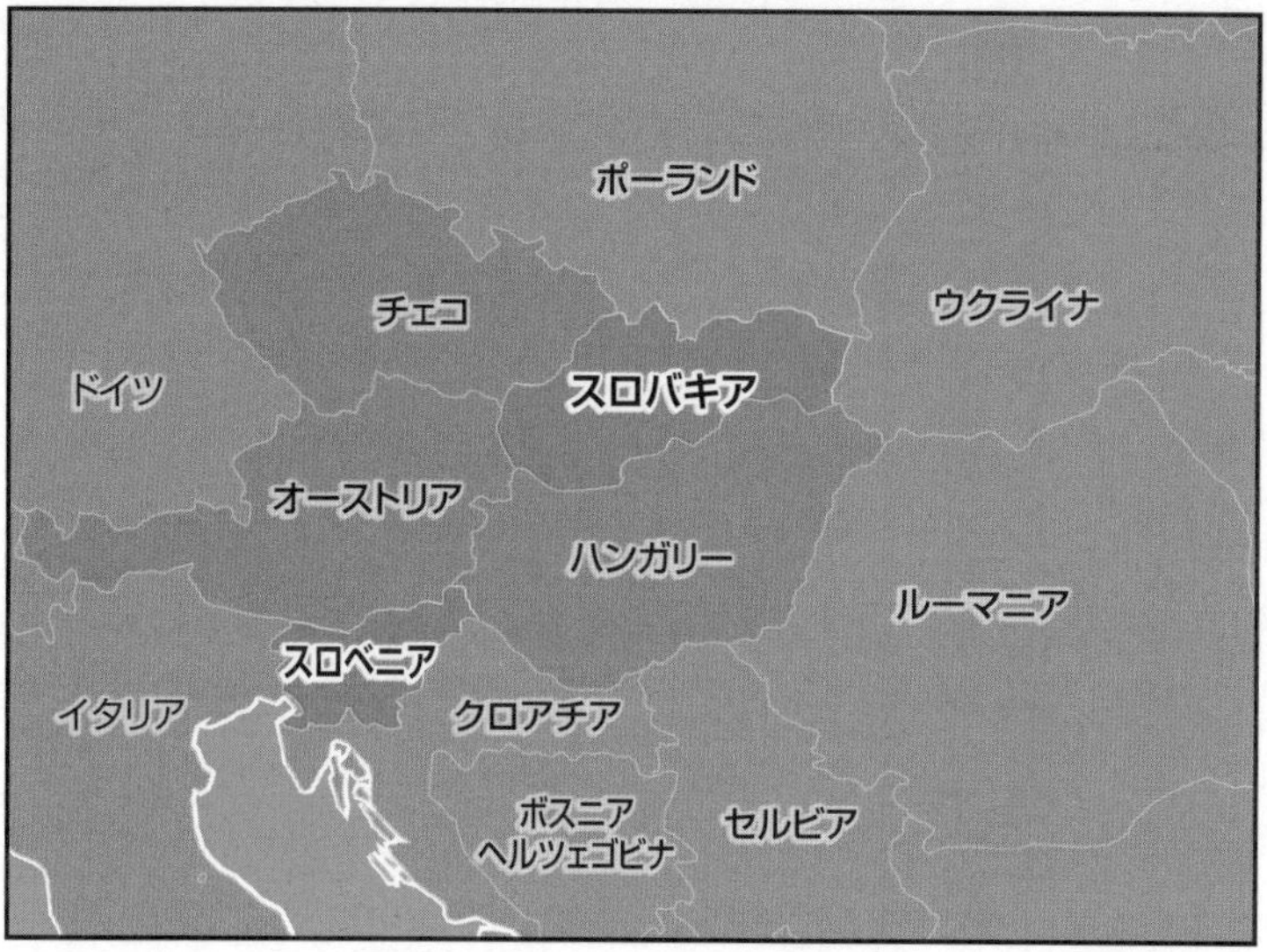

ほとんど同じ国名をもつ国がヨーロッパにある

かつてのチェコスロバキアは１９１８年、チェコ民族とスラブ系スロバキア民族によって一つの国として建国された。しかし一緒にいるメリットがなくなり、１９９３年にチェコとスロバキアに分かれた。分かれたスロバキアは、北西はチェコ、北はポーランド、東はウクライナ、南はハンガリー、南西はオーストリアと隣接している。

スロバキアの語源は「スラブ（Slav）」で、「スラブ人の土地」を表わしている。６世紀に現スロバキアに移り住んだスラブ系スロバキア人がつくった国という意味だ。

ところが、ヨーロッパにはまったく同じ語

源で、よく似た響きの名前をもつ国がある。1991年にユーゴスラビアから独立したスロベニアだ。こちらは、西はイタリア、北はオーストリア、南から南東はクロアチア、北東でハンガリーとそれぞれ隣接している。

スロベニアもまた6世紀に現スロベニアに定住したスラブ系スロベニア人がつくった国だ。こちらの国名も「スラブ人の土地」を表わしている。スロバキアとスロベニア。似たような国名をもつが、まったく異なる歴史を歩んできた珍しいケースといえよう。

ミロス島で発見されたヴィーナス像はなぜルーブル美術館所蔵に？

フランスのルーブル美術館の至宝の一つに、古代ギリシア時代につくられたとされる彫刻、「ミロのヴィーナス」がある。女性らしいふくよかな輪郭や、両腕が欠けているにもかかわらず、全身の仕草がかもしだす優美さが人々を魅了する作品だ。

この像は1820年、エーゲ海南西部に位置するギリシア領ミロス島で、農夫が畑のなかから掘り出した2個の石がきっかけとなり発見された。この石に興味を抱いたフランス人のオリビエ・ヴィーティエは、農夫にほかの断片を探してもらった。すると合計六つの断片が発掘される。それらをパズルのように組み合わせていったところ上半身裸の女性像が完成したのだ。

その後、ヴィーナス像はフランスへ輸送され、数人の手を介してフランス大使リヴィエール侯爵が最初の所有者となった。彼はルイ18世に献呈したが、ルイ18世は翌1821

年にルーブル美術館に寄贈。こうしてミロのヴィーナス像はルーブル美術館の所蔵となったわけだ。

ギリシア領で発見されたものなので、本来ならギリシア所有でもおかしくはないはずなのだが、じつは1821年当時、ギリシアはオスマン帝国から独立するための戦争を行なっている真っ最中だった。どのような価値があるのかわからなかったヴィーナス像にかまっているどころではなかったのだ。今となってみればくやしい限りだろう。

チェコの牧童が着ていた洋服がカウボーイファッションの起源?

芸術家や作家など伝統や習慣にこだわらない自由奔放な生活をしている者を英語で「ボヘミアン」と呼ぶ。語源はラテン語の「ボヘミア」だ。

もともとは現在のチェコの西部・中部地方を指す地名だ。これがやがてボヘミア地方の人を表わすボヘミアンへと変わっていったといわれている。

またボヘミアンにはかつて「流浪の人々」という意味が含まれていた。これは、15世紀にフランスに流入したボヘミア地方出身者が、地元民から「(ボヘミアからやって来た)移動生活者」と見られたことによる。

ボヘミア地方はかつて牧畜が盛んで、牧童は黒い革の帽子を被り、革のズボンにベストを着用して仕事をしていた。ボヘミア地方の民族衣装を取り入れた牧童の「作業着」といったところだろう。

これらのアイテムは丈夫で機能的であった

ことから、オーストリアの馬術家が気に入って模倣したといわれている。経済的に余裕のある人々が馬術ファッションとして採用したということだ。

これがスペインを経て、アメリカのカウボーイのファッションになったという説がある。いわれてみれば、確かにカウボーイは革の帽子とベストを身に着けている。

人間がファッションなどといった娯楽にかける情熱が、容易に海を越えてしまうのは、今も昔も変わらないようだ。

地中海の「温泉島」が世界中の温泉ファンを魅了するのはなぜ?

地中海のシチリア海峡の中央に浮かぶパンテレリア島は美しい景観から「地中海の黒真珠」の異名をもつ島だ。イタリア国内ではリゾート地として知られているが、世界の温泉ファンからは「地中海の温泉島」「地中海の穴場温泉」として名高い。

バイクで30分走れば一周できるほどの広さのこの小島は海底火山の噴火によって生まれた火山島で、島のいたるところに温泉が湧いている。そのなかの一つに、世界の温泉ファンが一度は訪ねたいと願う珍しい温泉がある。ローマ帝国時代から利用されていたといわれる洞窟温泉「サテリア」だ。

海岸線にある階段を下りると海に面した囲みがあり、海水が混ざる低温の天然露天風呂になっている。その奥には「サテリアの洞窟」と呼ばれる小さな洞窟があり、窪地に温泉が湧いている。洞窟内は整備されており、複数の浴槽が並んでいる。潮の干満によって海水が入ってきたり出ていったりするが、こちらの水温は海側のエリアより熱く入浴には最適。管理者はおらず入浴料もいらない。ただし水着着用だ。

　じつはこの洞窟温泉はギリシア神話に登場する、知将オデュッセウスと海の女神カリュプソーが逢瀬を重ねた場所とも伝えられている。ギリシア神話の神々だけあって、この小さな島にデートにうってつけの「穴場温泉」があることを知っていたのだろう。

ネクタイの起源はクロアチア人傭兵《ようへい》が首に巻いていた布？

　フランス語ではネクタイのことを「クラバット」と呼ぶ。その語源はクロアチア人（フランス語では「クロワット」と発音）に由来するといわれている。フランスは、17世紀のルイ13世、ルイ14世の時代にクロアチア人傭兵を雇っていた。その傭兵たちは寒さから身を守るために首の周りにスカーフを結んでいた。

　クロアチアでは、兵士が出兵するとき、妻や恋人が愛する人の無事を祈るために、首にスカーフを巻いて送り出すという習慣があった。巻くといってもマフラーのように首の周囲をぐるぐる巻くのではなく、首に巻いてたらすようにしたという。傭兵たちはそれをお守りとしてだけでなく、寒さ対策にも使ったようだ。

　そんなクロアチア人傭兵の姿を見たルイ14世が興味をもち、現在のネクタイにつながるものを御用達の洋服屋にオーダーでつくらせたわけだ。ファッション史では、これがネクタイの起源だとされている。なおクラバットと呼ばれるようになったのは、このとき「あれは何だ」と聞かれた兵士が「クロアチア人（クロワット）です」と答えたからだという。ネクタイはルイ14世の時代に宮廷人の間で定着。レースやシルクのリボン風のネクタイをした貴族がオシャレを競い合ったのだ。その後、ネクタイの流行はヨーロッパ中に広まっていく。

クラバットを巻いたルイ14世。

のちにフランスでは長方形のスカーフが流行するようになったのだが、これもクラバットと呼ばれた。フランスの士官が首に巻いたのがきっかけだったが、流行に貪欲なフランス女性も巻いてオシャレを楽しんだらしい。幅の広いネクタイの「アスコットタイ」もフランスではクラバットと呼ばれ、定着していったといわれている。

「世界一大きいキリスト像」がポーランドにあるのはなぜ？

ポーランド西部に位置するルブス県シフィエボジンに、「世界一大きいキリスト像」が建てられたのは2010年11月のこと。これまで世界一高かったリオデジャネイロのコルコバードのキリスト像よりも6メートル高い、36メートルの巨像だ。

キリスト像は本体33メートル、頭の上に3メートルの王冠が載せられている。台座部を含めると51メートルに達する。これは一般的なビルでいえば17階の高さにあたる。

では、誰がなぜこの場所に世界一大きなキリスト像を建てたのか。その真相は、地元のカトリック協会にあった。地元のシルベスタ・ザヴァツキ神父は、2005年にプロジェクトを立ち上げた。キリスト像をつくることを自身の使命とする彼は、国内外から寄付を募ることで像の建造を目指したのだ。

興味深いのは、世界一の大きさになったのは単なる偶然であったという点だ。完成直後に世界に配信された通信社のニュースから神父のコメントを引用する。神父は「世界一の像を目指したわけではない。キリストの33年の生涯と同じ33メートルの像にしたかったのだ」と話している。

建造費用は100万ユーロ（当時のレートで約1億1400万円）程度かかったともいわれている。地元住民は世界最大のキリスト像完成で観光客の増加を期待しているが、一部の住民からは「無駄づかいだ」という批判の声も上がっていたようだ。

バチカン市国のおもな収入源はカトリック信徒からの募金？

面積が世界最小の国といえばバチカン市国だ。その面積は東京ディズニーランドより小さい。その狭い国土にサン・ピエトロ大聖堂、バチカン宮殿、バチカン美術館、サン・ピエトロ広場などがコンパクトに収まっている。

この国はローマ教皇庁によって統治されるカトリック教会と東方典礼カトリック教会の中心地だ。そのため国家というにはあまりにも特殊な存在となっている。

まず、ローマ教皇を国家元首とする唯一の国だ。また、利益追求のための経済活動はいっさい行なっていない。では、国の歳入はどうなっているのか。

おもな収入源は「聖ペトロ使徒座への献金」として知られる、世界中のカトリック信徒からの募金だ。ほかに切手の販売、バチカン美術館の入場料収入、出版物の販売などもある。献金は8世紀の終わり頃、イギリスで起こった「教皇への献金」運動がきっかけとなった。その後、全世界の教会で「聖ペトロへの献金」の名で実施されるようになった。

1992年からは献金の性格が教皇個人のための活動資金から、使徒座活動資金へと変わっていった。使徒座活動とは、教皇が世界各地を訪れ、困難な状況に陥っている人びとに援助の手を差し伸べるもので、その旅行経費と援助資金として使われるのだ。

最新のデータでは、法王庁財政収支は2447万ユーロの赤字（2013年）だ。ただし、歳入、歳出の数値は発表されていない。

消費税額が世界で最も高い国ハンガリーの生活満足度は低い？

日本では税率アップをめぐってさかんに議論されてきた消費税。ヨーロッパでは「付加価値税（VAT）」と呼ばれている。2015年12月現在、最も消費税（付加価値税）の税率が高いのは27パーセントのハンガリーだ。以下、25・5パーセントのアイスランド、25パーセントのクロアチア、スウェーデン、デンマーク、ノルウェーと続く。そのいっぽうで国民の満足度を計る「生活満足度」には大きな差が生じている。1位がデンマークで、ハンガリーは34位（最下位）という結果だ。

同じく生活満足度上位のスウェーデンは、消費税率3位と、世界の消費税のなかでもか

ドイツのソーセージ。市場でも多くの種類を見ることができる。 ©Metropolico.org

なり高く設定されているように思えるが、その分、医療費や教育費は無料。また、健康保険料や社会保険料もない。高い税を払っていても、国の保証がしっかりしていて、きちんと国民に還元できるシステムが構築されていれば、国民は幸福感を覚えるということだ。

ハンガリーでは不安定な政治や、公務員の多さなどが不満になっている。2010年に起こった財政危機の影響も残っているようだ。

ドイツでソーセージがさかんにつくられるようになったわけは？

「ソーセージの本場」「ソーセージ王国」といわれるドイツには、1500種以上ものソーセージがあり、質・種類とも世界一を誇っている。バイエルンやフランクフルトなど、一度は見聞きした名前も多いだろう。

では、なぜそれほどソーセージづくりがさかんなのか。また、なぜそんなに種類が多いのか。最も大きな理由は、ドイツの土地が農業に向かなかったことだ。土地が痩せていて丘陵地が多く、とくに冬は寒さが厳しく作物がとれなかった。そこで多産で飼育期間の短い豚を飼うようになった。食用にしてたんぱく質を補い、糞尿は肥料として利用した。

食用豚を厳しい冬の保存食に加工するのにソーセージは最適だった。肉、内臓、胃袋、腸など、頭の先から足先まで、あますところなく保存用に加工できた。

また、腸に肉や内臓などを詰め、香辛料で味のバリエーションを付けることも容易だった。こうして地方や家庭でさまざまな種類のソーセージが生まれたのだ。

ハンガリーの首都ブダペストでなぜ温泉文化が根づいたのか？

ハンガリーは世界屈指の温泉大国であり、首都ブダペストにも100以上の源泉と50以上の公共の温泉施設がある。ブダペストの市民にとって温泉は医療施設であり、社交場でもある。では、なぜブダペストに温泉文化が根づいたのか。

ハンガリーが位置するカルパチ盆地はもともと温泉が多い地域だった。約2000年前にローマ人が侵攻し、ハンガリーはローマ人に征服された。そこで独自の温泉文化をもつローマ人はブダペストを中心に入浴施設を建設した。つまり、ブダペストの温泉の歴史は約2000年前のローマ時代に始まったのだ。

次に侵攻してきたオスマン帝国のトルコ人たちも温泉好きで、16世紀半ばにハンガリーを征服し、多くの入浴施設をつくっていった。

こうしてブダペストには、ローマ式温泉やトルコ式温泉が設けられ、保養場や社交場として利用する文化はハンガリーの人びとにも受け継がれていったのだ。ただし温泉施設といっても、日本の銭湯とは異なり、水着着用のところが多く、多目的温水プールのような施設となっている。

スイスが永世中立国となった理由はスイス人傭兵《ようへい》だった？

スイスは1815年、永世中立国となることを宣言した。この勇気ある選択をした背景には、スイスが置かれた独自の状況と、独立国家を守るための外交戦略があった。

16世紀初頭、スイスは人口過剰で耕地が不足し、貧困にあえぐ国だった。そこでスイスは外貨を稼ぐため、各国に傭兵を派遣していったのだ。スイス人傭兵はフランスとローマ教皇庁という相対する顧客に雇われていたため、スイス人傭兵同士が闘わなくてはならない事態が発生。傭兵の間でも分裂が起こり、士気が下がっていた。そこで、スイスは「これ以上、領土の拡大はしない」と宣言し、外国に対して初めて「永世中立」と「侵略戦争放棄」を宣言した。

こうしてスイスは独立国であり続けたが、19世紀初頭、ナポレオン率いるフランスに支配され、フランスの傀儡《かいらい》政府ができあがった。これを機にフランスからの独立を望む、スイスのいくつかの州が「同盟規約」を結び、スイスの独立と中立の承認を取りつける運動が始まった。その結果、ヨーロッパ諸国がスイスの永世中立を認め、スイスは世界で最初の永世中立国となったのだ。

ただし、スイスは軍隊を放棄したわけではない。スイスは国民皆兵の国で、男性には軍事訓練の義務があり、各家庭に武器が支給されている。つまり、スイスは「武装した永世中立国」なのだ。

「カステラの故郷」はスペインか それともポルトガルか？

日本では贈答菓子の定番「カステラ」は、室町時代末にスペインやポルトガルから来た宣教師や商人たちがもち込んだとされている。鉄砲やキリスト教とともにもたらされ、織田信長や豊臣秀吉も好んで食したといわれる。それでは、カステラの故郷はスペインなのか、それともポルトガルなのか。

カステラは「スペインのカステラ国のお菓子」という意味で、カスチラが転じて「カステラ」と呼ばれるようになったという説がある。スペインの首都マドリードを中心に、南東に広がる地域を「カスティーリャ・ラ・マンチャ」、北西に広がる地域を「カスティーリャ・イ・レオン」という。このカスティーリャ地域がカステラの故郷だというのだ。

当時、スペインはまだ統一されていなかったので、「カスティーリャ国」といっても間違いではない。また、カステラに似た菓子として、スペインにはビスコチョがあるので、信ぴょう性は高い。

ポルトガルがカステラの発祥地とする説

ビスコチョ。大航海時代には、船で食べる保存食だったという。

©Calrosflcto

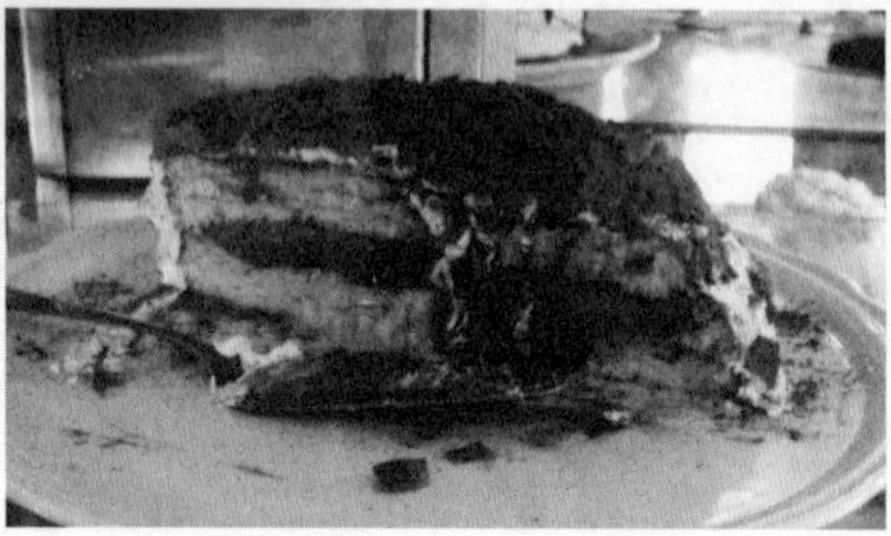

パンデロー。もともとは守護聖人へのお供え物として修道院でつくられていた。

©Claudia_midori

は、ポルトガルの「パンデロー」という菓子が起源だと主張するものだ。さらに、その続きもある。日本に来たポルトガル人がパンデローのつくり方を日本人に教えた際、卵白を「お城（カステロ）のように高くツノが立つくらいに十分に泡立てて」とアドバイスしたので、「カステロ」がいつの間にか「カステラ」になったという。

どちらの国がカステラの故郷なのか。残念ながら、正確なことはわかっていない。

欧州の少数民族であるケルト人がかつて西欧を支配していた？

ケルト語を操るケルト人はもともと中央アジアの草原で暮らしていた民族だった。彼らは青銅器時代にヨーロッパに移住したと考えられている。やがて馬に引かれた戦車に乗る戦士がリーダーとなり、ヨーロッパ各地に広がっていった。

一部のケルト人はバルカン半島に進出し、紀元前4世紀頃にはフランス、北イタリア、ギリシア、トルコなど西ヨーロッパを中心に席巻するほどの一大勢力をつくっていった。しかしその後、理由は定かではないが、他民族の支配下に入るようになり、自国をつくることはなかった。現在では、アイルランドやスコットランドなどの一部の地域に、ケルト文化を継承する人びとが暮らしているのみだ。

ヨーロッパでは、ケルト文化の跡が至るところに残っている。たとえばドイツの「ライン」は「流れ」を意味するケルト語、オーストリアの「ドナウ」はケルト語で「川」を意味する言葉だった。スコットランド民謡『蛍の光』はもともとケルティック・ミュージックだ。また、ハロウィーンの習慣もケルトの祭りが起源とされている。

オーストリアには「世界最古の岩塩坑」の見学ツアーがある？

オーストリアのザルツカンマーグート地方に位置するハルシュタットは、緑の山やまと澄んだ湖が美しい景観を織り成す風光明媚な街だ。ザルツカンマーグートの「ザルツ」とは塩のこと。また、ハルシュタットの「ハル」は塩、「シュタット」は場所を意味している。かつてこの地方は岩塩の採掘と取り引きで栄えていたことを伝えている。

ハルシュタットには世界最古の岩塩鉱山が

ハルシュタット。「世界で最も美しい湖畔」ともいわれる。 ©jinguangw

あり、ユニークな見学ツアーが人気だ。岩塩坑へ行くには、まず街の中心部から少し歩いた場所にあるケーブルカーに乗る。参加者は控室で赤や緑などの作業着を服の上から着て、ガイドに導かれて塩坑の入口へ向かう。仕事に出かける鉱山労働者の気分を味わえるようになっている。

坑内には神秘的な地底湖があり、巨大な塩の結晶を見ることができるほか、作業の様子を再現した蠟《ろう》人形の展示もある。また、トロッコに乗ったり、坑道を歩いてみたりと、アドベンチャー気分も満喫できる。

圧巻なのは、作業員が坑道を降りる際に使っていたという滑り台。周囲は薄暗く、滑る先の様子が見えにくい。「絶叫マシーン」に乗っているような感覚を味わうことができるという。

4 アメリカ 中南米

同じ太平洋を囲む関わりの深い国・アメリカ。今や、私たちの生活はアメリカ発の文化なしでは成り立たない。しかし、そんな私たちの知っているアメリカはほんの一面でしかなかった！

ネイティブアメリカンの祖先は船でやってきた？

ネイティブアメリカンの祖先は、およそ7万年前から1万年前までの最終氷河期に、ユーラシア大陸から移動してきたモンゴロイドだとされている。その大移動については、「当時は陸地だったベーリング海峡を歩いてやってきた」というのが定説だ。

ところが1980年代以降、この説に異を唱える研究者が現れ、諸説が誕生した。そのうちの一つが「徒歩ではなく、船でやってきた」とするもの。それによると、彼らはユーラシア大陸から船を使ってアリューシャン列島、アラスカを通り、そこから南下して南アメリカ大陸へ渡ったという。だが、その頃は、船といっても丸太を組み合わせただけのイカダのようなもの。もちろん、航海技術も道具も発達していない。それにもかかわらず、彼らがアメリカ大陸へ到達できたとしたら、それは「海流」のおかげだという。

ちょっと前に、日本から流したメッセージ入りボトルが数年後にハワイにたどり着いた、なんて話題になったりもしたが、こうしたことが起きるのも「海流」による。「人類を最初にアメリカ大陸まで運んだのは海流だった」という説も、ありえない話ではない。

アメリカはアラスカをロシアからいくらで買った？

アメリカ最大の州といえば、最北端に位置するアラスカ州。その陸地面積は約148万平方キロメートルであり、2番目に大きいテキサス州の2倍以上の広さをもつ。そんなアラスカはロシアからアメリカが1867年に買い取ったものだという。買い取り値は720万ドルであり、換算すると1ヘクタールあたり、なんと5セントにもならない格安価格だったというから驚きだ。クリミア戦争が始まった当時、ロシアは軍資金を集めるためにアメリカにアラスカを買わないかともちかけたのだった。

クリミア戦争は1853年からクリミア半島で行なわれたオスマン帝国・イギリス・フランス・サルデーニャ連合軍とロシアとの戦争。敵国であるイギリスにアラスカを奪われそうになったロシアだが、ヨーロッパ方面の攻防で手をとられ、戦力を回すことができなかった。それなら、ということでアメリカに売ってしまおうとしたのだ。

さらに売却の交渉が終わる前にクリミア戦争は終結。敗戦国となったロシアは賠償金を払うために、アラスカをさらに二束三文で売り払うしかなかった。その頃、ロシアはアラスカの資産価値を見きわめておらず、アラスカは全米2位の生産量となる石油、そして金や白金などの地下資源、さらにサケやカニなど漁業資源や森林資源にも恵まれていたことがのちにわかる。

ベーリング海峡には冷戦期隠されていた島があった

アラスカ州のプリンスオブウェールズ岬沖合、太平洋の最北部となるベーリング海峡に、かつて隠されていた秘密の島が存在する。小

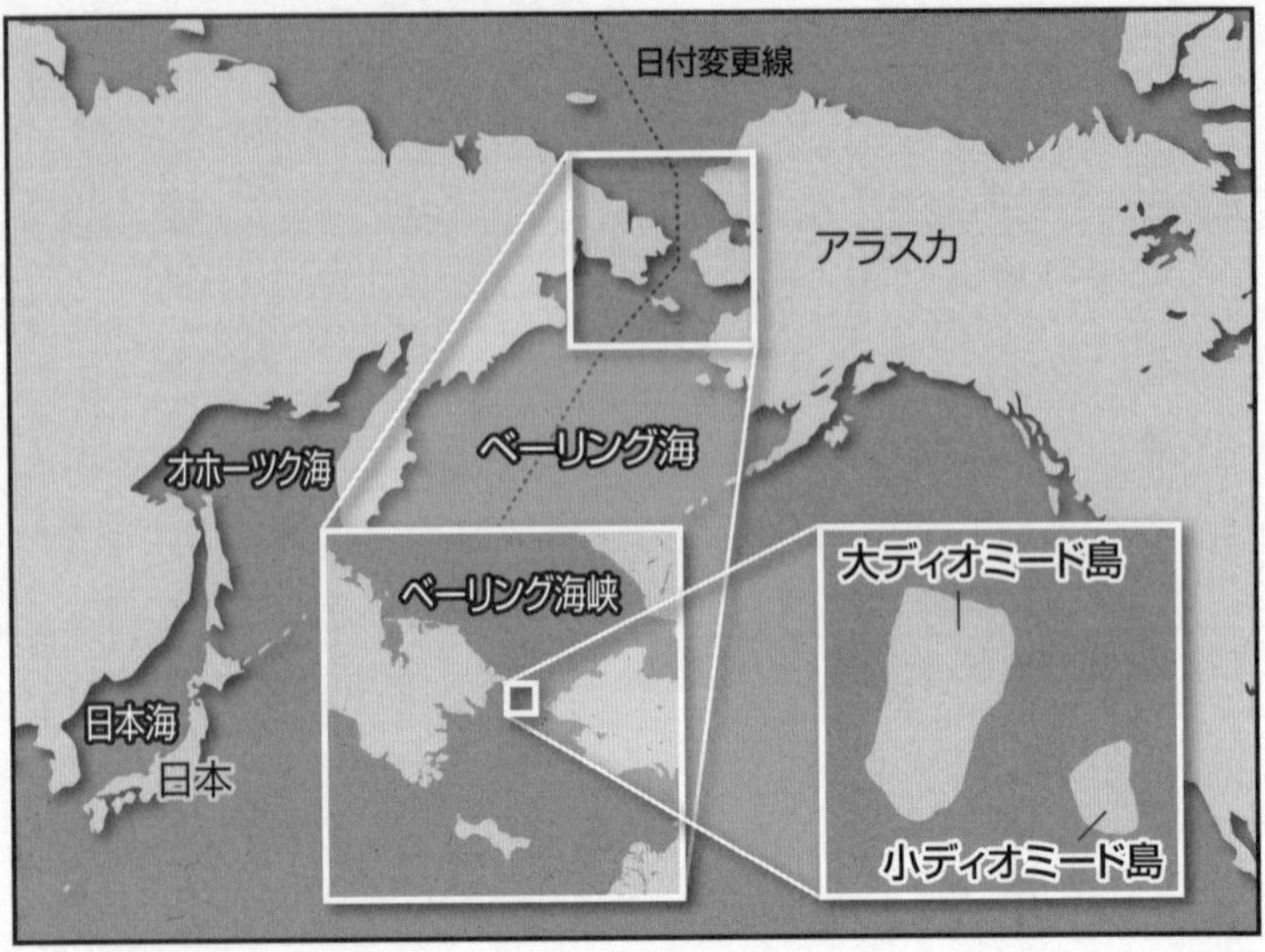

ディオミード島と大ディオミード島という兄弟のような名前の二つの島だ。

両島間は3・7キロメートル、10月から8月までベーリング海峡は流氷におおわれ、時期によっては歩いて渡ることができる。この目と鼻の先にある両島の間には、なんと国境があるのだ。小ディオミード島はアメリカ領、大ディオミード島はロシア領、地図上にはきっちり日付変更線が南北に引かれている。

では、いつ頃秘密にされていたかというと、カンのいい読者ならピンとくるかもしれないが、アメリカとソ連の間で軍事的な緊張感が高まっていた冷戦時代だ。相手国の最先端でにらみ合うように浮かぶ大小ディオミード島は当然のこと、軍事拠点となった。そのため冷戦時代、飛行機からの撮影は禁止されていたのだ。仲のよさそうな二つの島だが、その間には大きな壁があったのだ。

冷戦も終わった昨今では、両島の存在も明らかになり、地図にも明記されるようになった。ちなみに、小ディオミード島がアメリカ領になったのは１８６７年、アメリカがロシアからアラスカを買った頃にさかのぼる。国境線もこのときに引かれたという。この当時の微妙な線引きによって、緊張感が高まった冷戦期にはその存在を隠さなくてはいけなくなったというわけだ。

聞き間違いで生まれた⁉ カナダという国名

「ここはどこだ?」「村だ」そんな単純なやりとりがカナダの国名を決めてしまった。１５３５年、セントローレンス川を上流に向かったフランスの探検家ジャック・カルティエと二人のネイティブアメリカンの若者との会話だ。「村」を意味する言葉はネイティブアメリカンの言葉で「カナタ」と呼ぶ。それで、カルティエは「カナタ」という言葉を土地の名前と誤解し、カナタがなまってカナダになったという。

17世紀前半、フランスからの入植者が増えた頃、フランス政府は東部の地域をニューフランスと呼んでいた。しかし、セントローレンス川流域にやってきた移民たちはカナタという俗称でその地を呼び始めたという。

カナダの名が公式名称として初めて使用されたのは、ケベック州がアッパー・カナダとローワー・カナダの2植民地に分離された１７９１年。そして１８４１年にはカナダ州という一つの名称のもとに統合される。ヨーロッパの国ぐにが北米大陸に進出した大航海時代からカナダはフランス領、イギリス領となり、1867年には連邦国家となり自治領カナダが誕生。そして1931年に事実上独立国家となった。もし、二人のネイティブアメリカンの若者が「カナタ」といわず「オッパイ」とふざけていったら、カナダはオッパイという国になっていたかもしれない。

アメリカ大陸を最初に発見したのはバイキング?

コロンブスは1492年にアメリカ大陸を最初に発見した人物として知られるが、それ以前に新大陸を発見した人間がいるという説は少なくない。グリーンランドのバイキングの子孫、レイフ・エリクソンもそのうちのひとりだ。

997年、開拓地を求めて航海に出たレイフは、カナダ北東部のバフィン島とラブラドル半島を発見。さらに南下し、小麦が自生する豊かな土地を見つけ、上陸する。

レイフは、その地を「草原の地」を意味する「ヴィンランド」と名付け、開拓の拠点とした。だが、グリーンランドから入植してきた人びとは、先住民との折り合いが悪く、その地を棄て北へ帰ってしまったという。

「ヴィンランド」は、北米大陸の南部、現在のニューヨーク州かメイン州辺りだといわれている。これが事実なら、新大陸を発見した最初の人物はレイフということになる。

しかし、実際のところ「ヴィンランド」がどこであったのかは定かではない。カナダのニューファンドランド島でバイキング定住地跡が見つかり、そこが「ヴィンランド」だという説もあるのだ。いずれにせよ、コロンブスについては、新大陸を発見した最初の「イタリア人」としておけば間違いはない。

ナイアガラ由来の名の市がアメリカとカナダにある

アメリカのニューヨーク州に「ナイアガラフォールズ」という市がある。これは1892年にマンスター村とサスペンションブリッジ村が合併してできた市であり、ナイアガラの滝にちなんで名付けられた。実際にナイアガラの滝の所在地もここになっている。そして、カナダにもまた「ナイアガラフォールズ」というナイアガラの名を冠する同名の市が存在する。となると、アメリカとカナダが国境を決めたとき、一つの市を境界線が分断したことから、両国に同名の市が誕生したと思われるかもしれない。

しかし「ナイアガラフォールズ」はそれぞれ、新しい市の名前として誕生している。つまり、両地とも観光資産の高いナイアガラの滝に隣接することから、観光客を呼び込むためにその名を冠したというわけだ。

両市がおたがいに同名となることが判明したとき、それぞれが「うちが元祖だ！」「うちが本家だ！」と張り合ったかどうか。ナイアガラの滝を観賞した人びとの声をひろってみると、全体的な景観を見るならカナダ側に軍配が上がるのだとか。ちなみに、両市は橋数本で行き来することができるそうだ。いずれにせよ、観光客にとってはただただややこしいだけだ。

なぜアメリカの州境はあんなにまっすぐなの？

国境や日本の県境はその土地の地形や資源の有無に応じて、いびつな線になっていることが多い。たとえばヨーロッパの国ぐにはそれぞれの地域の人びとが自然に寄り添った社会を時間をかけて育んできた。ところが、アメリカの地図を見ると、中部、南部、西部の州境はまるで定規で線を引いたように、一直線に区切られているのだ。どうして、こんなまっすぐな州境が生まれたのか？　その理由は付け焼き刃で短期間で行なわれた西部開拓時代の土地政策にある。

独立間もない頃のアメリカは、イギリスとの戦争に多額の戦費を費やし、大きな負債を抱えていた。そこで政府は借金返済のため、西部の広大な土地を市民に売却することに決めた。そして1785年「西部の領地における土地処分方法確定のための条令」、つまり公有地法令を定め、ろくに調べもせずに西部の全土を6マイル四方に区切り、さらに1マイル四方の36区画に分割。公立学校や連邦政府の用地として5区画を確保したのち、640ドルで残り31区画を売却したのだ。

1787年には北西部令を制定し、連邦政府から知事を派遣する。住民の成人男子が5000人になれば、準州として自治を認め、6万人になれば州に昇格できることにした。この二つの法律に基づいて土地を扱い、次つぎと州に昇格させたので、州境は一直線となった。借金を返せたのはいいが、地形を考えずに州境を引かれた市民にはいい迷惑だ。

ニューヨークが摩天楼の街になったのはなぜ？

9・11のテロで崩壊した417メートルのワールドトレードセンターをはじめ102階建て381メートルのエンパイアステートビルなど、名だたるアメリカの超高層ビルはニューヨーク、それもマンハッタンに集中している。こうした摩天楼がなぜニューヨーク、それもマンハッタンにできたのか？

マンハッタンはニューヨーク市の中心地区でハドソン川、イースト川、ハーレム川に囲まれた小さな島だ。ロングアイランドが外海の波をガードし、細長い湾と川に恵まれた天然の良港であったマンハッタンに目を付けたのはオランダだった。

17世紀、彼らはそこに都市を築くが、18世紀になるとイギリス艦隊がわがものにする。独立戦争を経て、世界経済の中心がイギリスからアメリカに移った第一次世界大戦後、経済発展と高層建築やエレベーターの技術とがあいまってマンハッタンには超高層ビルが次つぎと建設されたのだ。

摩天楼がこの小さなエリアに集中するには理由があった。それは地盤が古くて固い岩盤の上にあるということ、そして地震がないという地質的なことだ。

岩盤の固さによって高層ビルの建設が可能になり、地震がないことから倒壊のリスクを避けることができたのだ。要するに安定した頑丈な岩盤があったからこそ、超高層ビルの建築が可能となり、そこに摩天楼が生まれたというわけだ。

世界全般
アジア
ヨーロッパ
アメリカ・中南米
アフリカ・極地・オセアニア
日本

ニューヨークでは地図がなくても迷わない？

日本で「東池袋2丁目1番地の角に集合！」といわれても、よほど池袋に詳しくない限り、地図なしで現地にたどり着くことはできない。ところが、ニューヨークでは「○番街と○丁目の角」という情報だけでたどり着けてしまうのだ。

というのも、ニューヨークの番地の付け方がとてもシンプルだから。基本的な二つのルールを覚えてしまえば頭のなかにマンハッタンの地図が描ける。

まず、一つめのルールが、通りの呼び方と位置の表し方。マンハッタンの通りは碁盤の目のように走っている。唯一ブロードウェイだけ斜めに走っているが、そのほかはほぼ東西南北に平行・垂直だ。そして、南北に走る大通りを「アベニュー」（Avenue）と呼び、位置を「○番街」（○Ave.）と表す。この数字は、東から西に向かって大きくなる。また、東西に走る大通りは「ストリート」（Street）と呼び、位置を「○丁目」（○St.）と表す。この数字も南から北へ向かって大きくなる。

二つめのルールは、大通りに挟まれた区画のなかにある街区（ブロック）の数字の付け方。この数字は日本の「番地」にあたるが、アベニューの東が奇数、西が偶数、ストリートの北が奇数、南が偶数という決まりだ。

これらのルールを覚えてしまえば、地図もスマホのGPSもなしで、マンハッタンの都会をサバイバルできるだろう。ちなみにタクシーの運転手に住所を伝えるときは、番地ではなく「5th　Ave.　&　44th　St.」という風にクロスストリートを伝えるのが一般的だそう。

『ウエスト・サイド物語』の舞台ってどんなところ？

ニューヨークの下町を舞台に、不良グループの抗争と悲恋を描いたブロードウェイミュージカル『ウエスト・サイド物語』。1957年の初演から記録的なロングランを達成し、61年には映画が大ヒットしたことから、そのストーリーを知っている人も多いだろう。

物語の舞台はマンハッタンのウエストサイド。白人不良グループ「ジェッツ」とプエルトリコ系不良グループ「シャークス」が対立するなか、ジェッツの元リーダー・トニーとシャークスのリーダーの妹マリアは恋に落ちる。だが、グループの抗争に巻き込まれ、二人の恋は悲劇に終わる、というストーリーだ。

「ウエストサイド」は、セントラルパークの西側エリアのことで、ミュージカル初演時は、アイルランド人やプエルトリコ人などマイノリティーが暮らすスラム街だった。同地では映画版のロケも行なわれ、ジェッツとシャークスの不良たちが歌とダンスを披露した路上はウエストサイド68丁目にある。当時、このエリアは巨大住宅の建設予定地であり、68丁目には取りこわし前の空きビルが軒を並べていた。その前で撮影されたのだが、建設業者は撮影が終わるまで着工を待ってくれたという。

その後、ウエストサイドは開発が進み、今

世界全般
アジア
ヨーロッパ
アメリカ中南米
アフリカ・極地オセアニア
日本

では治安のよいエリアになった。とくにアッパーウエストサイドは、かのジョン・レノンも住んでいたダコタハウスをはじめ高級アパートが点在し、一流のオペラやバレエの公演が行なわれるリンカーンセンターを中心とした華やかな街へ変貌を遂げている。

アメリカの大都市を結ぶ1本の線の正体は？

ニューヨーク、フィラデルフィア、ワシントン、リッチモンド……いうまでもなくアメリカを代表する大都市だが、これらを地図上で結ぶと1本の線になる。さらに、この線はオーガスタへと続き、東部から南東部にかけての大都市群が1本の線で結ばれるのだ。それぞれの都市を人びとが意図的に線上に築いたわけではない。この線は都市を生み出し、そして発展させる力をもっているのだ。

この線はアパラチア山脈に沿って続いているが、南東部の丘陵地帯の海岸に接する地域には巨大な断層が存在する。そこには急斜面があり、山地から大西洋に流れる滝や急流が並列していくつも続く。こうした場所を連ねた線を滝線《たきせん》と呼ぶ。

東部から南東部にかけて続く滝線、そこから流れる急流や早瀬はそれぞれの土地に息づく人びとを潤わせた。さらに水車を回し、繊維工業の発展などによって都市をつくり出したのだ。こうして広がる都市群を「滝線都市」と呼ぶ。そうした滝線都市に水力発電所が設置されると工業都市の土台となり、海岸線でつながっていることから水上交通の要所にもなった。

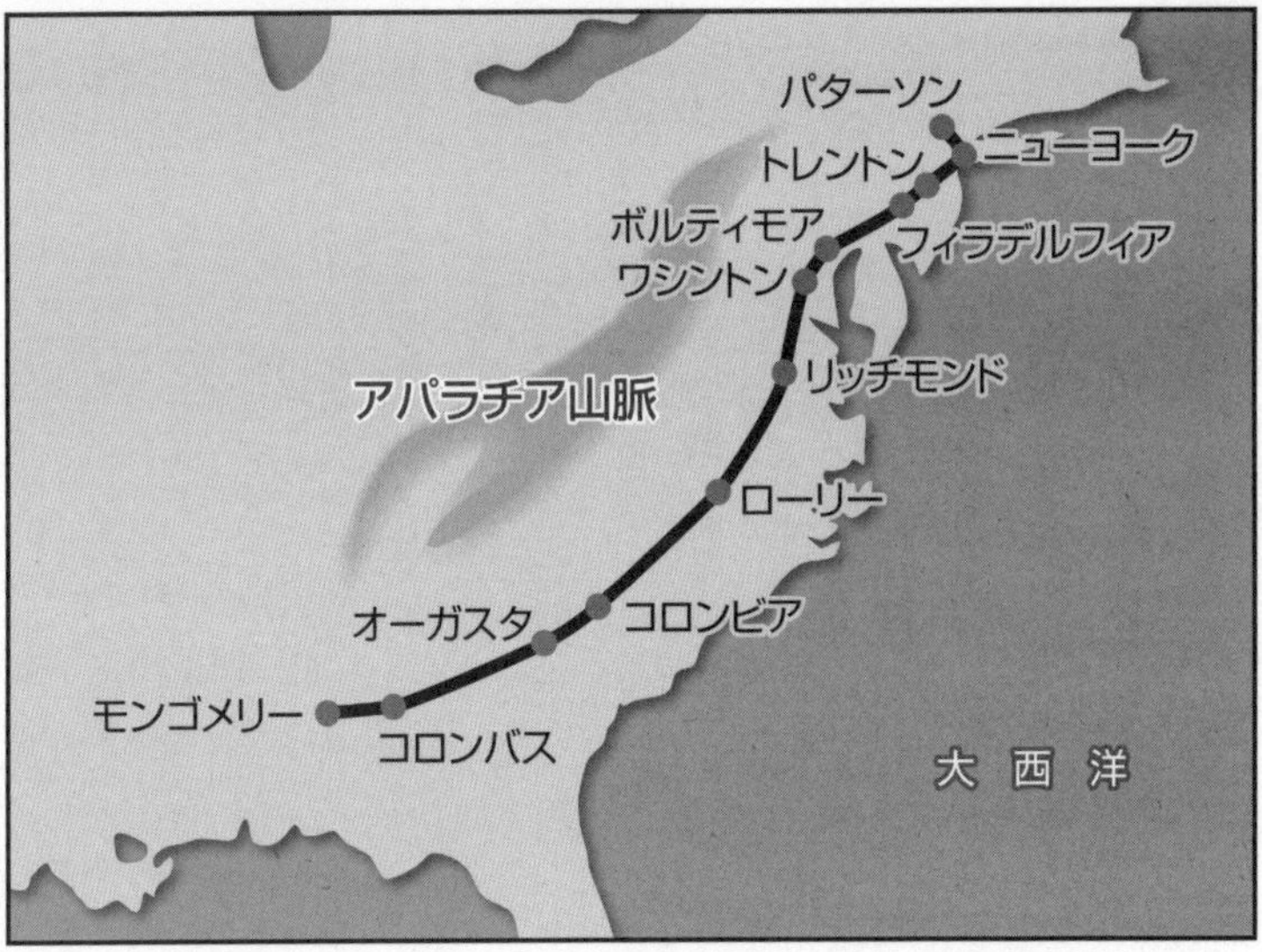

巨大な近代都市の進化の源は大自然の摂理がつくり上げたものだったのだ。インフラや交通路が整い、自然に左右されない環境が整った昨今でも、アメリカの産業、経済の動向は、この滝線が握っているといっても過言ではない。

なぜアメリカの州都は大都市じゃないの？

「ニューヨークの州都はどこ？」と問えば、おそらく多くの人は「ニューヨーク！」と答えるだろう。しかし、これは間違い。ニューヨークの州都は、人口７５０万人の大都市ニューヨークではなく、人口10万人の小都市オルバニーだ。

州都といえば、日本の県庁所在地にあたる。

よって、人口の多い大都市を想像しがちだが、アメリカの場合は、これがあてはまらない。たとえば、カリフォルニアの州都はロサンゼルスでもなく、サンフランシスコでもなく、サクラメントという地味な都市。イリノイの州都も、大都市シカゴではなく、スプリングフィールドという小さな都市だ。

このようにアメリカの州都が州内で最大の都市とは限らない理由は、アメリカ人が昔から「政治の中心と経済・商業の中心を分ける」という考えを実行してきたからなのだ。アメリカの首都が大都市ニューヨークではなくワシントンDCというのも、この考えにもとづいている。

では、州都はどうやって決められるかというと、交通の便を配慮し、地理的な中心部に置かれるケースが多い。といっても、開拓時代の初期においては、早くに定住が進んだ沿岸部や川沿いの街に州都が置かれ、内陸の開拓が進むにしたがって中心部に移されたようだ。そのため、昔は州都だったのに現在はゴーストタウンという例もある。かつてイリノイ州の州都だったカスカスキアは、今では人口十数人の村だという。

なぜシカゴはギャングの街だったの？

ニューヨーク、ロサンゼルスに次ぐ大都市シカゴは、かつてギャングの街だった。闇の帝国を築きあげた伝説のギャング、アル・カポネも、シカゴで暗躍し、巨額の資金を得ていたという。

シカゴがギャングに支配されていたのは、

1920年代、アメリカ全土で「禁酒法」が施行されていた頃だ。禁酒法とは、その名のとおり、酒の製造・販売を禁止する法律のこと。ただし、家で飲むのはOK、酒場へ飲みに行くことを禁じるものだった。アメリカ政府は、この法律によって、不健全な酒場をなくし、治安をよくしようとしたのだ。

ところが、禁酒法はまったくの逆効果を生む。シカゴにはもぐりの酒場が現れ、その数は禁酒法施行前の酒場の数を上回るほどになった。

そして、密造酒が高額で売買されることに目を付けたのが、アル・カポネらギャングだ。彼らは、酒の密造・密売で大儲けし、その金を政治家へ握らせ、警察や裁判所を買収。たちまち、シカゴを牛耳ってしまったのだ。

しかし、1929年に株価が大暴落し、不況の波がシカゴを襲うと、ギャングの財源である酒もギャンブルも売り上げが大幅にダウンした。さらに、1933年の禁酒法廃止により、ギャング組織は弱体化。今では、シカゴは比較的治安のよい都市とされている。

海のないデトロイトはなぜ発展できたの？

かつて工業地帯は「鉄鉱石」「石炭」、そして、それを運ぶ「水運」のあるところにつくられた。したがって、自然と海に面した地域が多くなるのだが、ことデトロイトに関しては、周りにまったく海がない。それでも世界有数の自動車工業都市になれたのは、五大湖沿岸に位置していたからだ。

五大湖は、アメリカとカナダの国境地帯に

世界全般
アジア
ヨーロッパ
アメリカ・中南米
アフリカ・極地・オセアニア
日本

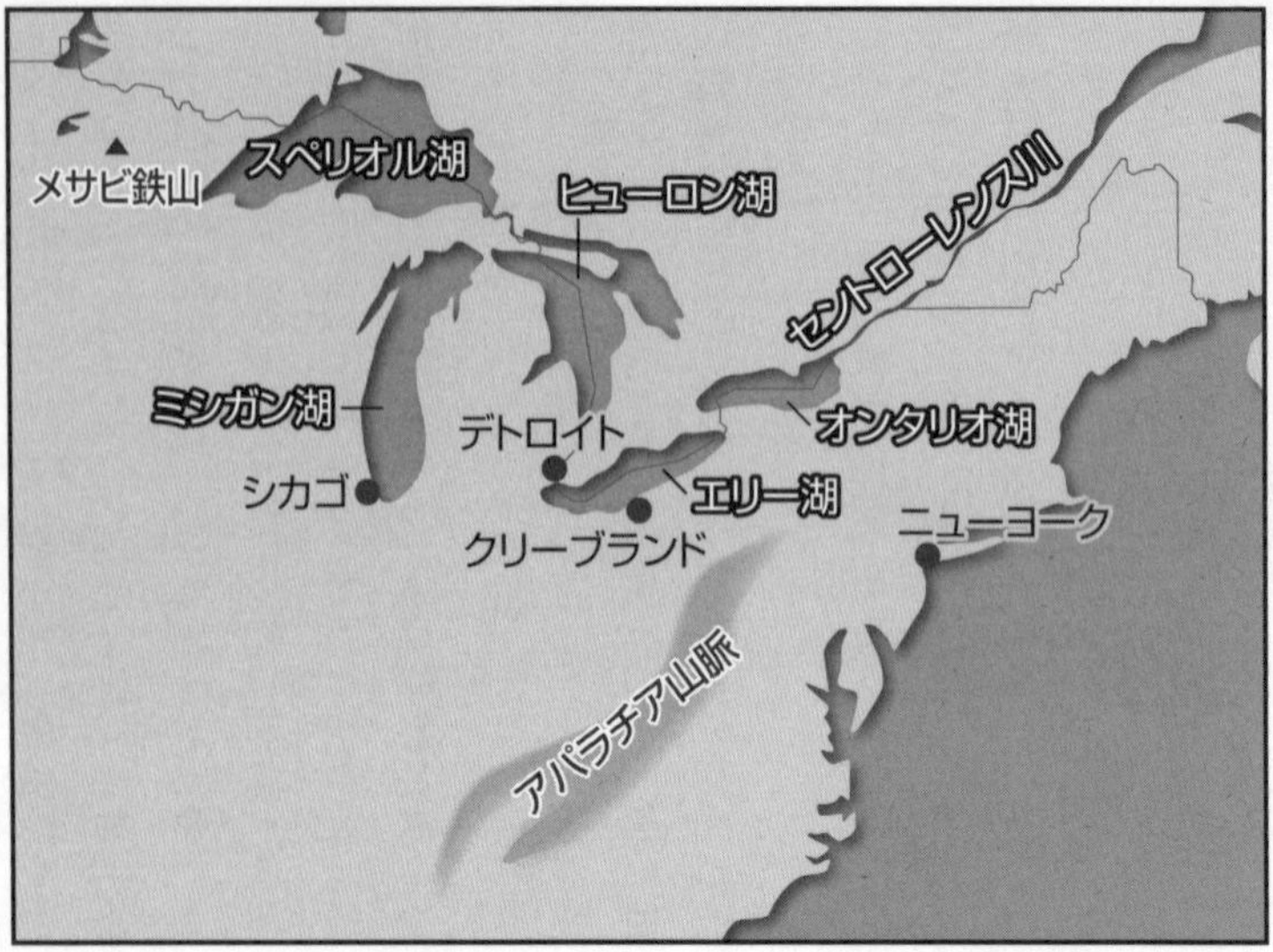

ある五つの巨大な湖だ。西からスペリオル湖、ミシガン湖、ヒューロン湖、エリー湖、オンタリオ湖と並ぶ。

この五大湖沿岸には、工業地帯に必要な条件がそろっていた。西にメサビ鉄山、東にアパラチア炭田、五大湖は水路でつながり、大西洋ともエリー運河やセントローレンス川でつながっている。まさに「鉄鉱石」「石炭」、そして「水運」だ。

また、エリー湖西端のデトロイトの近くには、中西部の政治・経済の中心地シカゴや、重工業が盛んなクリーブランドもあり、より大きな経済効果が見込めた。これにより、デトロイトを中心に巨大な自動車工業地帯が形成されたのだ。アメリカの三大自動車メーカー「GM、フォード、クライスラー」の本社も皆、この地域に置かれている。

1960～70年代、アメリカの自動車産業は繁栄を極めた。だが、資源の枯渇や燃費のいい日本車の台頭により、80年代以降はかげりを見せる。そして、2009年のクライスラー、GMの経営破綻が、その終焉を決定づけた。残されたデトロイトは、今では廃墟と空き地の街と化している。

なぜアメリカは自動車大国なの？

アメリカでは、ほぼ国民ひとりにつき一台の車を所有している計算になる。それほど車が多い理由は、やはり「国土が広い」からだ。土地が広ければ、どこへ行くにも車が必要になる。また、車の保管場所にも困らないため、一家で複数台を所有することも可能だ。

また、中古車の売買がさかんなことも大きい。じつは、アメリカでの中古車の市場価値は、日本よりも高い。日本では敬遠されがちな総走行距離数万キロ以上の中古車にも、アメリカではそこそこの高値が付いている。

これには「動くなら価値がある」というアメリカ人らしい合理的な考えも影響しているが、別の理由もある。信号がないアメリカのフリーウェイでは、日本の渋滞だらけの道よりも、走行中の機械の負担が軽い。そのため、走行距離のわりに状態のよい中古車が多い。日本では考えられないほど古い中古車がたくさん走っているのも、アメリカの車の数を多くしている要因だ。

「車社会」のアメリカでは、鉄道のような大量輸送手段は発達しなかった。1971年、アムトラックという都市と都市をつなぐ公共企業体ができたが、利用者は少ない。しかし最近は、都市部に地下鉄ができるなど、じょじょに発達してきているようだ。

なぜアトランタの空港は世界一利用されているの？

世界で最も乗降旅客数が多いのは、米ジョージア州アトランタのハーツフィールド空港。首都ワシントンから1000キロ離れた、南部のど真ん中にある空港だ。世界最大の面積を有する巨大な国際空港であり、その年間利用者数は9000万人を超える。

ちなみに3位はロンドンのヒースロー空港、2位は中国の北京首都国際空港。となると、1位も大都市のそばにある空港になる気がするが、地方都市であるアトランタの空港が1位とは意外に思える。

では、なぜこの空港が1位かというと、ハーツフィールド空港は、旅客運送数において世界第3位の航空会社デルタ航空のハブ空港として機能しているからだ。ほとんどの人は、ここを最終目的地とせず、乗り継ぎに利用しているのだ。

アメリカのように国土が広い国を飛行機で移動するには中継点が必要になる。そして、中継点となる空港では、必然的に航空発着本数が多くなり、他国の大都市に近い空港よりも利用率が高くなる。

世界で一番貨物輸送量が多い米テネシー州メンフィス国際空港も、南部のど真ん中に位置し、やはり大手航空輸送会社フェデックスとノースウエスト航空のハブ空港として利用されている。

宇宙開発基地が南部に集中しているのはなぜ？

アメリカの宇宙開発基地は、その多くが南部に建設されている。たとえば、世界最大の宇宙開発国家機関NASAの施設のうち、スペースシャトルが打ち上げられることで知られるケネディ宇宙センターはフロリダ州にあり、ほかの主要な宇宙センターは、テキサス州のヒューストン近くに位置する。このように宇宙開発基地が南部に集中している理由は、赤道に近いから。そこからロケットを打ち上げたほうが燃料を節約できるためだ。

走っている車のなかから、前方にボールを投げるのと、後方にボールを投げるのでは、前方に投げる球のほうが速くなる。これと同じように、地球上で自転する速度が一番速い赤道上から、自転と同じ東向きにロケットを打ち上げることで自転の速度をプラスし、燃料を節約している。

また、人工衛星のうち「静止衛星」と呼ばれる衛星は、赤道上空を飛ばなくてはならない。もし、赤道から離れた地点から打ち上げれば、軌道修正が必要になる。反対に、赤道に近いほど修正も少なくて済むため、やはり燃料の節約につながるのだ。

アメリカだけでなく、各国の宇宙開発基地も南部に集中している。ロシアのバイコヌール基地は南部のカザフスタン、欧州の基地は赤道直下のフランス領ギアナにある。日本においては建設時に沖縄が返還されていなかったため、種子島が選ばれた。これもみなロケットを効率よく打ち上げるためなのだ。

バミューダ・トライアングルの謎は解けたか？

バミューダ・トライアングルはフロリダ半島、プエルトリコ、バミューダ諸島を結ぶ西大西洋の三角形の海域。19世紀以降、70以上の船と50以上の飛行機がこの海域でSOSを発信する間もなくこつ然と消息を絶ち、残骸も発見されないまま行方不明となった。その原因についてブラックホール説、宇宙人誘拐説など科学的な根拠のない説もささやかれたが、何らかの力が海域に働いていることは確かだ。近年では、雷雲などから落下した突風が海面に衝突し、バースト（破裂）したように強風を引き起こすダウンバースト現象が原因だという科学的な説がもちあがった。ただ、この現象が起こると船や飛行機が操縦不能に陥ることは確かだが、残骸が消滅するという点においては説明がついていない。

そこで浮上したのがメタンハイドレート説だ。メタンハイドレートは石油や石炭の2倍以上のエネルギーをもつ海底資源。暖かい海流がこれにぶつかると氷が解け、そこに閉じ込められていた膨大なメタンガスが放出されて海面を泡立たせる。すると船は浮力を失って操縦不能となって沈没。また、ガスは飛行機のエンジンに引火して爆発するという。さらに機体や船体の残骸はメタンガスの泡に巻き込まれて海底に沈んでしまうというのだ。

ただ、こうした現象が起こりうる地域はバミューダ・トライアングルだけに限らないことが判明。こうして魔の海域はふたたび謎に包まれることになった。

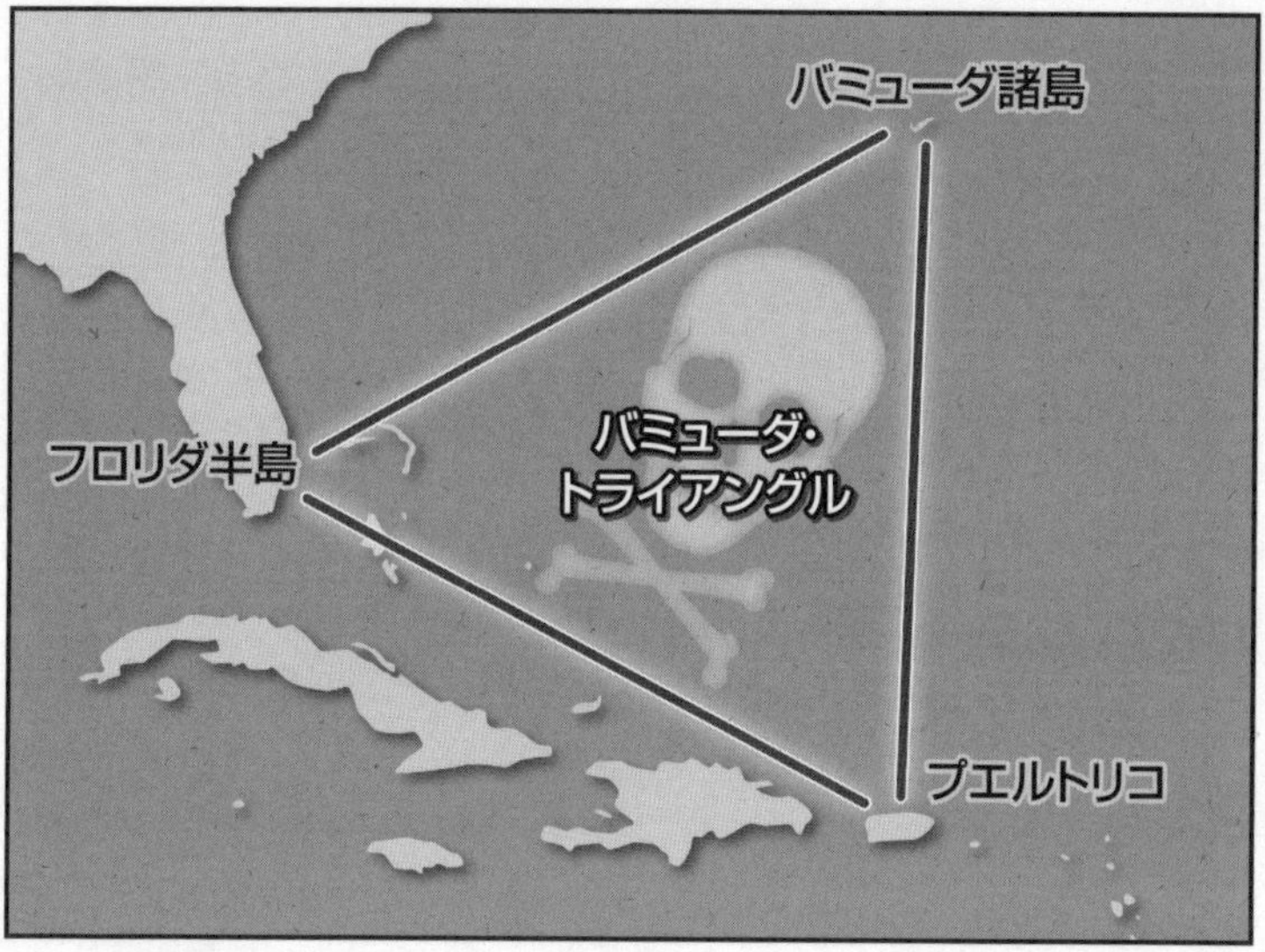

イエローストーンに眠る超巨大火山で人類滅亡!?

世界初の国立公園であり、アイダホ州、モンタナ州、ワイオミング州にまたがるイエローストーン国立公園には、無数の間欠泉が点在している。エメラルド色の泉が白い蒸気を上げながら空高く噴き上がる光景は幻想的で、観光スポットとして人気が高い。だが、この美しい公園の地底には、噴火をしたら最後、アメリカが滅びてしまうほどの威力を秘めた超巨大火山が眠っているのだ。

イエローストーン地区は北アメリカ大陸最大の火山地帯であり、その地下には大量のマグマがたまっている。もし、このマグマだまりが爆発して大噴火を起こせば、その規模は

ロッキー山脈中の溶岩台地にあり、1万に近い温泉、200もの間欠泉、噴気孔などが存在する。地底には超巨大火山が眠る。

© inkknife_2000 (5.5 million views)

1980年のセントヘレンズ大噴火の2万5000倍にもおよぶという。

噴火により、地球全体の平均気温は低下し、農作物の栽培や家畜の放牧のほか、海流の変化から漁業にも壊滅的な影響が出るだろう。アメリカはもちろん、地球規模の被害をもたらすかもしれない。実際に、この超巨大火山は、約220万年前、約130万年前、約64万年前の計3回噴火しているが、その都度、地球環境を激変させたことが研究により明らかになっている。

となると、気になるのは「いつ噴火するか？」だが、噴火の周期はおよそ60万年。前回から64万年が経過していることから、近い将来、噴火する可能性が高いとされている。45億年という地球の長い歴史のなかでの「近い将来」なので、数十万年以内ということに

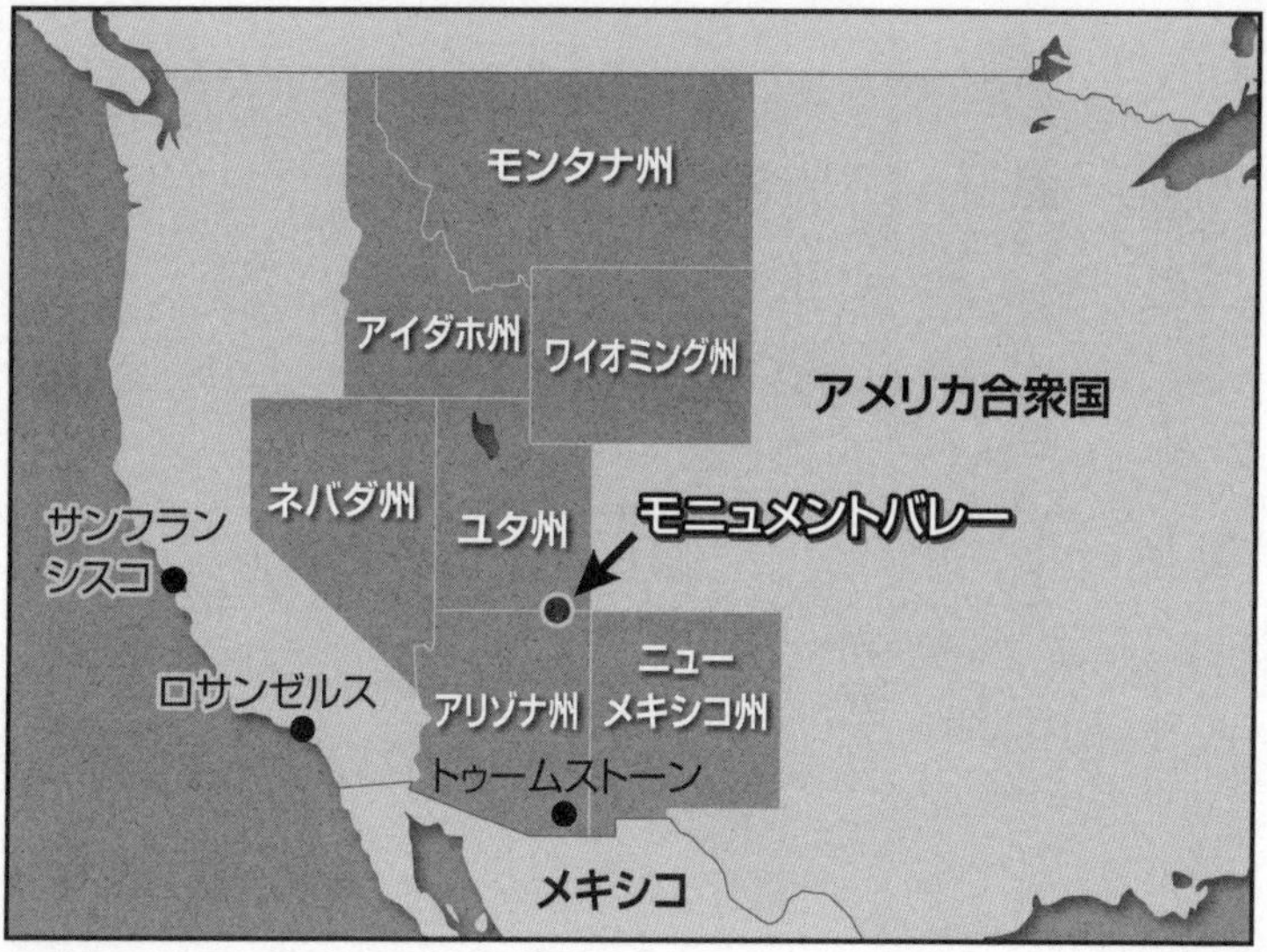

なるが、明日噴火しないという保証はどこにもない。

西部劇の「西部」って現在の何州なの?

西部開拓時代をテーマにした映画、いわゆる「西部劇」。この「西部」とは、どこをさしているのだろうか?

西部劇の金字塔『駅馬車』は、ユタ州南部からアリゾナ州北部にかけて広がる「モニュメントバレー」を舞台にしている。『シェーン』のラストシーンで、かの有名な「シェーン、カンバック!」の声がこだまするのはワイオミングの山並だ。『荒野の決闘』では、ゴールドラッシュ全盛の頃、金鉱目当ての荒くれ者たちが殺到したアリゾナのトゥームストーンが舞台となっている。

このように、西部劇の「西部」には、19世紀後半のゴールドラッシュにより発展した地域が多い。現在の州でいえば、モンタナ、ワイオミング、アイダホ、ネバダ、ユタ、コロラド、アリゾナ、ニューメキシコなどだ。

だが、西部劇だからといって「西部」を舞台にしているとは限らない。共通しているのは、開拓者と先住民、あるいは熱血漢とならず者の闘いであること。そして、無骨な男同士の熱い友情を描いていることのようだ。

サンフランシスコの夏は「寒い」ってホント？

太陽がサンサンと降り注ぐビーチに、ビキニやショートパンツ姿のブロンドギャルたち……アメリカ西海岸と聞くと、そんな妄想をしがちだが、それはロサンゼルスやサンタモニカでの風景。同じ西海岸でも、６００キロメートル以上北に位置するサンフランシスコの夏は、平均気温15～20℃程度と、涼しいというより肌寒い。では、なぜサンフランシスコの夏はそんなに涼しいのだろうか？

サンフランシスコの沖合では「カリフォルニア海流」と呼ばれる寒流が北から南へと流れている。この海流が冷たい水を運んでくるため、サンフランシスコ沿岸の海水温度は、緯度（北緯37度）のわりに低い。そして、この冷たい海流の上に、太平洋の西から湿った暖かい空気がやってくるため、水温と外気温に差が生じ、霧が発生する。この霧こそが、天然のミストシャワーのような役目を果たし、西海岸のサンフランシスコの夏を涼しくしているのだ。

サンフランシスコは、ロンドン、ミラノと並んで「霧の街」といわれている。その名のとおり、夏はほぼ毎日、朝と夕方、霧におおわれ、長袖の上着が必要なほど気温が下がる。ブロンドギャルをナンパしようと、朝一番でビーチに出かけたはいいが、霧で何も見えない、おまけにブルブル震えあがった、なんてことにならないよう覚えておこう。

なぜサンフランシスコには急な坂がたくさんあるの？

サンフランシスコには坂が多い。なかでも有名なのが「ロンバート・ストリート」だ。あまりにも傾斜がきつく危険なため、全長約400メートルに8回のターンを設けたというクネクネの坂道は、観光スポットにもなっている。このほかにも、サンフランシスコには急勾配の坂が至るところにあるのだが、これはいったいなぜだろうか？

一般的に、道というのは、街の人口が増えるにつれ、少しづつ形成されていくものだ。その際、人びとは行き来がラクなように急勾配を避け、自然と坂を斜めに下りてくることが多い。

ところが、サンフランシスコでは、短期間のうちに、碁盤目状（グリッド状）の街路網を人工的につくってしまった。なぜそんなことをしたのかというと、19世紀の「ゴールドラッシュ」が関係している。

1848年、シエラ・ネバダ山脈で金鉱が発見されると、西海岸は一攫千金を夢見る人であふれかえった。これにより、サンフラン

世界全般
アジア
ヨーロッパ
アメリカ中南米
アフリカ・極地オセアニア
日本

ロンバート・ストリートの曲がりくねった坂道。 ©Itdan

シスコの人口は数百人から一気に1万人以上に膨れあがり、急いで街を整備する必要に迫られたのだ。

こうして、地形をまったく無視した碁盤目状の街路をつくった結果、坂の多い街ができあがったというわけだ。しかし、強引につくった街の副産物だった「坂」も、今では、坂の多さゆえに発展したケーブルカーとともに、サンフランシスコの名物になっている。

シリコンバレーが農地からITの聖地になったわけ

アップル、グーグルなどの大企業が本社を構える「シリコンバレー」はサンフランシスコの南方約48キロメートルに位置する渓谷地帯の俗称だ。かつて農業地帯だったその地が、

ＩＴの聖地へと発展した理由は何だろうか？

シリコンバレーの発祥は、トランジスタの発明者ウィリアム・ショックレーがこの地に半導体の研究所を設立したことにある。１９５７年、同研究所を辞めた８人の研究者が、半導体メーカーのパイオニア「フェアチャイルド」を設立。さらに１９６８年、同社のロバート・ノイスと物理学者のゴードン・ムーアが「インテル」を設立する。

この頃よりシリコンバレーはハイテク企業の集まる工業地帯へ変化していく。そして、とくにシリコンを原料とする半導体のメーカーが多かったため、その名が付けられた。

この地に企業が多く集まった理由には「過ごしやすい気候」と、大都市サンフランシスコまで車で数十分という「地の利のよさ」が挙げられる。さらに、シリコンバレーの中心に位置するスタンフォード大学の存在が大きい。全米屈指の名門である同校の工学部を卒業した技術者が、次々と起業したのだ。

だが、好条件がそろっていても、ショックレーの研究所を辞めた８人がいなければ、今のシリコンバレーは存在しなかったかもしれない。安定した職を捨て、自分たちの手で会社を設立した彼らが成功する姿を見た若き起業家たちが、続々とシリコンバレーへ進出してきたからなのだ。

なぜラスベガスはギャンブルの街になった？

ギャンブルの街として知られる「ラスベガス」は、ネバダ砂漠の真ん中に位置する。ネバダ砂漠といえば年間降水量わずか１００ミリメートルほどの乾燥地帯。農作物は育たず、しばし「ダストデビル」と呼ばれる塵旋風が起こる。そんな場所に、なぜギャンブルの街がつくられたのだろう？

ラスベガスはもともと、1820年代後半にモルモン教徒によって発見された窪地のなかのオアシスだった。その後、1840年代末にゴールドラッシュが到来。西へ向かう人びとの貴重な野営地としてにぎわった。しかし、1920年代後半の大恐慌の時代に、せっかく集まった人びとも姿を消してしまう。

そこで、ネバダ州が考え出した策が「一定期間、州内に滞在すれば、簡単に離婚手続きができる」という法律だった。これにより、自分の住む州の法律によってなかなか離婚できない人たちが移住してくる。さらに、移住者の娯楽として、1931年、カジノを公認。税収も確保した。つまり、砂漠の真ん中に人を集めるための作戦の一環で「ギャンブルの街」がつくられたのだ。

その後、ラスベガスは、巨大ダム・フーバーダムの建設労働者たちの娯楽の場として発展したのだが、それも一昔前の話。近年では、ショーやショッピングなどのファミリー向けに路線変更し、「ギャンブル」というダークなイメージを払拭した。土地環境に恵まれずとも、アイデアによって、世界有数の観光地の座を維持しているのだ。

ネバダで925回も核実験が行なわれた理由

「ネバダ」といえば「砂漠」「ラスベガス」で知られるが、もう一つの顔、「核実験」も忘れてはならない。1945年から、自発的核実験停止が履行される1992年までの47年間に、アメリカが実施した核実験は1051回。そのうちの925回がネバダの核実験場で行なわれたのだ。

20世紀半ば、アメリカの核実験場はマーシャル諸島のビキニ環礁とエニウェトク環礁にあった。だが、太平洋での実験は費用がかかる。ならば本土に核実験場を設置しようと、選ばれたのが、ネバダ州ラスベガスの北西約105キロメートルの地点だった。

そこが選ばれた理由は半径200キロ一帯の人口密度が低かったからというのが一つ。もう一つは、西から東へ偏西風が吹くため、サンフランシスコやロサンゼルスといった西海岸沿岸の大都市に悪影響をおよぼすことはないだろうという考えからだった。

1951年、第1回目の核実験が行なわれ、ネバダの空に巨大なキノコ雲が立ちのぼった。当時はまだ、地上での核実験が認められていた時代。その後、1963年に地上での核実験が禁止されるまでに、地上86回、地下14回、合計100回にわたり、大量の放射性物質が大気中に放出された。

実験は、南西か南東から風が吹いていると きを選んで行なわれたが、それは人口の多いラスベガスへの配慮にすぎない。その風下には約17万の人が住み、一部の住民が健康被害に遭っている。

その後、1996年には地下核実験も禁止され、現在は臨界前核実験（爆発を途中で止める）のみになったものの、いまだネバダでは核実験が行なわれている。はやく核実験が世界中からなくなればいいのだが。

世界全般 アジア ヨーロッパ アメリカ中南米 アフリカ・極地オセアニア 日本

ロサンゼルスとロスアンゼルス どちらが正しい呼び方?

ふだん、ロサンゼルスと呼んでいるこの地名は、冠詞である〝Los〟に天使を意味する〝Angel〟が合体したことから、ロスでいったん区切り、ロス・アンゼルスと呼ぶ人もいる。国語辞典などを調べると「ロサンゼルス」とあり、新聞や雑誌などの出版物を見ても、そう表記するのが一般的だ。

しかし、英和辞典の発音記号を参照すると「ロセンジェルス」という表記が近い。Googleの翻訳機能を使い、音声で聞いてみても、「ロセンジェルス」と聞こえる。ところが、英語が得意でない人がまねて、口をゆがめて発音するとぎこちなく聞こえてしまう。

この地名の〝Angel〟、天使という言葉はこの地に流れるアンゼルス川が「ポルチウンクラ教会の天使の聖母」と呼ばれていたことに由来する。大航海時代、ロサンゼルス周辺にスペインの探検家たちが多数上陸し、その時代に付けられた地名が今でも残っているのだ。それを踏まえると、やはり、〝Angels〟に比重を置いて、「ロセンジェルス」と発音するのが順当だろう。

ちなみに、日本ではロサンゼルスと表記、発音するのが妥当だが、アメリカでそう発音しても、誰も理解できないだろう。「レストランでコーヒーをたのんだらコーラが出た」というのはよく聞く話だ。だから、英語圏の国ぐにで使うときは、恥ずかしがらずしっかりと口をゆがめて「ロセンジェルス」と呼ばなくてはならない。

ハリウッドが移民の街から映画の都へ発展したのはなぜ？

映画の都として知られるハリウッドは、19世紀末から20世紀初頭にかけて、イタリア系とユダヤ系の移民によってつくられた街だ。この街が映画産業の中心地として発展した理由は、ずばり「天気のよさ」にある。

１９００年代以前、映画産業の中心はニューヨークとシカゴにあった。しかし、当時の照明は露光不足で、光源は日光に頼らざるをえなかった。そこで、１９００年代に入ると、多くの映画スタジオは、気候がよく日照時間の長いロサンゼルスに移ったのだ。

ロサンゼルスでは「カリフォルニアの青い空」といわれるとおり、1年３６５日のうち３００日以上は晴れている。年間降水量は約３００ミリメートル。これは東京の年間降水量の約5分の1なので、いかに雨が降らないかわかるだろう。

ロサンゼルスのなかでも、とくに天候の安定したエリアにあるハリウッドは、10時頃からは、決まって雲一つない晴天になるという。そのため、映画撮影のスケジュールがたてやすく、また、雨のせいで撮影が延期になる心配も要らない。撮影期間が長引けば、それだけ費用もかさんでしまうが、そうしたリスクがないのだ。これにより、映画製作者は、ニューヨークやシカゴで映画を撮るよりも、大幅にコストダウンできたという。

そうして、小さな移民の街は、映画撮影に適したロケ地として選ばれ、世界的に知られる映画の都へと発展したのだ。

ハリケーンやサイクロンは台風とどこが違う?

テレビの天気予報やニュースを見ていると、強い熱帯低気圧を日本では台風と呼んでいる。しかし、海外の災害情報を見ていると、同様の強い熱帯低気圧がハリケーンやサイクロンという言葉で呼ばれている。台風と同じ現象とおぼしきハリケーンやサイクロンは日本の台風とは何が違うのだろうか?

じつは台風もハリケーンもサイクロンも基本的にはそのメカニズムは同じ、熱帯低気圧が発達したものだ。呼び名の違いは、これらが発生した地域の違いによるのだという。

北太平洋の南西部で発生する熱帯低気圧が発達したものが台風。大西洋西部カリブ海、メキシコ湾や北太平洋東部に発生する強い熱帯低気圧がハリケーン。そして、インド洋ベンガル湾、アラビア海に発生する強い熱帯低気圧がサイクロン。いわば産地の違いというわけだ。もし、台風が大西洋やインド洋へと移動したとすると、異なる名前で呼ばれるようになる。したがって、勢いが収まらぬ台風が移動し続ければ、そのたびに出世魚《しゅっせうお》のように名前が変わることになる。ただ、そんな息の長い熱帯低気圧があっても、人間には迷惑なだけだが。

北米大陸には渡り鳥ならぬ渡りチョウが存在する

繁殖地と越冬地との間を往復する渡り鳥はそう珍しくはない。ところが、北米大陸には

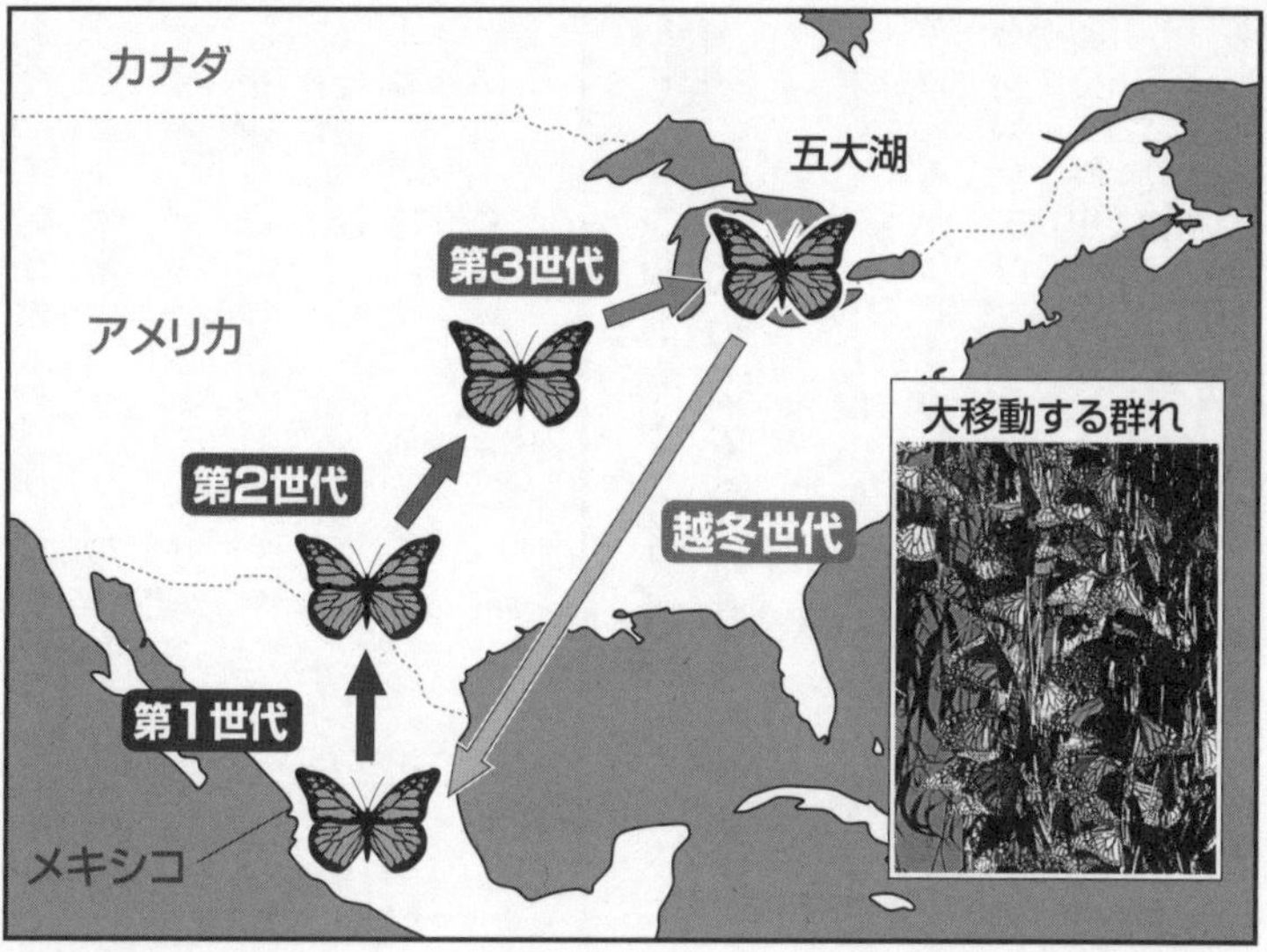

渡り鳥ならぬ「渡りチョウ」がいる。

モナークバタフライというチョウで、日本語名はオオカバマダラ。夏が終わると、数百万匹の群れとなり、長さ3キロ、幅200メートルという壮大な列をつくって北米から南部へと集団となって移動する。

チョウたちが越冬地として選ぶのはカリフォルニア州のモントレーや標高3000メートルのメキシコの山岳地帯だ。群れによっては、春になると4000キロも離れたカナダを目指すこともある。ただ、移動する時間が成体の寿命よりも長いため、同じ個体が繁殖地と越冬地を移動するわけではない。南で越冬した成虫が北上して産卵、数世代をかけて北米に達する。そして、南の越冬地へは一世代で達することができるという。オオカバマダラがどのようにしてこの場所を特定しているのかはまだよくわかっていない。

そんなオオカバマダラが生息する地域はオオカバマダラの「サンクチュアリ（聖域）」に指定され、保護されている。メキシコ中部に位置するミチョアカン州アンガンゲオ村とオカンポ村はサンクチュアリの一つで、一般の人でも観賞できるそうだ。

グランドキャニオンはどのようにできたか？

幅６キロメートルから29キロ、全長４４６キロにもおよぶグランドキャニオンはアメリカ合衆国アリゾナ州北部にある世界最大の渓谷だ。断崖の最深地点は１８００メートルあり、階段状の地層はむき出し。その様相はまるでほかの惑星のようだ。

その絶好のビューポイントとしてサウスリム（南壁）という観光地がある。しかし、そこから眺める景観は全体の４分の１にすぎず、すべてを見ることはできない。もし、日本にグランドキャニオンがあれば東京から関西までおよぶというから無理もない。

そんなグランドキャニオンが今の姿になったのは約１０００万年前だが、その誕生の歴史は20億年前にさかのぼる。地球が誕生したのが46億年前といわれているから、その歴史は地球の歴史の約４割にも相当。サイズもさることながら歴史的にも桁外れのスケールをもっているのだ。

まずグランドキャニオンの地に堆積岩が形成される。のちに地面が隆起して17億年前に大山脈となった。５億年後には海水の浸食によって水没。その作用がさらに二度くり返さ

サウスリムにあるリパンポイントからの景観。 ©Moyan_Brenn

れたのち、大地が隆起する。そこにコロラド川が流れ、深い谷を刻み続け、現在の地形に仕上がった。現在のグランドキャニオンの不思議な様相と桁外れのスケールは、コロラド川という1本の川の仕業だったのだ。

戦争のおかげで発展した南部のサンベルト

ときに「戦争」は、不況時の経済活性化の起爆剤となることがある。たとえば、アメリカ南部の「サンベルト」と呼ばれる一帯も、戦争によって発展したエリアの一つだ。

サンベルトとは、カリフォルニア州からノースカロライナ州に至る北緯37度よりも南の地域を指す。19世紀後半、これらの南部地域は、南北戦争に負けたことにより、北部に比べて開発が遅れていた。

遅れを取り戻すため、20世紀以降、南部では大がかりな開発が進められた。しかし、第二次世界大戦後、冷戦時代を迎えると、こうした大規模開発はしだいに軍事産業と結び付いていく。開発の一環として設立されたTVA（テネシー川流域開発公社）の電力を利用できるオークリッジに原爆製造工場がつくられたのは、わかりやすい例だろう。

こうした背景には、南部の地理的な条件が関係している。軍事関連施設を建てるには、広大な土地が必要だが、南部には多くの用地が残されていた。また、石油や天然ガスなどの資源にも恵まれていたため、軍事開発の場として最適だったのだ。さらに、軍事産業と同じく、科学技術の最先端をいく産業であり、広大な土地・資源を必要とする航空宇宙産業の関連施設も、南部に多く建設されるようになった。

こうしてハイテク産業が発達した南部は、人口も増え、経済的にも潤った。皮肉なことに、戦争のおかげで、光り輝く地域（サンベルト）になれたのだ。

テキサス州はかつてテキサス共和国という国だった

天使たちを意味するロサンゼルス、ラスベガス（牧草地）、サンフランシスコ（聖フランシスコ）など、アメリカにはスペイン語を語源とする地名が多い。スペイン語を話すメキシコ人がそれぞれの地に暮らしていたことから、その名が残されているのだ。つまり、カリフォルニアやアリゾナ、テキサスなどの地はもとはメキシコの領土だった。

それが1846年にメキシコとアメリカとの間に始まった米墨戦争によって、メキシコの領土の3分の1がアメリカのものになってしまう。その過程で、微妙な位置付けにあったテキサスは一時的にテキサス共和国という独立国家を形成していたのだ。

まだメキシコ領土だったテキサスには、雑多な人種が入り交じって住んでいた。そこにアメリカ人が多数移住し始める。そして、1836年にアメリカ人暴徒が反乱を起こし、テキサス共和国の独立を宣言した。

これに対し、メキシコ側は反乱を鎮圧するため数千の兵を率いてアラモ砦に集結。アメリカの187人足らずの反乱軍が応戦するが、メキシコ側との圧倒的な兵力の差により全滅する。この戦いはジョン・ウェインが主演する『アラモ』という映画で知られている。

のちにメキシコはアメリカと合併しないことを条件にテキサス共和国を承認するが、1845年にテキサス共和国はアメリカと合併。さらに、アメリカ人は「アラモを忘れるな」というスローガンのもとに決起、メキシコとの間で1846年から大戦争を繰り広げる。これが先の米墨戦争だ。「合併しないと約束したのに～」というメキシコ人たちの声が聞こえてきそうだが、テキサス共和国はとりあえず10年は存在した。

西部劇に登場する荒涼たる岩山はいったい何？

テンガロンハットを被った無法者が拳銃を片手に駆け回り、岩場の陰から保安官が彼ら

アリゾナ州北東部とユタ州南東部にまたがるモニュメントバレー。西部劇の舞台として使われる。 ©DidierB77

を狙い撃ちする。そんな西部劇の決闘シーンの際、背景に広がるのは果てしない荒野、そして柱のようにそびえる岩山だ。

そんな西部劇のマストアイテムというべき、岩山だがよく見ると独特なシルエットをもっていて、荒涼とした印象を与えている。いうまでもなく自然の作用があの岩山を形づくったのだが、あれは浸食された山のなれの果てなのだろうか。または、永い年月をかけて岩が積もっていったのだろうか。いずれにしても造形的に不自然に思える。

じつは、あの岩山の正体は「溶岩柱」と呼ばれる噴出したマグマのなれの果てなのだ。

かつて西部の地中で、火山活動が活発だった時代があった。そして地中で煮えたぎっていたマグマが吹き出し、地上へとのぼり続けたが、その途中で冷えて地中で固まった。やがて浸食によって周囲の土が取り除かれるのだが、奥のマグマに押し出され、あるいは地殻変動によって地表にむき出しになったのがあの溶岩柱だ。

いわば火山活動の屍《しかばね》が露出したというわけだ。それが、ガンマンの対決の背景として登場するのは、なんとなくうなずける設定でもある。

アメリカドルの「$」が表すSはいったい何？

ドルがアメリカの通貨だということは周知のこと。しかし、ドルを表す記号はDではなく、なぜかSの字に2本の線をあしらった「$」が使われている。この記号が採用された由来は16世紀、スペイン帝国が南アメリカを植民地支配していた頃にさかのぼる。

その頃、メキシコなどから掘り出した大量の銀によって鋳造されたのが、ダレラという通貨だった。当時イギリスの植民地であった北アメリカは南アメリカにタバコや小麦を輸出しており、その際に使われた通貨がダレラだったのだ。

やがてダレラは正式な通貨として採用され、ダラー（dollar）となった。その際、記号にしたのがスペインの頭文字である「S」だったのだ。

また、2本の線はジブラルタル海峡にそび え立ち、世界の果てを意味する伝説のヘラクレスの柱に由来するといわれている。なぜ、ヘラクレスの柱があしらわれたかについては諸説あるが、スペイン南端のジブラルタル海峡から太平洋を渡ってきたなごりともいわれる。または、スペインの国旗の紋章にも2本の柱があしらわれていることから、Sの文字にみずからの誇りを表現したという説もある。いずれにせよ、その後の世界にその力を誇示したアメリカの人びとが平然と使っているドルのマークは、スペインの歴史と誇りがルーツになっているのだ。

ハワイのワイキキビーチは天然のビーチではなかった

ワイキキビーチといえば、ハワイのオアフ島にある最高峰のリゾート地。晴れわたった青い空と青い海、海岸線に優雅な高層ホテルが建ち並び、白い砂浜が広がる。リゾート地の理想というべき風景だ。しかし、残念なことに、そのビーチは天然ではない。アメリカ領になってから人工的につくり上げられたものなのだ。

ワイキキとはハワイの言葉で「湧き出る水」を意味し、かつて、ワイキキは広大な湿地帯だった。その姿が様変わりしたのはアメリカがハワイを手に入れた１８９８年のこと。アメリカによって空前のリゾート開発が行なわれたのだ。

ワイキキの地に注がれていた豊かな水は掘られた運河を通じて海に逃がされ、湿地帯は掘り出した土砂を使って埋め立てられてしまった。そして、ほかの地から運ばれた砂でビーチが整備される。

こうして「湧き出る水」の地は人工のビーチに生まれ変わった。日本人にとってもハワイがあこがれのリゾート地として人気を集めていた頃、そのシンボルとなったワイキキビーチ。優雅なリゾートもいいが、環境保全が問われ、自然志向となった昨今では、「湧き出る水」の湿地帯の姿も捨てがたかったのではないかと思える。

ハワイの星空が世界で一番美しい理由

満点の星空の下で女性を口説きたいなら、ハワイがおすすめだ。ハワイ島北部にあるマウナケア山は「世界で最も天体観測に適した場所」の一つとされ、その星空があまりに美しいことから「世界で一番宇宙に近い場所」と称されている。

マウナケア山が天体観測に適している理由の一つに、標高4200メートルという高さが挙げられる。山頂が雲の上にあるため、1年のうち300日以上は晴天というほど気候は安定している。

また、水蒸気を含んだ空気が薄く、光の障害やスモッグの害も少ない。そのように空気が澄んでいるため、街なかでは見ることのできない5～6等星の暗い星まで肉眼でとらえることが可能だ。

そしてもう一つ、地理的な条件のよさも挙げられる。ハワイ島は赤道の近くにあるため、北半球の天体すべてと南半球の天体のほとんどを観測できるのだ。

こうしたことから、マウナケア山の山頂には、日本の国立天文台の巨大望遠鏡「すばる」をはじめ、最新鋭の望遠鏡が設置され、世界各国から天文学関係者たちが訪れる。ハワイは南国リゾートというだけでなく、天文マニアの聖地でもあるのだ。

ダイヤモンドが採れないのになぜダイヤモンドヘッド?

ワイキキビーチを眼下に臨めるダイヤモンドヘッドは標高232メートルで、ハワイを代表する山の一つ。現地ではマグロの頭という意味の「Le'ahi(レアヒ)」と呼ばれている。山頂がマグロの額のような形だからだ。

ダイヤモンドヘッドでは、宝石のダイヤモンドは採れない。ではなぜこの名前が付けられたのだろうか?

じつは、18世紀後半、イギリスの船乗りがこの山の火口で光る石を見つけ、ダイヤモンドと間違えたのが名前の由来だ。航海士の目的は金や宝石だったため「お目当てのダイヤモンドが見つかった!」と、大喜びしたのだが、その石は方解石だったとも水晶だったともいわれている。

ダイヤモンドヘッドの山頂までは約1・1キロで片道約30分。気軽に楽しめるハイキングコースのため、観光地として人気のスポットだ。ダイヤモンドという名前の付く火山は、ハワイ=楽園のイメージにマッチする。もし「マグロの頭」というネーミングだったら、こんなにも人気は出なかったかもしれない。

どうしてハワイでは年に350日も雨が降るの?

ハワイ・カウアイ島のワイアレアレ山は、「世界で最もぬれているスポット」といわれるほど、雨がよく降る地域だ。どれくらい降るかというと、年間平均降水量は約1万20

00ミリメートル。これは東京の約8倍にあたる。さらに、1年間に350日雨が降ったことでギネスにも認定されている。なぜそんなに雨が多いのかというと、これには「貿易風」が影響している。

貿易風とは、緯度がおおよそ30度以下の地域で東から吹く恒常風のこと。1年を通してほぼ同じ方向に吹き、北半球では北東風、南半球では南東風となる。この暖かい湿気を帯びた貿易風がカウアイ島を吹き抜けるとき、島の中央にあるワイアレアレ山にぶつかり、雨雲を発生させるのだ。

だが、おもしろいことに、カウアイ島の南西部では晴天の日が多いという。これは、湿気を含んだ貿易風が、南西側に届く頃には乾燥した空気に変わってしまうから。カウアイ島南西部にあるケカハの年間降水量は、わずか300～500ミリメートル程度だ。

そんなカウアイ島は、雨により侵食された渓谷や切り立った崖など、ハワイ諸島のなかでも独特の景観を成し、さまざまな熱帯植物が生い茂っていることから、「ガーデン・アイランド」（庭園の島）と呼ばれている。また、ハリウッド映画の撮影地としても有名で、『ジュラシック・パーク』『アウトブレイク』など、あるときは南の島として、またあるときはアフリカの奥地として登場している。

サーフィンの聖地ハワイの波はどこからやってくるのか?

世界中のサーファーを驚喜させているハワイには、サーフィンの聖地として二つの顔がある。夏のサウスショアと、冬にビッグウェー

オアフ島のサーファーたち。夏には世界中から押し寄せる。 ©Paloika

ブがやってくるノースショアだ。サウスショアにはワイキキやダイヤモンドヘッドが、ノースショアとウエストショアにはワイメアやマカハといったサーフポイントがある。

サウスショアに押し寄せる波は比較的穏やかで、初心者でも楽しめるが、これははるか南極から長い時間をかけてやってくる。じつは南極の海は南極大陸を取り巻くように強い偏西風が吹き荒れる暴風域であり、年中荒れ狂っているという。南下するにつれ風が強くなるが、その境となるのが南緯40度。「ほえる40度」とも呼ばれ、恐れられている。さらに「狂う50度」「絶叫する60度」と呼ばれ、海域は激しさを増していく。

サウスショアには、この南極で生まれた波が太平洋を北上し、赤道を通過してやってくるのだ。南極と日本の間はオーストラリアやインドネシアに遮られているので、この波は届かない。しかし、間に何の障害もないハワイ諸島には直撃する。

いっぽう、冬のノースショアに押し寄せる波は北太平洋のアリューシャン列島の低気圧によって生まれるという。こちらも、ほとんど障害物がないことから、強力な波のままハワイに押し寄せる。つまり、海の北と南の果てから押し寄せる波が、サーファーたちを世界から呼び寄せるのだ。

カリブ海の島国は国の財源をオンラインカジノに頼っている

カリブ海に浮かぶ小さな国アンティグア・バーブーダ。1981年にイギリス連邦の一員として独立した若い国だ。面積は種子島とほぼ同じで442平方キロメートル、人口は約9万人だ。広いビーチと多くのダイビングスポットがあり、バハマやバルバドスに続くリゾート地として期待されている。

近年までは、昔から続くサトウキビの栽培、羊やヤギの牧畜、そして観光がおもな産業だった。しかし現在は、なんとオンラインカジノ事業が主要な財源となっている。オンラインカジノは、インターネットを通じて世界中の人びとが参加できるギャンブルだ。

2004年、アンティグア・バーブーダはアメリカが海外のオンラインギャンブルを遮断しているとしてWTO（世界貿易機構）に訴えた。アメリカにはオンラインギャンブルを規制する法令があるのだが、州や政府が公認する競馬と宝くじのオンラインギャンブルは適応外としている。WTOは、アメリカが

公平性を欠いているとして、オンラインギャンブルの規制は協定違反、つまり自由貿易に反するという裁定を出している。

なぜ中米には狭いところに七つも国があるの?

学生の頃、地理の勉強で中米諸国を暗記するのに苦労した人は多いだろう。そんな学生泣かせの中米諸国は、北アメリカ大陸と南アメリカ大陸をつなぐ細長い陸地に分立している。日本の約1・4倍ほどの面積しかない狭い陸地に、コスタリカ、パナマ、ベリーズ、グアテマラ、エルサルバドル、ホンジュラス、ニカラグアと七つもの国が並んでいるのを見ると「一つにまとまってくれたら勉強もラクだったのに」と思うところだが、じつは過去

に一国として機能していた時期もあるのだ。

14世紀半ばから約３００年にわたり、中米諸国はスペインによって支配されてきた。しかし、１８２１年にコスタリカを除く4カ国が中米諸州連合として独立。１８２３年にはコスタリカを含めた5カ国が中米連邦共和国として独立し、翌年には憲法公布にまで至った。ところが、土地所有者や商人、軍人などの支配者階級がそれぞれの利益を守ることを優先し、たがいに対立してばかりで国がまとまらない。結局、連邦共和国は、わずか20年足らずでまた5カ国に分離してしまったのだ。

その後、各国は米国や欧州の干渉を受けながらも独立国としての道を歩み、個性豊かな中米諸国が誕生した。もし中米連邦共和国が続いていたら、アメリカ大陸の歴史も、地理のテストの結果も違っていたかもしれない。

世界三大美人国「3C」とはどこの国のこと？

世界三大美人といえばクレオパトラ、楊貴妃、小野小町。2015年、アメリカの映画情報サイト〝TC Candler〟が「世界で最も美しい顔100人」として選んだのは1位が韓国の歌手、2位がアメリカの女優。いずれも個人でのランクインだが、世界最大美人国は3Cといわれている。頭文字がCのチリ、コロンビア、コスタリカだ。一般女性も、顔だけでなくスタイルも抜群なのだ。

チリは「よい気候（wether）」「よいワイン（wine）」「美しい女性（women）」のある3Wの国と呼ばれている。人口の94パーセントが白人と先住民の混血であるメスチーソで、見た目はどちらかというと白人寄りの印象を受ける。

コロンビアはトップモデルを多く輩出しており、世界のミスコンでもつねに上位。メスチーソが全人口の58パーセントで、白人と黒人の混血が14パーセント、黒人と先住民の混血が3パーセント。

コスタリカはスペイン系やイタリア系の白人と先住民の混血が95パーセントで、目鼻立ちがはっきりしていてエキゾチックな印象の女性が多い。タンクトップや短パンで露出度多めのファッションが人気。

3Cの女性たちが美しい理由は、先住民とヨーロッパ系の人種の混合にあるのだろう。これらの国では、男性からでも、女性に挨拶をするときは頬にキスをすることが多いそうだが、なれなれしくなりすぎないよう注意だ。

驚くべき血液型事情 グアテマラでは9割がO型

アメリカ赤十字などの人種・国別の血液型の分布データによると、ラテンアメリカにはO型の人がかなり多い。O型の人の割合は、グアテマラ95パーセント、ボリビア93パーセント、ニカラグア92パーセント、メキシコ84パーセント。人種で見ると、ブラジルの先住民ボロロ族、ペルーのインディヘナ、インド・ニコバル諸島のションペン族はなんと100パーセントだ。

A型はヨーロッパ、北極圏、オーストラリア先住民に多く、B型はロマ人（ジプシー）やインド人、アイヌ、韓国など東北アジアで多い。科学的根拠がないといわれている血液型占いでO型はおおらか、A型が几帳面、B型がわが道をゆくマイペースだとされているが、データを見るとあながち的外れでもなさそうだ。

ちなみに世界平均では、O型が44パーセント、A型が35パーセント、B型が17パーセント、AB型が5パーセントだ。血液型の研究は、人類の進化分岐や民族系譜の調査のために進められてきたもの。純粋な民族が少なくなっている現在、調査はじょじょに難しくなってきているようだ。

太平洋と大西洋の高低差を埋めるパナマ運河

北米大陸と南米大陸の間の狭い陸地を掘り抜いて、大西洋と太平洋をつないでいるのが、

パナマ運河の閘門。堰室ごとに水位の差が見える。 ©amanderson2

パナマ運河だ。その最大の特徴は「閘門《こうもん》」と呼ばれる堰《せき》だろう。

「閘門」とは、水面に高低差のある場所で船を行き来させるための装置だ。その仕組みは、前後を扉で仕切った堰室内に船を入れ、扉の開閉によって水位を昇降させたのち、いっぽうを開いて船を進めるというもの。こうした水の階段のような装置が、ガトゥン、ペドロ・ミゲル、ミラフローレスの３カ所に設けられている。

パナマ運河に閘門が必要な理由は、大西洋と太平洋の海面に高低差があるからだ。潮の干満による海面の上下幅は、大西洋側で１日60センチ。対して、太平洋側では1日に2回、最大で３８０センチも上下するという。これだけ高低差のある海面で船を進めるには閘門が要るのだ。

20世紀初頭まで、ニューヨークからサンフランシスコへ向かう船は、東海岸を南下し、南アメリカの大西洋岸に沿って南へ進み、さらに南アメリカ大陸の先端ホーン岬をぐるっと回って北上しなければならなかった。だが、1914年にパナマ運河が開通したことで、航行距離は約1万キロも短縮されたのだ。

パナマ運河の通航料は36円～3000万円まで!?

南北のアメリカ大陸を結ぶ、細長いS字型の陸地にあるパナマ共和国。この国で有名なのは、太平洋と大西洋をつなぐパナマ運河だ。全長約80キロメートル、最小幅は約91メートル、最大幅は約200メートル。水門で水位を調節して船を行き来させており、船での通過には約8時間、待ち時間を含めると約24時間かかる。パナマ運河の通航料は船の大きさによって異なり、標準的な貿易船で約3～5万ドル。通航料の最高金額は、ディズニーのクルーズ船「ディズニーマジック号」で約28万ドル（約3000万円）だ。

18世紀後半、国際海運業にとって重要な場所であるこの地に運河を開発しようと、フランスが試みたものの、マラリアや黄熱病で約2万人の死者を出したため工事を放棄した。その後、アメリカが利権を買い取り、わずか2年で一帯の伝染病の感染源である蚊を根絶した。1914年の運河開通後はアメリカが管理を続けていたが、1999年にパナマに完全返還された。

パナマ運河を通過する船のツアーもあり、クルーズのみならアメリカ発着10泊11日で約

10万円～とお手頃。過去には、もっと安く済ませる方法もあった。1928年、アメリカの冒険家がパナマ運河を泳いで通過したことがあった。通航料はわずか36セント（約36円）だったという。ただし、現在は泳いで渡ることは禁止されている。

見られるのは2～3週間のみ 5色に彩られる不思議な川

コロンビアにある国立自然公園シエラ・デ・ラ・マカレナにある、全長100キロにおよぶ川、キャノ・クリスタレス。1年のほとんどは普通の川と変わらないが、乾期と雨季の境の9月から11月の2～3週間だけ、川が赤・黄・緑・青・黒の5色に彩られる。

「楽園から逃げてきた川」「虹が溶けた川」とも呼ばれるキャノ・クリスタレスは、まるでCGのような鮮やかさだ。5色の正体は、川の底いっぱいに広がっているコケと藻だ。乾期になると川の水位が低くなり、太陽熱によって水温が上昇。すると、コケや藻が爆発的に成長する。青は川の水、緑や黄、黒はコケ、赤やピンクはコケの花で、川の流れによってゆらゆらと形を変える様子はこの世のものとは思えないほど美しい。

数年前まで、国立公園は政府によって立ち入り禁止となっていた。周辺を反政府組織のゲリラ部隊が支配していたことと、観光客が押し寄せ、環境に影響があると判断されていたことからだ。

しかし2009年に公園は開放され、飛行機が運航されるようになったため、世界中から観光客が訪れるようになった。国立公園へは、首都ボゴタにあるエルドラド国際空港から車で約1時間半で行くことができる。

コロンビアにはなぜ花の種類がダントツで多いのか？

コロンビアというと、麻薬事件が頻発する治安の悪い国というイメージをもつ人も多いだろう。しかし、コロンビアはエメラルドなど天然資源に恵まれているほか、コーヒーやバナナの輸出も堅調で経済は安定している。

コロンビアはオランダに次ぐ世界2位の切花生産・輸出国。国花でもある蘭はコロンビアで初めて発見された花で、種類も生産高も世界ナンバーワン。

カーネーションとバラの生産規模は世界一で、日本のカーネーション市場でも最大のシェアを誇っている。日本にやってくるカーネーションは1年で約2億本。母の日だけでなく、お彼岸やお盆の仏花、お葬式の花祭壇、結婚式でも重宝されているという。

コロンビアに存在する花は約5万種。日本は約2000種、イギリスは約200種なので、コロンビアの種類の多さはダントツだ。

その理由は、四季がなく気候が安定していることと、多様な地形にある。アンデス山地に位置する高地、アマゾンのジャングル、高原、砂漠、カリブの亜熱帯の草原など豊かな環境に恵まれているのだ。

コロンビアの街角では、信号待ちのドライバーに近づく花売りの姿が見られる。バラは24本で約1万ペソ（約400円）、カーネーションは24本約5000ペソ（約200円）で販売されている。

最高峰エベレストよりも高い？ 世界で最も宇宙に近い山

世界一高い山は、1958年の計測で8848メートルのエベレストだ。エベレストの高さは、三角測量で測定されたもので人間の視力に頼る方法のため、気象条件などに左右されやすい。

ところが1989年、それまで8611メートルで世界第2位といわれていたパキスタンのK2（中国名チョゴリ）を測定すると、8868メートルという結果が出たといわれている。測定方法はレーザー光線と人工衛星を使ったものだ。

そんななか、世界第3位のチンボラソ山が、じつは世界一ではないかという声が浮上している。チンボラソ山はアンデス山脈の火山で、エクアドルの首都キトから150キロ南に位置している。

6310メートルのチンボラソ山はエベレスト、K2より2000メートル以上低いが、これは地球の表面（＝平均海水面）から計ったものだ。ところが、地球の中心から地表までの距離を測ると、チンボラソ山は6384キロ。エベレストは6382キロで、チンボラソ山のほうが約2000メートル高いということになる。

地球は球形でなく、中心から北極・南極よりも、赤道上までのほうが2万1400メートル長い楕円型だ。そこから計算していくと、地球の中心から地表までの距離は赤道に近いチンボラソ山のほうが遠いということになるのだ。

この測定方法は強引な気がしないでもないが、地元エクアドル人からは支持されている。チンボラソ山のキャッチコピーは「宇宙に一番近い山」となっている。

地上からでも描ける ナスカの地上絵

世界遺産にも登録されている、ペルー南部の砂漠地帯に広がる「ナスカの地上絵」。ハチドリや海鳥、星、幾何学図形などが描かれており、小さいもので一辺数十メートル、大きいもので約300メートル。上空からでしか全貌が見えないほど大きい。現在、約700ほど見つかっているが、2015年、山形大学のナスカ研究所が新たに24点の地上絵を発見している。

これらは紀元前2～8世紀に発展したナスカ文化の人びとが描いたといわれている。しかし、どんな目的で描いたのか、どうやって描いたのかなど謎は多い。

地上絵の描き方について、最も有力な説は「相対拡大法」だ。まず、小さな布に縮尺図面を描き、地面に模写をする。そして、木の杭を地面に打ち付けて基準点をつくり、ロープを使って下絵を大きくしていく。この方法を使えば、約100メートルの地上絵なら半日で描くことができる。しかし、物的証拠がないため、ナスカ時代の人びとが同じ方法で描いたかどうかの判断は難しい。

ほかには、頭で絵を思い描き、二人一組でたがいの距離を測りながら片足を引きずるという描き方がある。これは山形大学の坂井教授による2008年の仮説だ。地上絵を制作

クモの地上絵。ほかにも、サル、コンドル、幾何学的な模様もある。 ©funkz

したという現地の農民に話を聞くと、農作業の要領で距離を目測しただけだったのだ。

建設27年の街が世界遺産に！ブラジルの首都ブラジリア

ブラジル中西部に位置するブラジリアは、1960年、リオデジャネイロから首都が移された都市だ。そもそもここは、荒涼とした未開の地だった場所。ブラジル人建築家ルシオ・コスタにより、効率のよさを徹底的に追求された〝首都用〟の都市なのだ。

フランスで活躍した建築の巨匠ル・コルビュジエに影響を受けたコスタは、上から見下ろすと翼を広げたジェット機のように見える街にデザインした。中心は広場で、ジェット機の機首の部分にあたる。その周囲には国

ブラジリア中心部の道路網。翼を広げたジェット機のように見える。

会議事堂や最高裁判所、行政院などが並んでいる。翼の部分は、公務員が住む高層アパート。胴体部分には立体交差の主要道路が走っており、信号も横断歩道もない。

国会議事堂や大聖堂などの主要建造物を手掛けたのは、コスタの師匠であるブラジル人建築家のオスカー・ニーマイヤー。建造物は未来的なデザインで統一されているが、暑さも寒さも厳しいブラジリアで快適に過ごせるよう機能性も重視したつくりだ。

この新首都建設には莫大な費用がかかったため、国家財政を圧迫し、インフレを招いた大きな原因だったといわれている。そのため、首都移転を実現したクビチェック大統領はその後、追放されてしまった。

1987年には、世界遺産に登録された。歴史的な街並みのない都市が世界遺産に登録されたのはきわめて異例だ。選定の理由は、人類のプロジェクトとしてこれほど挑戦的で大規模なものはほかに例がない、というものだった。

ブラジル政府が立ち入りを禁止！猛毒のヘビ1万匹が暮らす無人島

ブラジル最大の都市サンパウロ市の沖合30キロメートルに位置するケイマーダ・グランデ島。奥行き1・5キロメートル、幅500メートルの小さな無人島で、約1万匹のヘビが足の踏み場もないくらいひしめきあっている。そのため、スネーク・アイランドとも呼ばれている。このヘビは南米に広く生息するゴールデンランスヘッド。クサリヘビ科、ジャララカの一種で体長は約50センチとそう大きくはない。

ランスヘッドの毒性は、ジャララカのなんと5倍。瞬時にして肉を溶かすというすさまじい毒性で、体内に回ると目や耳から出血し、死に至るケースもあるという。ネズミを2秒で即死させたという実験結果もある。

ランスヘッドは孤島に生息することで、独自の進化を遂げ、強力な毒性をもったといわれている。この島でエサになるのは渡り鳥くらいのもので、エサをみすみす逃すわけにはいかない。そのため、ターゲットにかみついて即死させるための強い毒性と、そのまま飲み込むという必殺技を身に付けている。

ブラジル政府はこの島を立ち入り禁止としている。海軍が管理する灯台は自動化されており、年に数回ヘリコプターで燃料補給を行なっている。入島を許されているのは、定期検査を行なう研究者のみだ。ところが近年、ランスヘッドの密猟者が出没しているという。毒液から血栓溶解剤が抽出できることがわかり、売買されるようになったからだ。政府の取り締まりにもかかわらず、命がけの密猟者は後を絶たないようだ。

ブラジルには神社がないのに鳥居がなぜたくさんある？

ブラジルにはサンパウロを始めとし、全国に鳥居がある。日本では、鳥居は神社の入口などにあるものだが、ブラジルでは鳥居と神社はセットではない。鳥居は、日系人のシンボルとして設置されている〝モニュメント〟なのだ。

鳥居は、日本風の公園や施設、地区の入口のほか、日本食レストラン、銀行内の「デカセギ」対応窓口などで見つけることができる。

ブラジルの日本語新聞・ニッケイ新聞の調査によって確認された鳥居は68基。そのうち35基は、日本人がブラジルに移住して百周年という記念年の２００８年に建てられた。

日本人がブラジルに移住を始めた１９０８年以降の１００年間で、13万人の日本人がブラジルに移住している。現在のブラジルの人口は約1億８０００万人で、そのうち日系人は約１５０万人。世界最大の日系人社会が形成されており、独自の文化が発展した。

ユニークなものでは、日本のダンス文化が挙げられる。毎年7月にサンパウロで大盆踊り大会が開かれており、炭坑節や東京音頭に合わせて日系人もブラジル人も、やぐらの周りをぐるぐると回る。２００１年頃からはパラナ州マリンガ市で「マツリダンス」が広まりつつある。定番曲は『世界で一つだけの花』『島唄』『ギザギザハートの子守唄』といったJ-POP。パラパラのような振り付けでステージに向かって踊るというものだ。

ブラジルの銀行にある鳥居。日系人にはうれしいデザインだ。 ©Douglas 十九

海がないボリビアになぜ海軍があるの？

ボリビアはまったく海に面していない内陸国だ。だが不思議なことに、ボリビアには海軍が存在している。実際、4万6000人の軍人のうち、5000人が海軍に所属している。その理由は、かつてボリビアは太平洋に面していたからなのだ。

この地一帯に広がるアタカマ砂漠は地下資源の宝庫で、ボリビアとチリは資源を折半す

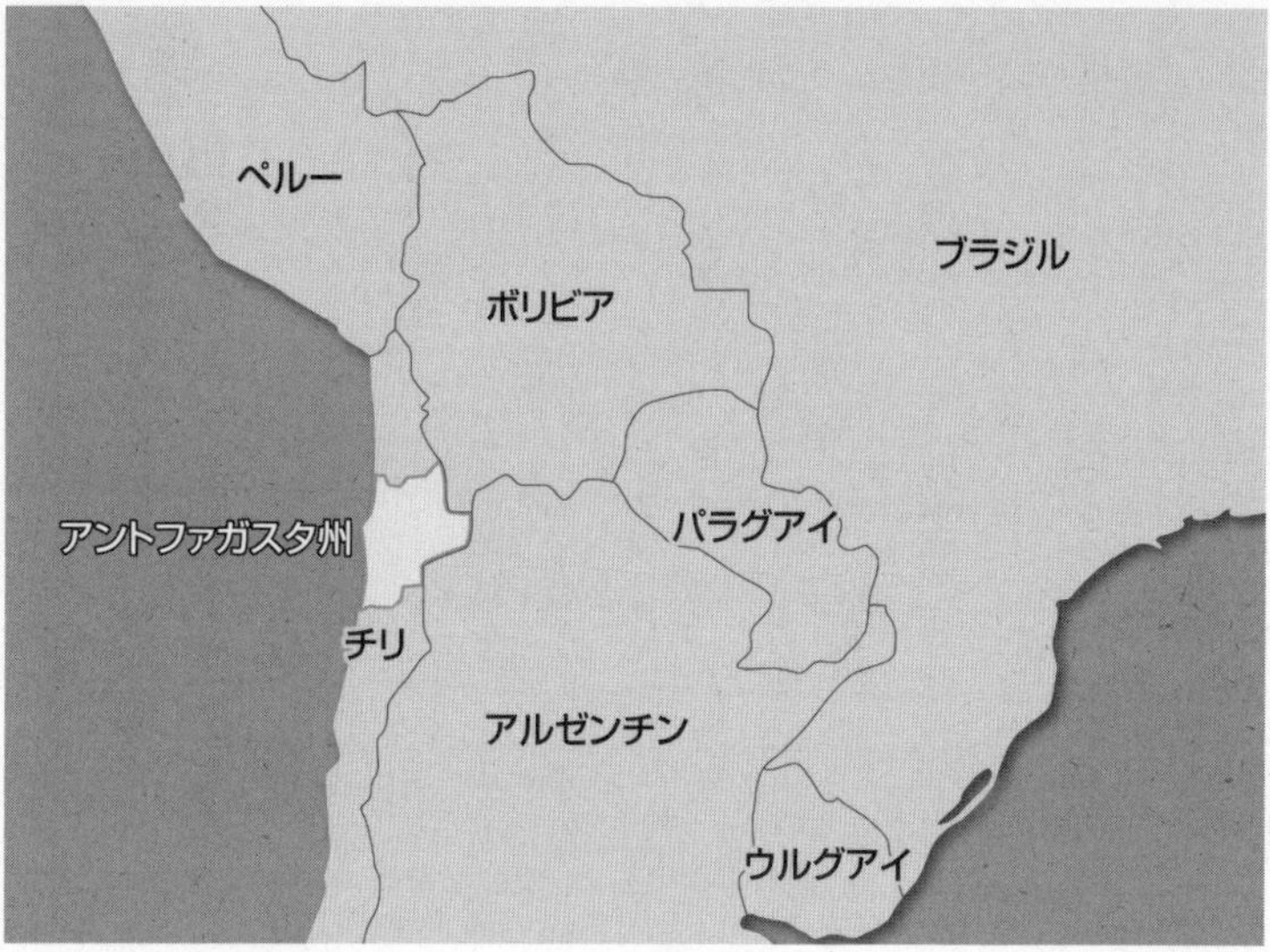

るという協定を結んでいた。しかし、新たに硝石の鉱脈が発見されると、チリに資源を独占されることを恐れたボリビアとペルーは、チリに対する秘密条約を結ぶ。

するとボリビア・ペルー連合とチリの関係が悪化して1879年に戦争となるが、1884年、ボリビア・ペルー軍が敗北。ボリビアは太平洋岸のアントファガスタ州をチリに渡すこととなり、海のない国となった。

今でも国民は、海のある領土を取り戻したいと願っているため、海軍が廃止されることはなさそうだ。兵士たちは、チチカカ湖で軍事訓練を行なっている。

ボリビアでは毎年3月23日が海の日。大統領や海軍が出席する式典や、子供たちによるパレードなどで「海を取り戻そうキャンペーン」を行なっている。

ボリビアの首都ではなぜ酸素ボンベを常備しているの？

南アメリカ大陸の中部に位置するボリビア。事実上の首都ラパスはアンデス山脈の高原地帯にあるすり鉢状の盆地で、世界で一番高い場所にある首都として有名だ。標高が高い場所はなんと4058メートルで、富士山の頂上よりも高い。酸素が薄いため高山病になりやすく、少し歩くだけでも体に大きな負担がかかる。

ラパス近郊の空港は標高4000メートルを超える、世界一高い場所にある空港で、飛行機はほとんど高度を下げることなく着陸する。そのため、空港には高山病に備えて医師が常駐している。またラパス市内のホテルでも酸素ボンベが用意されている。ちなみに、2015年7月、78歳のローマ教皇がボリビアを訪れた際は、酸素ボンベだけでなく、高山病に効果があるとされるコカの葉をかむ準備をしていたそうだ。

こんなに厳しい環境で、人びとは暮らしていけるのだろうか、と疑問に思うかもしれない。しかし、高山病は2、3日もすれば体が慣れる。そこに暮らしている人びとの日常生活に影響はないのだ。

フランス産に次ぐナンバー2！チリ産ワインの人気はなぜ高い？

ワインは高価な飲み物、おいしいワインはフランス産……と思われていたのは昔の話。今ではワイン売り場にはさまざまな国の銘柄が並んでいる。そんななか日本で最も注目を集めているのがチリ産のワインだ。

財務省関税局の報告によると、2014年のチリ産ワインの通関実績は520万ケースで、前年比17パーセント増。フランス産に次ぐ第2位の規模となっている。

チリは温暖な地中海性の穏やかな気候で、昼夜の寒暖差が大きい。さらに乾燥した土壌があることなどから、ワインづくりに適した気候条件がそろっている。また、ブドウの害虫がいないため、ほぼ無農薬の栽培も可能だ。栽培されているブドウはヨーロッパ系の高級品種が多い。18世紀後半、ヨーロッパの生産者がチリに移住した際に、高級ブドウの苗をもち込み、さらに醸造技術を伝えたためだ。

価格が安いのは、人件費がヨーロッパほどかからないためだ。また、チリと日本の間では自由貿易協定を結んでいるため、関税がフリーということも大きい。おいしいのに手頃な値段で購入できるチリ産ワイン。ヨーロッパよりも恵まれた条件が背景にそろっている。

南太平洋のイースター島と日本の意外な共通点

巨大なモアイ像で有名なイースター島。チリの首都サンティアゴから西へ3700キロメートルの南太平洋に浮かぶチリ領の火山島で、全周は約60キロメートルだ。

イースター島と日本には共通点が二つある。一つは、イースター島の岩に描かれている創造神マケマケの顔と、日本の縄文時代の土偶が同じハート形という点だ。

二つ目は、イースター島にも日本にも正座

イースター島のポリネシア人住民の創造神マケマケの石像。 ©Rivi-commonswiki

の習慣があるということ。モアイ像には正座をしているものも存在する。世界を見渡してみても、正座をする民族はとても珍しい。中国にも韓国にも近隣のアジア諸国にも正座の習慣はない。

単なる偶然のようだが、そうでもないらしい。約5000年前に人類史上初めて遠洋航海を実践した「ラピタ人」が、イースター島と日本に文化を伝えたといわれているのだ。ラピタ人のルーツには諸説あるが、東インドネシアではないかと推測されている。

また、ラピタ人と縄文人との関連性も興味深い。両者の頭蓋骨はよく似ており、ラピタ人の子孫であるポリネシア人と縄文人の骨格も似ているというのだ。これらをあわせて考えると、イースター島と日本は、遠くて近い存在なのかもしれないのだ。

5

アフリカ・極地 オセアニア

途上国が多く、学校ではどうしてもほかの地域より後回しにされてしまう三つのエリア。そんな地域にこそ、地理のおもしろさはぎゅっと凝縮されているのだ。

サハラ砂漠は今も拡大し続けている⁉

アフリカ大陸にはサハラ砂漠とナミブ砂漠の二つの大きな砂漠がある。サハラ砂漠は世界最大の面積をもつ、約９００万平方キロメートルの砂漠で、11の国と地域にまたがっている。ナミブ砂漠は南アフリカからアンゴラ南部にかけて広がる砂漠だ。

この二つの砂漠はどちらも、砂漠の面積が広がっていく「砂漠化」が深刻な問題となっている。サハラ砂漠の南端、東西に広く帯状に延びるサヘル地域は1年で九州の約半分、20年で日本全土とほぼ同じ面積が砂漠化しているのだ。ナミブ砂漠を流れるクイセブ川は、つねに水があるのは上流だけで、下流に水が流れるのは雨季のみ。クイセブ川沿いでは砂丘が川岸まで迫り、アカシアの林が砂に埋もれて大量に枯死してしまっている。

そもそもサハラ砂漠は、太古から拡大と縮小をくり返してきた。最終氷期には乾燥化して砂丘が広範囲に分布していたが、大量の雨が降って湿潤期になった時代もある。過去１００００年間でも、10～数十年の周期で乾燥期と湿潤期をくり返している。今後、砂漠化がさらに進んでいくかどうかは判断しにくいところだ。ただし、耕作地の拡大や樹木の伐採、放牧など人為的影響も大きいといわれている。そのため、砂漠化の防止に向けて、国際社会から村落レベルまで、緑化計画などのプロジェクトが動いている。

砂漠化はアフリカだけの問題ではない。全陸地の約4分の1が影響下にあるといわれる。

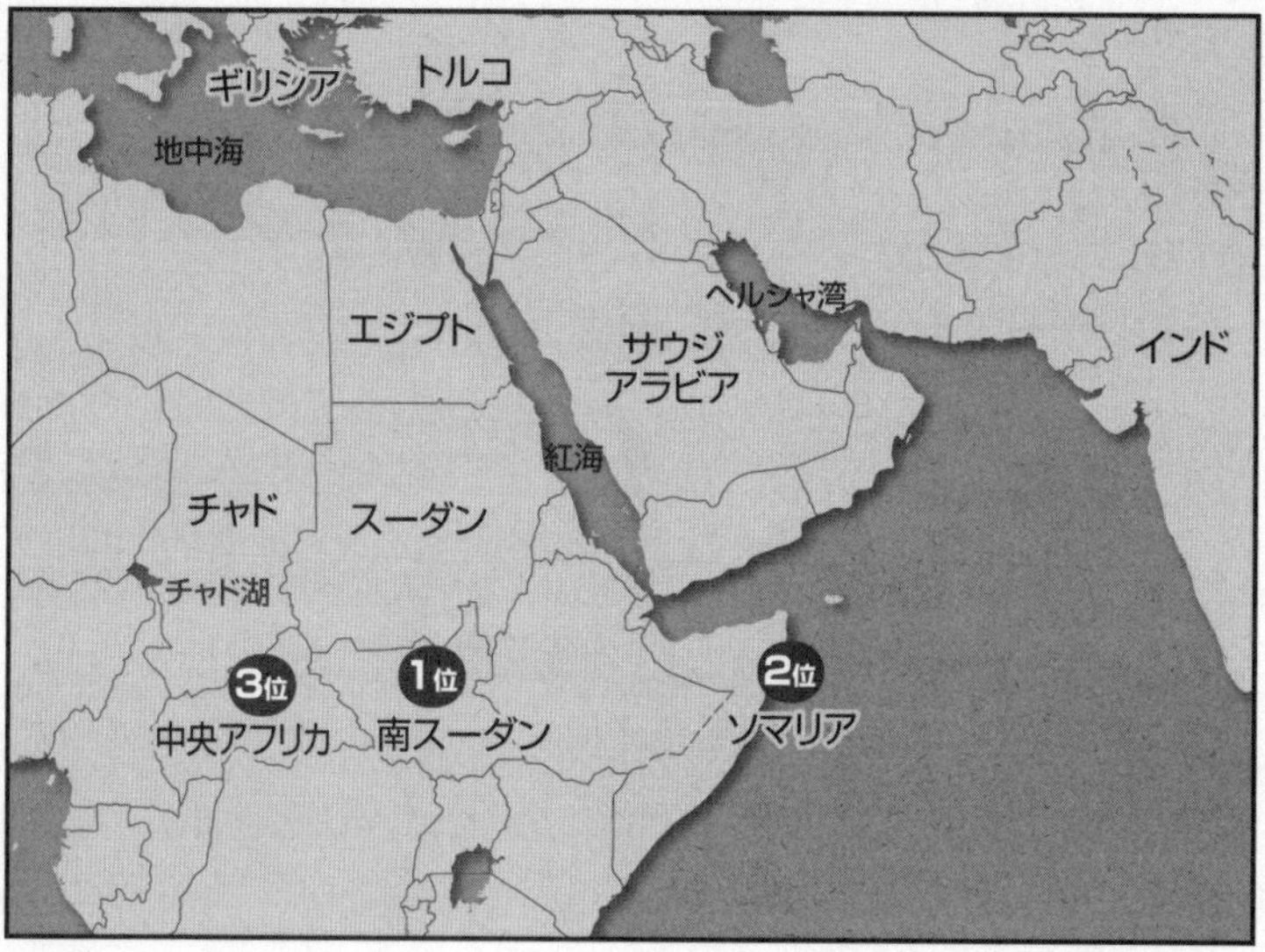

落ちこぼれ国家ランキング ナンバーワンは南スーダン共和国

２０１４年、アメリカのＮＧＯ平和基金会が発表した「脆弱国家ランキング」で、首位に選ばれてしまったのが南スーダン共和国だ。このランキングは、人口圧力の増大や暴力集団の存在、急激で重度な経済の衰退、国家の犯罪化など12の指標で判断される。２０１３年まで「失敗国家ランキング」と呼ばれていたものだ。ほぼ毎年、上位はアフリカ勢が独占しており、２位はソマリア、３位は中央アフリカ共和国となっている。

１９８３年から２００５年まで続いていた南北の内戦を経て、２０１１年、スーダンの南部から分離、独立したのが南スーダン共和国だ。しかし、産油地帯の帰属など未解決の問題がありながらの新国家樹立だった。北部の国家スーダンでは南部出身者を「外国人」として帰還圧力をかけているが、国籍が異なる夫婦は身動きがとれない。

スーダンの首都ハルツーム郊外では、南部出身の数千人が難民のような暮らしをしている。２０１３年末より南北の国境付近では紛争が悪化しており、暴力や掠奪が日常化。住民の暮らしを保障することもままならず、国家として機能していないのだ。

アフリカ大陸第6位の産出量がある油田の8割は南スーダンにあり、製油所や積み出し施設は北部スーダンにある。石油による収入は折半しているが、中国など外国の企業と合弁で石油開発を進めたのは北部であり、交渉が続いている。

スーダンとエジプトの間にある誰もほしがらない土地とは？

世界の歴史も、今なお続く紛争も、土地と領有権の奪い合いとともにある。しかし、どこの誰もほしがらない土地がある。スーダンとエジプトの国境地帯にあるビル・タウィールという地域だ。現在、ビル・タウィールはどの国の領有ともされていない。

ビル・タウィールは「深い泉」という意味なのだが、長引く干ばつにより砂と岩石だけの土地になってしまった。砂漠にできた道も消えつつある。かつては遊牧民族アバブダ人が暮らしていたのだが、その痕跡も消えようとしている。

スーダンとエジプトがビル・タウィールの

領有を拒否しているのは、係争地があるためだ。係争地とは、主権をめぐって争っている場所のこと。両国は、石油資源が眠っているハライブ・トライアングルという別の地域の領有を主張している。係争地が二つあるとき、国際法ではどちらか一つを領有するともう一つを所有できないことになっている。そのため両国は、価値がないビル・タウィールの領有を拒否しているのだ。

ネット上にはビル・タウィールに関するサイトが多数存在している。「新しい国家をつくるなら」「大統領は誰にするべきか」という議論も活発に行なわれているようだ。

2013年4月、エジプトのモルシ大統領がスーダンを訪問して領土交渉を行なった。モルシ大統領はハライブ・トライアングルをスーダンに返還することを確約した、とスーダンのメディアが報告している。しかしエジプトの報道官は否定しており、領土問題はしばらく決着がつきそうにない。

「黒海」は黒いから、「紅海」は赤いから、その名が付いた？

世界地図には、色の名が付いた海域がある。最もよく知られているのが「黒海」と「紅海」だ。では、どうして黒や紅といった色が付く名前になったのか。

黒海は欧州とアジアの間にある内海で、ボスポラス海峡を通じてエーゲ海につながっている。英語では「Black Sea」とつづる。名前の由来には諸説ある。「嵐のとき、黒海の表面が真っ黒になるから」という説もあれば、「古代ギリシアでは方向に色を当て、北は黒

黒海。南東ヨーロッパと西アジアの間に位置する。　©AlexPanoiu

に相当したため、その海は黒い海と呼ばれた」という説もある。

最も有力なのは、黒みを帯びた海水に由来するという説だ。さらに黒みの原因には二つの説がある。一つは、海水の塩分濃度が低いため、海藻が多く、水が黒っぽくなっているという説。もう一つは、水深200メートルより深いところでは特殊な微生物によって硫化水素が発生するが、その硫化水素は海水中の鉄イオンと結合して黒い沈殿物を生成するという説だ。

紅海は、アフリカ大陸とアラビア半島に挟まれた大海だ。命名の由来には、やはり諸説ある。「古代ギリシアでは、南の方向には赤が用いられた。南に位置するから紅い海」とする説は、北に位置するから黒海とする説と同じ命名基準だ。

このほかに「両岸に太陽光が当たり、反射して海面が赤く見えたから」や「周囲の赤茶けた砂漠の土や山に由来する」という説がある。科学的な見地から、「ラン藻のトリコデスミウム（プランクトンの一種）が大量繁殖して海水が赤色を帯びることがあるから」という説もある。

ジブチの「海外基地」で自衛隊が守っているものとは？

第二次世界大戦後にフランスの海外県となり、1977年に独立を果たしたジブチ共和国。面積は約2万3000平方キロメートルで、四国よりやや広い。国土の大部分が高地で、国民の半数以上が畜産に従事している。

この小さな国に、日本の自衛隊が拠点を置き、陸海の隊員約580人が活動している。

目的は海賊への対処だ。民間の船を襲う海賊が出没しているのは、ソマリア沖のアデン湾。アデン湾は日本関係の船舶が年間約1600隻通行する、日本にとって重要な海上交通ルートだ。日本の安全を外国任せにしておけない、ということで、2009年、「海賊行為の処罰及び海賊行為への対処に関する法律」が成立。2011年には、自衛隊初の海外基地を構えることとなった。

約900キロメートルのアデン湾を民間の船舶が通過する際は、護衛艦が船団を守り、同時に見張りのヘリコプターで空からも監視。また、飛行隊も出動し、フランス軍、アメリカ軍と協調しながら船舶識別などの業務を行なっている。そのおかげで海賊行為は激減し、2015年の海外事案件数はゼロ。事実上の「海外基地」については賛否両論あるが、日本の自衛隊が海の平和を守っているという事実は知っておきたい。

動き回る湖？ 砂漠にあるチャド湖の謎

サハラ砂漠の南にあるチャド湖は「動く湖」として有名だ。１９６０年代にはチャド、ニジェール、ナイジェリア、カメルーンの４カ国の国境に接していたが、現在はチャド国内に収まっている。50年前は日本の四国よりひと回り大きな２万６０００平方キロメートルの湖面になみなみと水をたたえていたが、１９６８年から１９７４年にかけてこの地方を襲った干ばつにより、大きさが約10分の１に縮んでしまった。東京都とほぼ同じ面積になってしまったことになる。この面積の増減が「動く湖」の真相だ。

２万年の歴史をふり返ると、チャド湖は縮小と拡大をくり返している。しかし20世紀後半に入り、砂漠化による縮小化が加速。干ばつと地球温暖化といった自然現象がおもな理由だ。しかし、チャド湖周辺では１９９０年代に２２００万人だった人口が約２倍の３７００万人に、家畜の数が６倍に増加したことも影響を与えている。大規模な農地開発により水の需要が増えたこと、家畜により草が食べ尽くされたことで砂漠化が進んだのだ。これを重く見た国際社会は砂漠化の防止を目指してさまざまなプロジェクトを実施。１９９６年には先進国が資金や技術援助を行なう砂漠化対処条約が発効され、日本を含めた１９０カ国以上が締結国となっている。

エチオピアには13月がある!? 独自の暦を使う理由とは?

世界の多くの国が1年を365日とし、12カ月に振り分ける西暦(グレゴリオ暦)を採用している。しかしエチオピアには独自の暦が存在している。1年が365日というのは西暦と同じだが、1カ月を30日とし、残りの5日を13月としているのだ。

西暦と7年9カ月違うため、西暦2016年はまだ2009年。1年の始まりは9月だ。その理由は、キリスト誕生年の解釈が、ローマ教会とエチオピア正教会で異なるためだという。国際的な書類では西暦が使われるが、政府が発行する公的な書類にはエチオピア暦の日付が書かれており、外国人にとってはややこしい限りだ。

また、エチオピアは時間も独特だ。1日の始まりは日の出の6時。夕方の4時であれば、エチオピア時間では10時だ。午前と午後の区別はない。現地の時計はほぼエチオピアンタイムで動いているので、時差を計算してもあまり意味がない。エチオピア人と約束をするときは、エチオピア時間なのか、ファレンジ(外国人)時間なのかを確認せねばならない。

なぜアフリカの国旗は赤・黄・緑の組み合わせが多い?

アフリカの国旗は、ほとんどの国で赤・黄・緑の3色のうち1色以上が採用されている。その理由は、1950~1960年代に誕生したアフリカの新興国が新しい国旗をデザイ

エチオピア国旗

エチオピア旧国旗

サントメ・プリンシペ
国旗

ギニア国旗

ガーナ国旗

ンする際、エチオピアの三色国旗にならったからだ。

エチオピアはアフリカ最古の独立国であり、長い歴史のなかで外国の支配を受けたことがほとんどなかった。それにちなんで、１９５７年にガーナがこの３色を初めて採用して以降、ほかの国も後を追った。

赤・黄・緑のエチオピアの旗が生まれたのは１８９７年のこと。エチオピアでは、赤は自由、黄色は希望、緑は労働を表している。もともとは中央にライオンが描かれていたが、王政から共和制になったことで、１９９６年に中央にソロモンの星が描かれたデザインに変更されている。

３色の解釈は国によってさまざまだ。ギニアでは赤は労働と犠牲心、黄は正義と鉱物資源、緑は農業と連帯。

また、サントメ・プリンシペ民主共和国では赤は独立闘争で流された血、黄は主要産業であるカカオ、緑は農業を表しているということだ。

世界一長い川・ナイル川がギネス認定されない事情とは？

2014年外務省の発表によると、川の長さ世界1位はナイル川。ナイル川はヴィクトリア湖に注ぐ白ナイルと、エチオピアのタナ湖から流れる青ナイルが合流し、スーダンやエジプトなど9カ国を通って地中海に注いでおり、全長6695キロメートル。

2位はブラジルのアマゾン川、3位は中国の長江で、4位には北米のミシシッピ川が続いている。

しかし、じつはアマゾン川が6992キロメートルで世界1位だという説もある。現在のところ、実際はナイル川とアマゾン川が争っている状態なのだ。

川の距離は、支流のうち最も距離が長いところから測定している。しかし、その方法や地形変化によって長さは変わってくる。さらに、源流調査で新しい水源が発見されると、その部分を加算することになっているため、長さは一定ではない。

ナイル川も例外ではなく、1970年に完成したアスワンハイダム建設の影響で蛇行距離が減った、また、河口では浸食が進んでいるといわれており、実際の距離は短くなったのではないかという議論もある。こういった理由から、ギネスブックには世界一の川が記載されていないのだ。

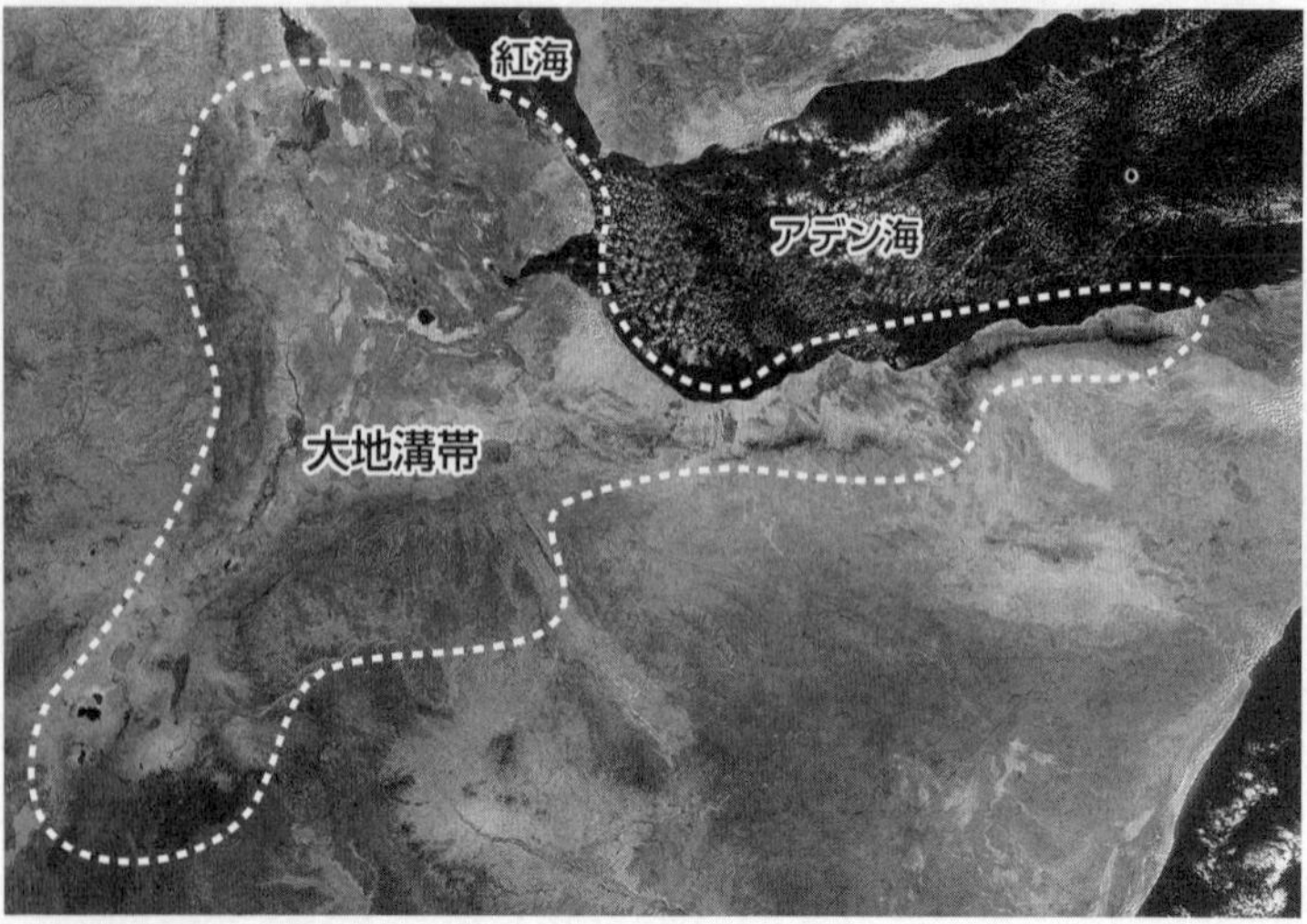

上空から見た紅海周辺。大地溝帯が見てとれる。 ©NASA

アフリカ大陸が島になる？ 裂け続けている「大地溝帯《だいちこうたい》」

北は紅海、死海、東はアデン湾、南はアフリカ東部のエチオピアからモザンビークまで、南北にほぼ一直線の裂け目「アフリカ大地溝帯（グレート・リフト・バレー）」がある。大地溝帯とは、地面にできた二つの断層の間が落ち込んでできた陥没帯のこと。地表に露出した断層の落差が3000メートルという場所もある。

地殻変動により裂け目が生じ始めたのは、約3000万年前のこと。裂け目は1年間に数ミリ～数センチほど東西に引っ張られており、地震や火山活動が頻繁に起こっている。数千万年後には、大地溝帯に海が侵入し、分断されるといわれている。

アフリカ東部に、キリマンジャロ山やケニア山など多くの火山が点在しているのは、大地溝帯の影響からだ。また、周辺には世界第3位の大きさを誇るヴィクトリア湖など大小20の湖がある。これらの多くは地溝帯の底に雨水がたまってできた古代湖で、多くの固有種淡水魚が生息している。

エジプトで「ギザヒカリ」という日本米が食べられているのはなぜ？

エジプトで栽培されている米の8割は、粘りけのあるジャポニカ米だ。国内用として流通しており、庶民食であるコシャリづくりにも重宝されている。コシャリとはエジプト風の混ぜご飯で、米やパスタに、揚げた玉ネギとレンズ豆のトマトソース煮をかけたもの。

アフリカには広大な陸地があるが、砂漠地帯が多いため、農耕に適した土地は少ない。エジプトでも全土で3パーセントという狭さだ。その限られた農地でも、水稲であればある程度の収穫が期待できるわけだ。エジプトで本格的にジャポニカ米の栽培が始められたきっかけは、日本のＯＤＡ（政府開発援助）だった。ジャポニカ米を元に品種改良が進められ、現在は「ギザヒカリ」という名で売られている。なお、ギザというネーミングは、しょこたん語、ではなく、ピラミッドで有名な都市の名前「ギーザ」から付けられている。

エジプトには、日本の技術援助による灌漑《かんがい》水利で整備された田園風景が広がっている。かつては食糧輸入国だったエジプトだが、現在では米の輸出国となっているほどだ。

ゴリラ観光ツアーのルーツは大分市高崎山のサル山

ルワンダにあるヴォルカン国立公園では、野生のマウンテンゴリラを間近で観察するトレッキングツアーが行なわれている。1日に参加できるのは、ゴリラの群れにつき8人×8グループの64人。費用はひとり750米ドルと高価にもかかわらず、外国人観光客から大人気だ。

かつてゴリラ研究では、日本や欧米の動物学者が餌付けをしようとしたものの、うまくいかなかった。そこで考案されたのが、人間が接近することで慣れさせる「人付け」という方法だ。

このモデルとなったのは、大分市にある高崎山の野猿公園。高崎山は、自然の環境で暮らすサルを観察できるスポットとして人気を集めている。

1958年、アフリカでゴリラの調査を始めた日本の霊長類学者が、現地のドイツ人研究者に日本のサル観光の成功例を話したことがゴリラ観光ツアーのきっかけだ。その後、国立公園のゴリラに応用されるようになった。

調査はコンゴ動乱で中断されたが、1967年から再開。さらにゴリラに近付くことが可能になっている。

ゴリラ観光の可能性に注目したルワンダ政府は、ゴリラの群れを「人付け」する観光事業をスタートした。現在では、一帯にすむマウンテンゴリラ約600頭のうち75パーセント以上が「人付け」されており、その3分の2がツアー対象だ。

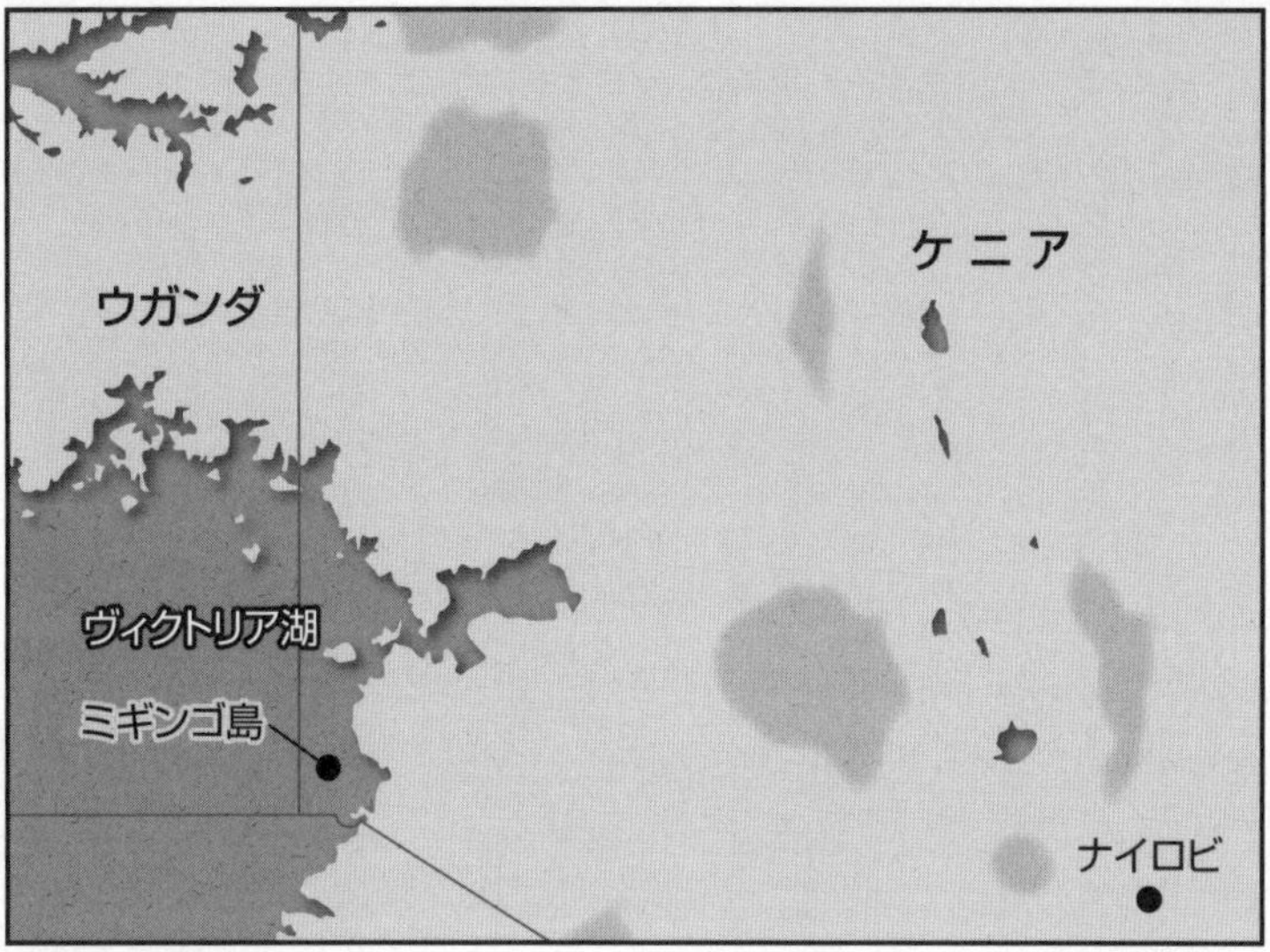

ケニア人の足が速い驚きの理由とは?

陸上の中・長距離でケニア人選手の活躍が目立っている。２０１５年現在、マラソンの世界記録ベスト10は男子で8名、女子は4名がケニア人。世界ナンバーワンはケニア人のデニス・キプルト・キメットで、記録は2時間2分57秒だ。中距離でも８００メートル競争と１０００メートル競走の世界記録保持者はケニア人になっている。なぜ、ケニア人はこんなに足が速いのだろうか?

理由としては、ＤＮＡが違う、生活習慣によるもの、ハングリー精神がある、などさまざまな説がある。注目すべきは、首都ナイロビ周辺からはトップランナーはまったく登場していないこと。そして活躍しているアスリートの多くは、カレンジンという地域のナンディという部族だということだ。

ナンディ族はヴィクトリア湖北東の高地に住んでおり、子供たちは毎日10キロメートル以上の距離を走って学校に通っている。さらに、ほかの村から牛を奪って逃げる「牛泥棒」という習慣もある。この文化こそが、ナンディ族の体を強靱にしたのではないかともいわれている。

またケニアでは、ランニングビジネスが注目されている。スポーツ用品メーカーがスポンサーとなり、選手の発掘や育成がさかんに行なわれているのだ。もともとの身体能力の高さ、生活習慣、それらを後押しする練習環境がそろっているからこそ、ケニア人ランナーは強いのだろう。

あと10年でゾウがいなくなる!? ケニア・サファリの深刻な問題

アフリカ観光の目玉といえば、ケニアのサファリ体験。ナイロビ国立公園や動物保護区では、さまざまな種類の野生動物を見ることができる。ケニアは陸地総面積の約12パーセントが自然や動物の保護区に指定されている。ケニアにとっては、このサファリ観光が年間数億ドルの貴重な外貨収入源になっている。

しかし、密猟により年間約3万頭ものアフリカゾウが犠牲になっている。このペースでいくと、およそ10年でアフリカゾウが絶滅するという報告もある。

密猟者の目的は象牙だ。野生動物の保護を定めたワシントン条約により、象牙の取り引きが禁止されているにもかかわらず、日本を含むアジア諸国の消費者が象牙商品を求めているからだ。

ゾウの牙は一生に一度しか生えず、自然に抜け落ちることはない。象牙を手に入れるためには、殺して切り落とすしかないのだ。

1980年代、日本は最大の未加工象牙輸入国で、アフリカゾウの減少に拍車をかけていた。最近では発掘されたマンモスの牙だと偽って取り引きされるケースも出ている。象牙取り引きで生じる金銭が、テロ組織や犯罪組織の軍資金につながっているともいわれる。

現在、ケニアでは密猟を阻止するために、マサイ族などといった地元の部族が追跡犬とともにトレーニングをしたり、個体識別のためのデータ収集をしたりと、精力的に保護活動が続けられている。

ヴィクトリア湖のある島は、なぜ世界一、人口密度の高い島なのか？

アフリカ最大の湖・ヴィクトリア湖にあるミギンゴ島は、世界一、人口密度が高い島といわれている。面積は約1800平方メートルで、サッカーのグラウンドの約4分の1。

2009年の調査では住民は131人とのことだったが、実際は約1000人といわれている。島には店やバー、ホテル、売春宿、さらに議会まであり、発展度は小都市並み。ほとんどが岩場の狭い島に、なぜこんなにも多くの人が住んでいるのだろうか？

住民のほとんどは漁業関係者で、彼らのお目当てはナイルパーチという大型淡水魚だ。日本では「白スズキ」と呼ばれることもあるが、スズキの仲間ではない。身がやわらかいうえ臭みがないと、EU諸国やオーストラリア、アメリカ、日本などで好まれている。この魚は、1960年代に外部からもち込まれた外来魚で、300種以上もの固有種を食べ尽くしてしまった〝悪者〟。しかし現在、ナイルパーチの一番の敵は人間なのだ。

ナイルパーチはかなりの高値で売れるため、彼らはわずか1週間で周辺諸国の2~3カ月分の賃金を稼ぐという。そのためケニアやウガンダ、タンザニアから、一攫千金を狙う漁師たちが島に押しかけているのだ。

ミギンゴ島はケニア国内にあるのだが、最初に島に上陸したのがウガンダ人の2人組だったために、ケニアとウガンダの間で領有権を主張する紛争が勃発してしまった。いまだ決着はついていない。

アフリカにはなぜギニアが付く国名が多いのか？

世界には似たような名前の国も多いが、ギニアもその一つ。アフリカ大陸ではギニア共和国、ギニアビサウ共和国、赤道ギニア共和国の3カ国に「ギニア」が付いている。

ギニアという言葉はベルベル語で「黒い人たちの土地」という意味の「アグナウ」が、さまざまな民族に伝わるなかで変化したものだ。国のギニアはほかの国と区別するため「ギニア・コナクリ」と呼ばれることもある。コナクリは首都の名前だ。

ギニアビサウは東と南がギニアに接している。植民地時代、ポルトガルの貴族・ビゼウ公の領地だったためこの名前になった。

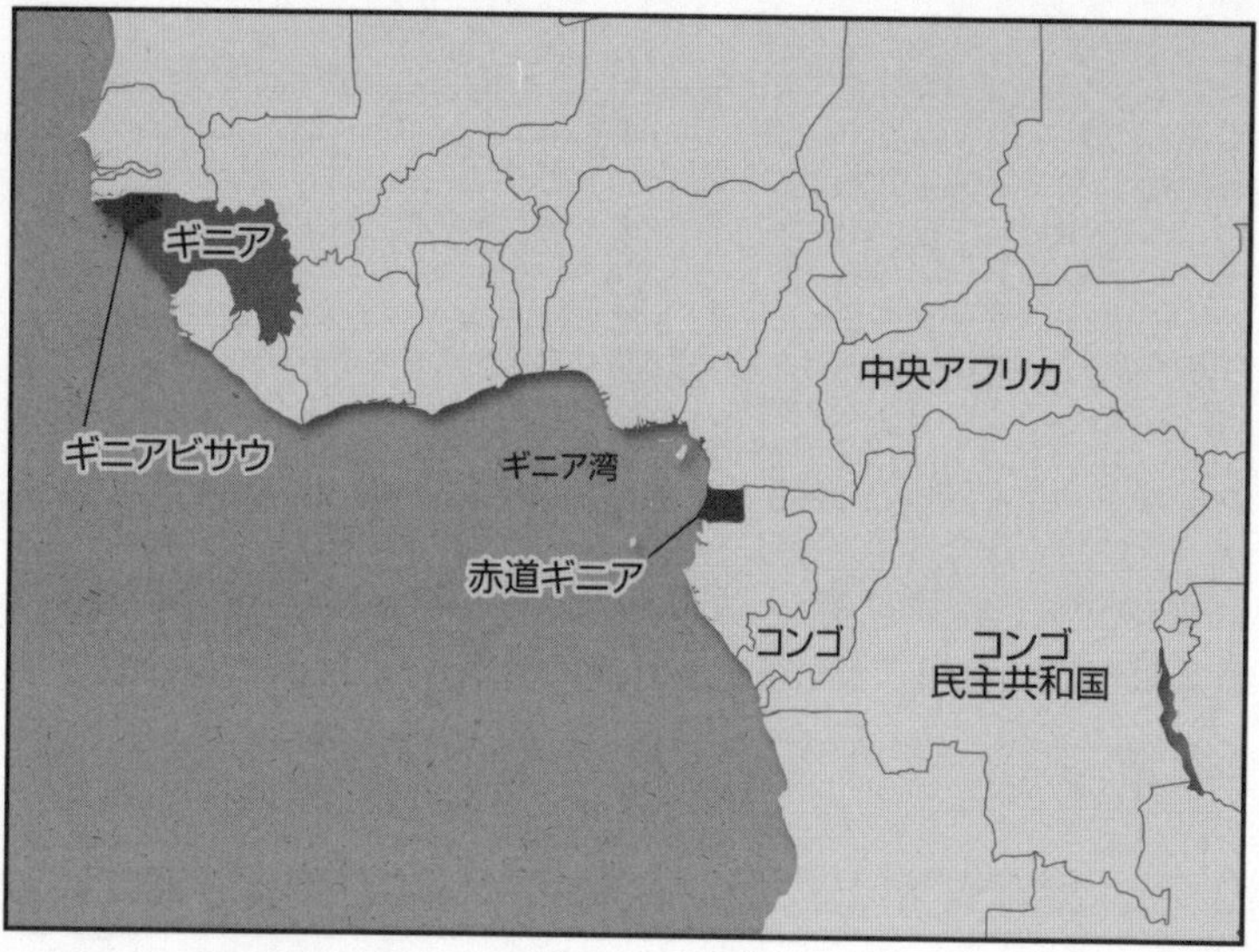

赤道ギニアは実際は赤道上にはないのだが、ギニアの名前が付く土地のなかで一番赤道に近かったため、この名になった。

アフリカを離れるが、オーストラリア大陸の北側に浮かぶ島パプアニューギニアは、ニューギニア島の東半分とビスマーク諸島などから成る。そのニューギニアという名前はスペイン人航海士が付けたものだ。現地住民の見た目がギニア人のようだというのがその理由だ。ちなみに「パプア」は、マレー・ポリネシア語で縮れ毛という意味だ。

チョコレートで知られるガーナの現実はまったく甘くなかった

ガーナといえばチョコレートが思い浮かぶ人も多いだろう。ガーナは隣国コートジボワール、インドネシアに次いで世界3位のカカオ豆産出量を誇る。

日本におけるカカオ豆の輸入量は約3万トンで、そのうちなんと約7割がガーナ産だ。だが、ガーナ国内でチョコレートはほとんど製造されていない。もし製造したとしても関税や食品衛生法などの関係で輸出することは難しいといわれている。

カカオ豆の国際取り引きは石油、コーヒーに次ぐ規模となる。ガーナでは年に2回、政府がカカオ豆の国内取り引き価格を決めているが、輸出においてはロンドンとニューヨークの商品先物取り引きで価格が決められる。

国際ココア機関によると、カカオ豆の価格は2013年6月は1トンあたり約2280米ドルだったのだが、2014年12月には約3000米ドルまで上昇している。日本の菓子メーカーも値上げしたり、内容量を減らしたりすることで対応している。カカオ豆の価格が高騰している理由は、中国やインドなど新興国での需要拡大と供給量の減少だ。

19世紀末までガーナでは国土の約半分が森林だったが、21世紀に入る頃にはその半分まで減ってしまった。カカオ栽培のために木を伐採したためだ。

しかし、生産用地を拡大しても、これだけカカオ豆の取り引き額が上昇しても、生産農家はほとんど潤わない。生産者に還元されるのはチョコレートの価格のうちわずか6パーセントほどで、燃料費など物価の上昇を考えると収益は上がらないのだ。大きな利益を得ているのは欧米の大手食品メーカーと先物取り引きのトレーダー。ガーナにとっては甘くない産業構造になってしまっている。

ジンバブエドル。数値は100兆を記している。

©Misodengaku

インフレの代名詞ジンバブエ 通貨はどうなってしまったのか？

１９８０年に独立したジンバブエ。大統領制に移行した１９８７年から２０１５年現在も、ムガベ大統領による独裁政治が続く国だ。ムガベ大統領は黒人と白人の融和政策を打ち出し、２０００年には、白人が所有する大農場を強制収用して黒人農民に再分配するという農地解放政策を実施した。すると白人農民がもっていたノウハウがなくなり、国土の３割もあった農地が荒廃することになった。かつては「アフリカの食料庫」といわれたほどの収穫量が激減し、さらに干ばつの影響で食糧危機が起き、経済が一気に悪化。そして世界最悪といえるインフレとなった。同年には

100兆ジンバブエドル札という天文学的な紙幣まで登場した。

2015年、ジンバブエ準備銀行（中央銀行）による発表では、交換レートは銀行口座残高17・5京ジンバブエドルに対して5米ドルであった。同年6月、ついにジンバブエドルは廃止となる。現在は、米ドルと南アフリカのランドが使われている。

アフリカの赤道直下で雪が降り積もっている！

アフリカといえばとにかく暑いというイメージがあるが、じつは1年中雪や氷河におおわれている場所がある。ケニアにある赤道直下のケニア山だ。山頂付近は万年雪におおわれている。映画化もされたヘミングウェイの短編小説『キリマンジャロの雪』にあるように、ケニア山の南にあるキリマンジャロ山も、万年雪を冠している。なぜ、暑いはずの赤道直下で雪が積もっているのだろうか？

その答えは標高にある。ケニア山は標高5199メートル、キリマンジャロ山は標高5892メートル。標高が100メートル上がるごとに気温は約0・6℃ずつ下がるので、これらの山やまは海岸より30℃度も気温が低く、寒冷な気候といえるのだ。

南アフリカの都市ヨハネスブルグでも、毎年ではないにしろ雪が降ることは珍しくない。ヨハネスブルグの標高は約1800メートルで高原地帯にある。南アフリカの沿岸は東側と西側が亜熱帯、南側が温帯。それらの沿岸部をのぞくと山地と台地が広がっており、内陸部は意外と寒冷なのだ。

『スター・ウォーズ』でルークが育ったベルベル人の穴居住宅は宿泊可能⁉

地中海に面した北アフリカのチュニジア共和国。南部の旧マトマタという街は、見渡す限り砂漠にのみ込まれている。ところで、映画『スター・ウォーズ』にも惑星タトゥーインという砂漠の町が登場するのだが、じつはこの撮影に使われたのが、旧マトマタなのだ。

旧マトマタを訪れると地面に開いた大きな洞穴が目に付く。この洞穴は、先住民族であるベルベル人のトログロダイト穴居住宅だ。

穴の大きさは、直径約10メートル、深さ約5メートル。中央の大穴の壁から横穴をつくって部屋にしている。壁は防水のため漆喰《しっくい》で固められており、穴居住宅は地下通路でつながっている。一帯はあたかも小さな地下都市のようだ。

ベルベル人とは、紀元前3000年頃、エジプトから大西洋に至る北アフリカ沿岸に住んでいた複数民族の集団のこと。彼らはアラブ人の攻撃から逃れるため、7世紀頃にこの地にやってきて、このような隠れ家的住居に住んだといわれている。

また穴居住宅は、昼の灼熱の太陽を遮り、夜の冷え込みや砂嵐から守ってくれる。そのため、今もなお、ベルベル人はこの穴居住宅で暮らしているようだ。

なお、『スター・ウォーズ・エピソードⅣ』で、ルーク・スカイウォーカーが育った叔父さんの家は、現在、改装されて『シディ・ドリス』というホテルになっており、宿泊者でなくても見学可能。

世界全般 アジア ヨーロッパ アメリカ 中南米 アフリカ・極地 オセアニア 日本

アフリカの最南端は喜望峰ではなくアガラス岬

南アフリカ共和国の南西に位置するケープタウンから、さらに南に進んだ先にあるのが喜望峰だ。英語では「ケープ・オブ・グッド・ホープ」という名をもち、アフリカ大陸最南端として世界的に有名だ。

しかし地図をよく見ると、そこからさらに南へ約160キロメートルの地点に「アガラス岬」がある。アガラス岬の西側は大西洋、東はインド洋で、確かに実際の最南端はアガラス岬だ。しかしなぜ、喜望峰が最南端と誤解されているのか？

かつてケープタウンは、ヨーロッパからインド、中国へ向かうインド航路の寄港地だった。ヨーロッパから南下してきた船はここで水や食糧を補給した後、アフリカの東海岸を北上するルートをたどり、目的地へと向かって旅立っていった。そのため、喜望峰が最南端と思われたようだ。

ちなみに、喜望峰という名前を付けたのは、15世紀末のポルトガル王ジョアン二世だったといわれている。もともとは1488年、ポルトガルの探検家バルトロメウ・ディアスが航海した際、海が荒れていたので「嵐の岬」と命名した。しかしこの名前では、ヨーロッパからインド、中国へ向かおうとする人びとの恐怖心をあおってしまうと考えた。そこで王は「喜望峰」と名前を変えることでイメージも変えようとしたのだ。そのかいあってか、10年後の1498年にはヴァスコ・ダ・ガマがインドに到達した。

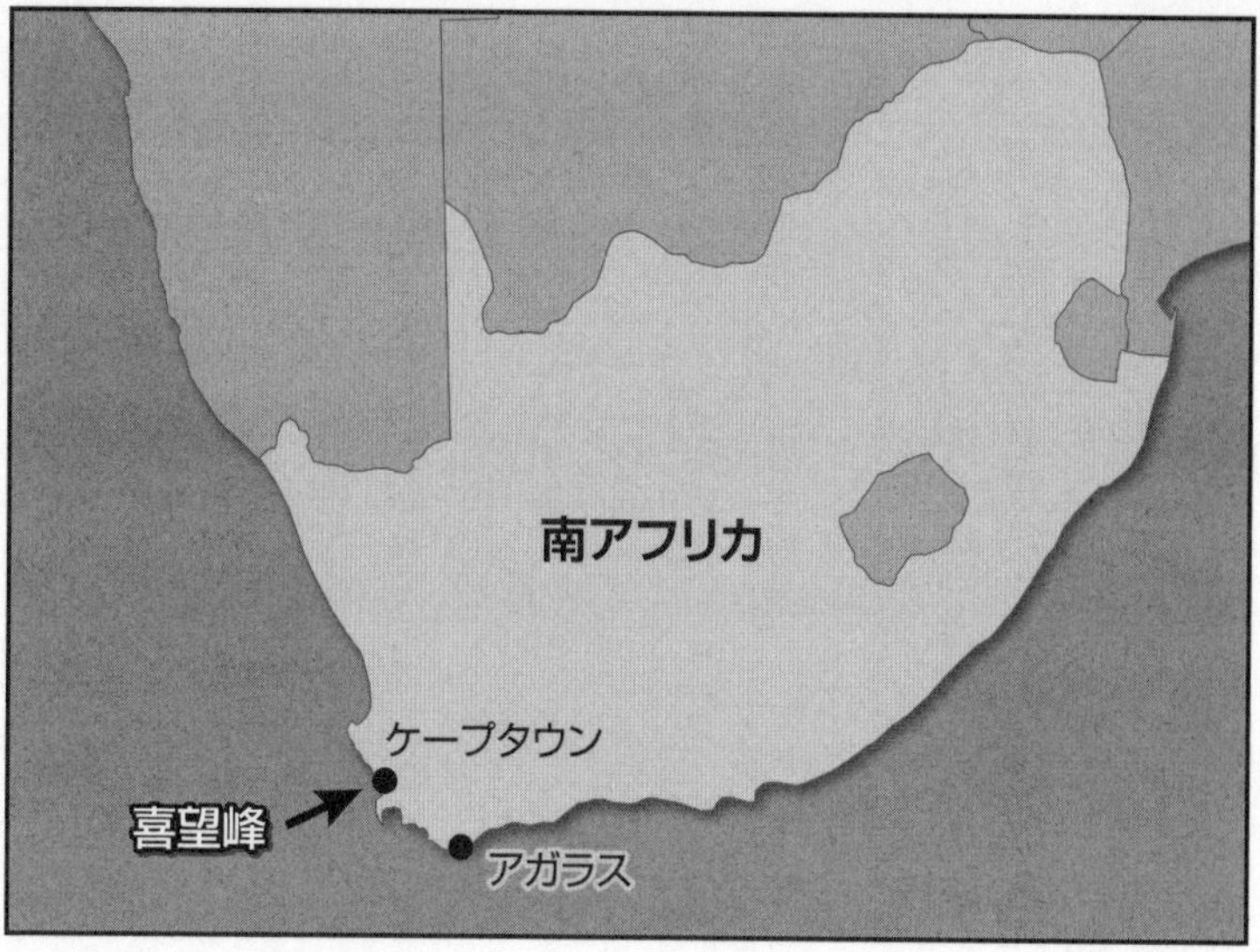

治安が悪すぎる南アフリカに世界のセレブが通う理由とは？

「100メートル歩けば2回強盗に遭う」「ペットはハイエナ」といわれるほど、世界最悪の犯罪都市として有名な、南アフリカ最大の都市ヨハネスブルグ。ほかの大都市部も、どうやら状況は同じようだ。統計によると、2010年4月からの1年間の南アフリカでの犯罪発生件数は殺人約1万5000件、武装強盗約10万件。南アフリカの人口が約5000万人で、日本の約半分ということを考えると、恐るべき発生件数だ。

しかし、そんな治安にもかかわらず、海外からの観光客は増え続けており、2013年度は約900万もの人びとが南アフリカを訪れている。南アフリカの人気の理由は、豊かな自然と、ラグジュアリーな宿泊施設がセットで楽しめることだ。

　アフリカ全土には国立公園併設のサファリロッジがいくつもあるが、スパやプール、ジム付きなど豪華な施設が多いのが特徴。ちなみに予算は1泊約16万円ほどだ。サファリの合間に車を停めてシャンパンを楽しんだり、多民族国家ならではの多彩なグルメを堪能したりといったゴージャスな旅も可能で、世界のセレブがリピートしている。

なぜアフリカ大陸では　ダイヤモンドがたくさん採れる？

　ダイヤモンドのおもな産出国は、産出量順でロシア、コンゴ民主共和国、ボツワナ、ジンバブエ、カナダ、オーストラリア、アンゴラ、南アフリカ共和国（2012年）。2011年に採掘されたダイヤモンドはおよそ1億3500万カラット（約27トン）で、そのうち8割がアフリカ大陸とオーストラリア大陸で産出されている。

　ダイヤモンドの結晶化には、1500〜2000℃の高温と6万気圧の高圧の環境が必要だ。地球では地中200〜300キロメートルととても深い層でつくられる。現在、そんなに深いところでできたはずのダイヤモンドが人間の手で採掘できるのは、地殻変動が理由だ。

　人類が生まれるはるか前の約1億5000万年前、南半球にはゴンドワナという大陸があり、長い年月をかけてアフリカや南アメリカ、オーストラリアに分裂していった。そし

ダイヤモンドの採掘跡ビッグホール。 ©RudolphBotha

て1億年前の大規模な地殻変動により、現在のアフリカ大陸の地下200キロメートル地点までひび割れが起こった。

その結果、ダイヤモンドの原石を含むキンバリー岩がそれら分裂した大陸の地表に噴き上げられたのだ。また、ナミビアにあるダイヤモンド海岸では、海砂にダイヤモンドが含まれている。これは川で運ばれて海に流れ込み、浜辺に打ち寄せられてできたものだ。

ちなみに、隕石や小惑星がぶつかった際の圧力でもダイヤモンドができる場合がある。実際に、南極大陸では隕石のなかからダイヤモンドの結晶が見つかっている。また、ロシアのシベリア地方にも、3500年前に小惑星がぶつかったクレーター部分に、現在の世界供給量の3000年分にあたるダイヤモンドがあるといわれている。

資源と自然に恵まれた南極大陸は本当はどこの国のものなの？

南極における人類の歴史は浅い。南極に鉱物資源が豊富なことがわかったのは、20世紀初頭だ。

第二次世界大戦が始まっていた1941年、イギリス海軍はデセプション島に補給地を設置。1942年、アルゼンチンが南極の一部を領土とするという印をデセプション島に立てたところ、イギリス軍がこれを外し、自国の領地であるとする印を立てた。その結果、1952年、両国が現地で鉢合わせしてしまい、発砲事件にまで発展した。

当時は、イギリス、アルゼンチンのほかにノルウェー、フランス、ニュージーランド、オーストラリア、チリが、南極点を中心に領土を主張しあう事態となっていた。

1959年、南極大陸条約が締結されたことで、領有権の主張は凍結。南極はどこの国にも属さない場所となった。

この条約には「軍事基地の建設を禁じる」「ペンギンやアザラシに近付いてはいけない」「南極からはいっさいのものをもち去ってはいけない」というルールも定められている。締結国は現在50カ国だ。

北極圏と南極圏の時間はどこが基準になっているのか？

そもそも北極圏とは北緯66度33分より北の地域で、北アメリカ大陸やユーラシア大陸の北岸、グリーンランドなどを含んでいる。いっ

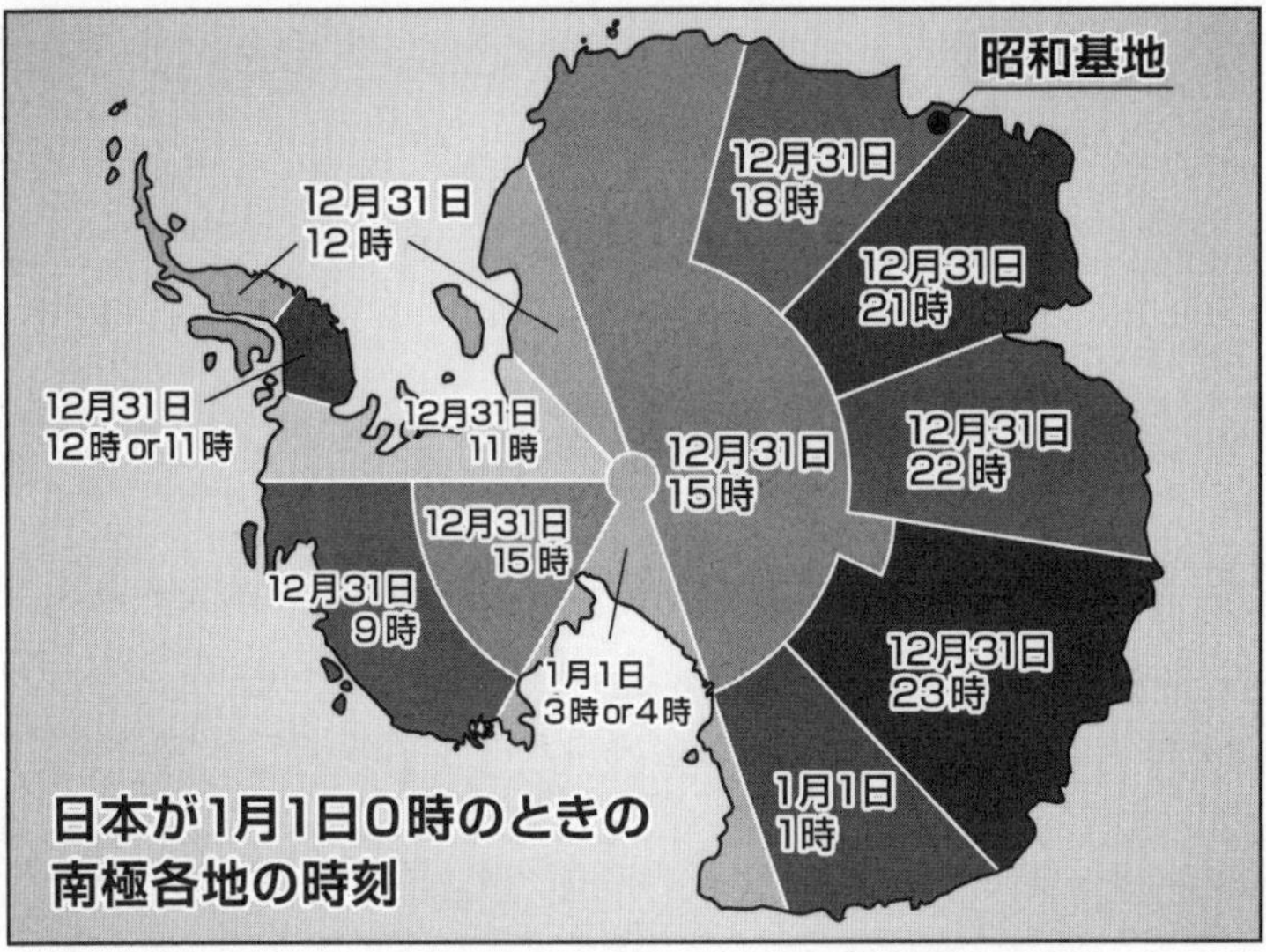

日本が1月1日0時のときの南極各地の時刻

ぽう南極圏は、南緯66度33分より南の地域のことを指す。なお南極大陸の大きさは、日本の約36倍だ。

　では、南極圏と北極圏の時間はどこを基準にしているのだろうか。じつは正確には決まっていない。

　その最たる理由は、どこの国の領土、領海でもないからだ。実際に行った人は、とりあえず出身国の時間を使っているという。

　ただし南極大陸に設けた各国の観測基地では、次の三つの時刻設定をしている。①基地のある経度に合わせる。②物資輸送の拠点となるニュージーランドの標準時を使用する。③本国の標準時に合わせる。日本の昭和基地は①を採用している。

　昭和基地は東経39度35分に位置するので、グリニッジ標準時プラス3時間となり、日本より6時間遅れとなる。

ところで、南極に設けた観測基地に標準時を設定することにあまり意味がない理由は、もう一つある。南極では、朝、昼、晩という概念が希薄だからだ。

南極での太陽の動きは、春から夏を経て秋まで、地平線に沿ってほぼ一定の高さで東西南北を1周するように動く。要するに24時間、太陽は沈まない。反対に、秋から春にかけては、太陽は地平線から上へ上昇しない。とりわけ冬場は終日、ずっと夜なのだ。

南極の昭和基地では野菜を栽培している

日本は南極に4カ所の基地を設置しているが、そのうち有人で気象観測を行なっているのが昭和基地だ。最高気温8℃、最低気温マイナス45℃という厳しい環境で、南極観測隊員約60名が働いており、カロリーが高くバランスのよい食事が必要とされている。

昭和基地への食料の補給が行なわれるのは1年に一度のみ。当然、長もちしない生野菜はすぐに底を尽いてしまう。そのため、昔からモヤシやカイワレダイコンの水耕栽培が行なわれていた。

ところが2010年より、野菜の栽培が行なわれるようになった。もちろん、土のある畑で栽培しているのではない。

蛍光灯ランプの光で野菜を育てる小型栽培装置を使っているのだ。発電機エンジンの排熱を利用し、室内温度は約30℃に保たれている。同じような仕組みの野菜工場は日本国内でも稼働しており、CMで紹介されているの

海水浴ができるペンデュラム入江はペンギンの繁殖地としても有名だ。 ©mckaysavage

でご存じの人も多いだろう。

昭和基地で栽培されているのは、レタス、水菜、空心菜、サンチュ、ベビーリーフ、ゴーヤ、バジルなど。2015年にはイチゴの収穫にも成功している。

野菜によって異なるが、収穫は1週間に1回程度。最新技術を駆使した小さな装置が、隊員たちの健康を支えているのだ。

南極には温泉が4カ所あり入浴も海水浴も可能!

南極海のアルゼンチン側にあるサウス・シェトランド諸島のデセプション島は、南北14キロメートル、東西12キロメートルの馬蹄形の島。内側の湾は、南北8キロメートル、東西6キロメートルで、カルデラが沈下してできたものだ。外洋からはただの島のように見えるのに、内側には天然の良港が隠れているため、「だまし島」という意味の名前が付けられた。

デセプション島は、海底火山の頂上部が海上に突き出してできたものだ。島に氷雪はなく、ところどころに地熱地帯があり噴気が出ている。島全体が火山の火口＝カルデラで、海中から温泉が湧出している。

島内に4カ所ある温泉のなかで、最も人気なのはペンデュラム入江。海底から温泉が湧いているため海は温かく、なんと海水浴もできる。砂浜は白ではなく黒砂だ。

運がよければ、ペンギンやアザラシを見ることもできる。温泉は南極ツアーの多くに組み込まれており、観光客は水着を着て温泉に入っている。

方位磁針が指す北が地図上の北とずれているのはなぜ？

地球は、地軸を中心に自転している。地理的な視点でみると、北極点（北緯90度）と南極点（南緯90度）が極点で、これらを結んだものが地軸ということになる。

しかしそれ以外にも、北極・南極と呼ばれるものがある。それが「地磁気北極」と「地磁気南極」だ。地球を一つの大きな磁石として考えたとき、N極とS極にあたる場所は、じつはつねに動いている。地殻変動などの影響だ。そのため、地図上の北極点や南極点とはズレてしまう。

京都大学の地磁気世界資料解析センターの報告によると、２０１５年時点で、地磁気北極は北緯80・4度、西経72・6度のクイーンエリザベス諸島付近にあるらしい。動き続けていたら、そのうち地磁気北極が南極まで行ってしまうのではという気もするが、実際に今から77~78万年前には、地磁気北極と地磁気南極は逆だったことがわかっている。

南極に観光に行く際は、なんとトイレも食事も禁止される

南極への観光客は年間1万人で、そのうち日本人は約1~2パーセント。南極観光は船によるクルーズツアーが多く実施されており、誰でも参加できる。ツアーには、南極点を目指す7日間のもの、氷山や氷河、ペンギン、アザラシを見る12日間のもの、南極大陸を周遊する60日間のものなど、日数や目的に合わせて多くのプランが用意されている。

ただし、地元グルメはまったく期待できない。南極観光では、食事がいっさい禁止されているからだ。アザラシなど南極の生物は捕獲してはいけないことになっているので、そもそも南極ならではのフレッシュな料理というものは存在しない。おにぎりやサンドイッチをもって氷上ピクニックもできない。観光客が食事をとれるのは客船のなかのみだ。

また、上陸中はトイレも禁止されている。ツアーによってはキャンプ地に仮設トイレが用意されているが、もしものときに備えて大人用紙おむつの着用が推奨されている。立ちションなんてもってのほかなのだ。

ほかにも禁止事項は多い。「動物にエサをやらない」「ペンギンのヒナを抱かない」「植生のある場所を歩くときは、かならず踏み跡

の上を歩く」「小石一つでももち帰ってはいけない」「ゴミを出さない」など、南極観光のルールはどこよりも厳しい。これらの理由はすべて、南極の自然を守るためなのだ。

北極と南極では3種類の特別な夜が体験できる

勘違いしている人も多いだろうが、「白夜」は、1日中太陽が沈まず、夜にならない現象ではない。正確には、太陽が地平線や水平線の下に沈んでいても、ほんのり明るくて暗くならない状態のことをいう。逆に、太陽が1日中地平線上にあって沈むことのない現象は、「夜のない日（ミッドナイト・サン）」という。また、太陽がまったく昇らない日は「極夜（ポーラーナイト）」という。

白夜などの現象が起こるのは、地球の地軸が23・4度傾いているためだ。北緯66・6度より北の北極圏と、南緯66・6度より南の南極圏では「白夜」「夜のない日」「極夜」の3種類が、1年に1日以上ある。

北半球が夏至《げし》の頃、北極圏では明るさが1日中続く「白夜」となるが、反対側の南極圏では太陽が顔を出すことがなく、朝から晩まで真っ暗な「極夜」になる。冬至《とうじ》の頃はその反対だ。昼と夜の時間が同じになる春分と秋分の日には、北極点と南極点では、太陽は地平線上を東から西へと移動する。1日中、朝焼けや夕焼けの状態が続くというわけだ。

観光で人気なのは、北緯71度10分にあるノルウェーのノールカップ岬。夏至を中心に5月中旬から7月末までの3カ月間、白夜が続くのだ。

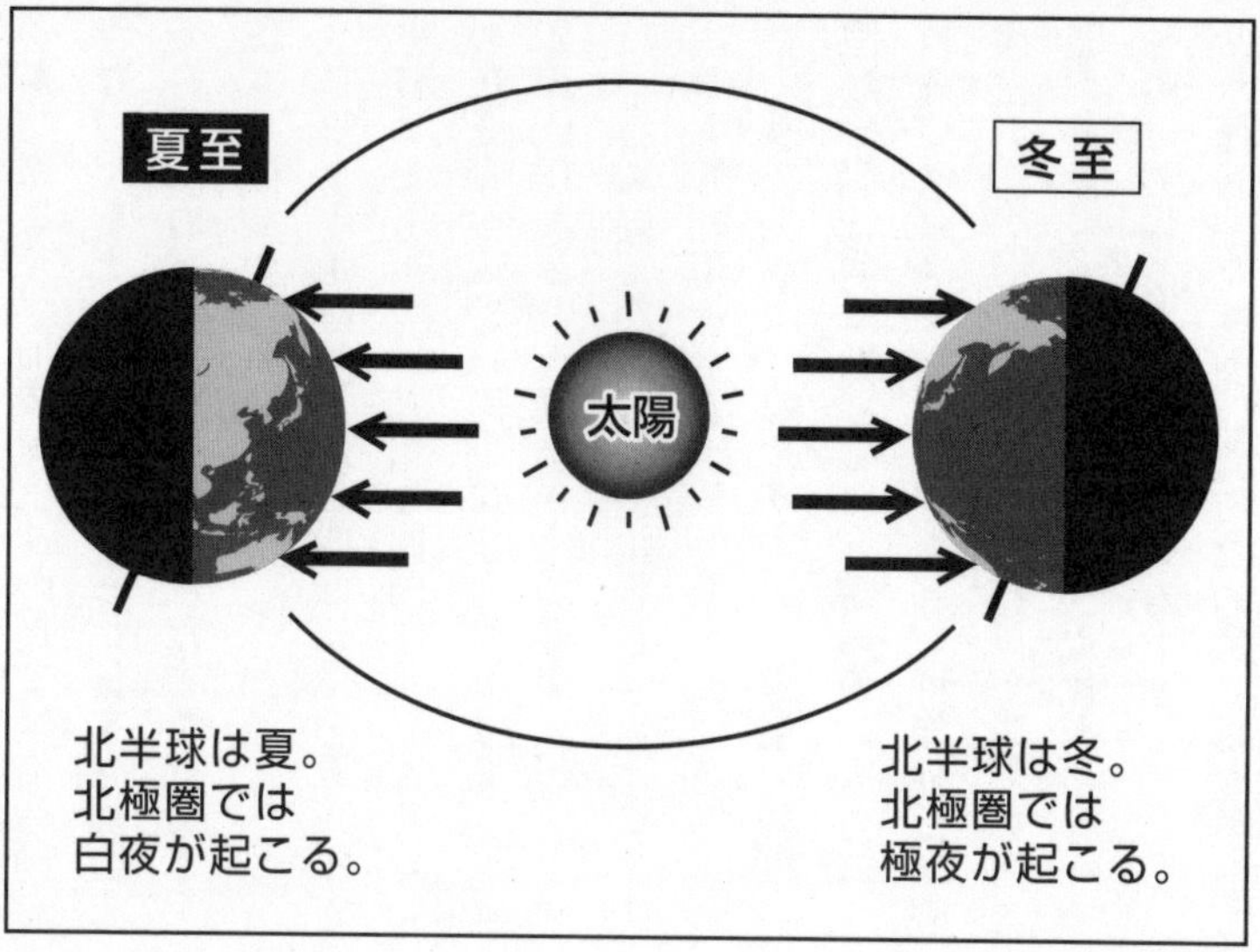
夏至
冬至
太陽
北半球は夏。
北極圏では
白夜が起こる。
北半球は冬。
北極圏では
極夜が起こる。

ビザ不要・永住OK・商売も可能フリーダムすぎる島がある

海外で生活をするには、ビザが必要だ。ビザとは、その国が滞在を認めた者に発行する許可証のこと。

目的により就労ビザ、学生ビザなどがあるが、現地の会社や学校の許可がなければ取得は難しい。しかし、ビザ不要で、国籍を変えずに、夢の海外移住をかなえられる場所が、世界に二つある。

その一つが南極。もう一つが、北極圏にあるスヴァールバル諸島だ。

スヴァールバル諸島はノルウェーの統治下にあり、人間が定住する地としては最北にあたる。1920年に締結されたスヴァールバル条約により、加盟国はこの島で経済活動を行なってもよいとされている。日本も加盟しているため、日本国籍をもったまま就労も永住も可能なのだ。

スヴァールバル諸島の総面積は約6万平方キロメートルで、九州と四国を足したくらいの広さだ。人口は時期により変化するが、約2600人という少なさ。幼稚園、小・中学校、大学、図書館があり、携帯電話もインターネットも利用できる。

仕事としては、観光ガイド、漁業、狩猟、国際研究機関に勤めるなどがある。もちろん自分でラーメン店を開くなど、可能性は無限大だ。「ネット環境さえあれば、世界のどこでも暮らしていける」という現代人にはうってつけの場所なのかもしれない。

ただし、北極圏にあるため寒さは覚悟しておきたい。夏の平均気温は7℃で、冬はマイナス12℃。1月の最低平均気温はマイナス20℃だ。島の大部分が永久凍土で、おもな移動手段はスノーモービル。ノルウェー語とロシア語が必須となる。

マイナス30℃の氷上を走る北極&南極マラソンがアツい！

今、世界的なマラソンブームのまっただなか。日本のマラソン大会にも、海外のランナーたちがこぞって参加している。しかし、北極・南極でマラソン大会が開かれていることは、あまり知られていない。

北極では2002年からマラソン大会が開催されている。平均気温マイナス22℃で、寒い日ならマイナス30℃を下回ることもある、世界で一番寒いマラソン大会だ。

会場は北極点そばにあるロシアの氷上基地で、1周約4・2キロメートルのコースを10周する。氷の上を走るため、ランナーたちはスノーシューズや防水のトレイルシューズを履いている。

2015年は22カ国から45名が参加。1位はチェコ共和国のランナーで、記録は4時間22分24秒だった。2017年の参加費は1万3500ユーロ（約178万円）だ。参加賞としてTシャツ、メダル、レースのビデオなどがもらえる。

南極でのマラソン大会は1マイル（1・6キロ）から100キロまで、体力に合わせて参加が可能。2015年は19カ国から52名の参加があり、日本人3名も参加している。こちらの参加費は2016年度で1万1400ユーロ（約137万円）だ。

氷におおわれているはずの北極と南極に砂漠がある！

砂漠というと、雨がほとんど降らない灼熱地獄というイメージがある。しかし、北極圏にも南極圏にも砂漠がある。

そもそも砂漠の定義とは、水分不足のため特殊な生物しか生きられない地域のこと。北極の多くは年間降水量が少ないうえ、そのほとんどが凍結してしまうため特殊な植物以外は育たない。したがって定義上、砂漠といえるエリアが存在するのだ。

南極は、総面積約1万5000平方キロメートルのうち約4000平方キロメートル、つまり約4分の1が雪や氷でおおわれていない砂漠地帯。なかでもドライバレーと呼

世界全般 アジア ヨーロッパ アメリカ 中南米 アフリカ・オセアニア 極地 日本

南極の砂漠・マクマードドライバレー。 ©Auulsionist

ばれる地帯は、年間平均気温がマイナス20℃。年間降雪量が10センチメートル未満のうえ、降った雪は強風で吹き飛ばされる。乾燥した地面がつねに露出しており、水分がないため凍ることすらないのだ。

この砂漠で生きる生物は少ないが、地球上で最も古い生物の一つ、藻類がすんでいる。数千年前から岩石の内部に潜む微生物や、1000年前のアザラシのミイラも見つかっている。南極の砂漠は、太古の地球や生物の歴史を知ることができる貴重な場所なのだ。

南極の氷は雨や雪が固まったものでも北極の氷が真水なのはなぜ?

南極の海に浮かんでいる氷は、陸地の上でつくられた氷が切り離されたものだ。海水ではなく雨や雪からできたものなので、塩分は含まれていない。では、北極からオホーツク海に流れる流氷はどうだろうか？　北極には陸地がなく、氷は海水が凍ってできたものだ。それならば氷にも塩分が含まれていそうな気がするが、なぜか氷は真水の固まりだ。

これは、摂氏0℃で凍り始めるのが、純粋な水だけだからだ。海水は、真水の部分から凍って氷晶という結晶をつくり、塩分を排除しながら大きくなっていく。凍り始めた海水は静止状態ではないため、氷の結晶の隙間に海水が閉じ込められることはある。ただし、しょっぱさを感じるほどの量ではないようだ。

このことは、家庭の冷凍庫でも実験できる。塩水を凍らせてみると、最初に真水の部分だけが氷になるのだ。残った塩水は、最初の濃度より濃くなっているはずだ。

地図では大きな極地の島が大陸になれないのはなぜ？

世界最大の島はグリーンランドで、その面積は約216万平方キロメートルだ。いっぽう六大陸のなかで一番小さいオーストラリア大陸の面積は約769万平方キロメートル。最も小さいとはいえ、グリーンランドの約3・5倍の大きさをもっている。

ところが、グリーンランドのほうが4倍以上大きく描かれている地図がある。もちろんグリーンランドだけで発売されている地図というわけではない。「メルカトル図法」を採用した地図がこうなってしまうのだ。

メルカトル図法とは、地理学者ゲラルドゥス・メルカトルが1569年に発表した地図

・メルカトル図法

地球儀の中心に明かりを置いて、周りの紙に投影することによって描かれた地図。

メルカトル図法では緯度が高くなるほど、地図がゆがむ。そのため、極地近くのグリーンランドは非常に大きく描かれる。

に使った技法だ。この技法では地球儀を円筒に投影する原理を使うので、「正角円筒図法」とも呼ばれている。

その大きな特徴は、赤道から南北に離れるにつれて実際よりも大きい倍率で描かれていくことにある。メルカトル図法では、球を平面地図に置き換えることになる。横方向・縦方向の拡大率を一致させる必要が生じ、高緯度の地域ほど横方向に引き延ばされることになってしまう。そのため赤道直下の面積と緯度60度では約2倍、極地近くでは縦に数倍、横に数百倍以上の比率で描かれてしまうのだ。

この技法では、高緯度にあるグリーンランドなどの面積は実際よりも何倍、何十倍にも拡大されることになる。なかにはグリーンランドとアフリカ大陸がほぼ同じ大きさに見える地図もあるらしい。

エアーズロックの下には6000メートルの岩石がある？

オーストラリア中央部の砂漠地帯に突出する巨大な1枚岩、エアーズロック。現地では、先住民アボリジニの聖地であることから「ウルル（集会の場所）」と呼ばれている。この有名な岩を見ようと、エアーズロックを含むウルル・カタ・ジュタ国立公園には年間約40万人の観光客が訪れている。

エアーズロックは周囲約9キロメートル、高さ約348メートル。現在、この一帯は砂漠だが、6億年前は海だった。もともと海底の上に海の砂や泥、石灰石などが堆積していたのだが、約5億年前の地殻変動により隆起して山脈となった。そして地表に突出した部分が長い時間をかけて風雨に浸食されて砂漠となり、硬い部分だけが残った。それがエアーズロックなのだ。

つまり、エアーズロックは大きな岩が横たわっているのではなく、地上に出ている部分はほんの一部にすぎないわけだ。岩山の下面には約6000メートルもの岩層が隠れている、周囲の平原に数十キロメートルも広がっている、など諸説あるが、はっきりしたことは解明されていない。

ちなみに、エアーズロックと国立公園は1985年、オーストラリア白人から先住民に〝返還〟されている。先住民とオーストラリア自然保存局が共同で管理し、99年の期限で、観光客が落とす公園入場料の25パーセントに加えて年間15万豪ドルのリース料で政府に貸し出している。

世界全般
アジア
ヨーロッパ
アメリカ
中南米
アフリカ・極地
オセアニア
日本

国会議事堂を中心として延びるキャンベラの道路。 ©Simon_sees

人口35万人のキャンベラがなぜ首都に選ばれた？

オーストラリア最大の都市はシドニーで人口が約450万人。第二の都市は人口約430万人のメルボルンだ。しかし、首都キャンベラは人口わずか約35万人で、国内8番目の都市。人口でいえば、日本の秋田市や宮崎市とほぼ同じという小さな街だ。にもかかわらず首都に選ばれた理由は、シドニーとメルボルンの妥協の結果だった。

オーストラリアは1901年、六つの連邦が集まってできた国だ。首都の選定にあたり、その権利を得たいとシドニーとメルボルンの間で激しい抗争がくり広げられた。しかしなかなか決着がつかなかったため、1909年に妥協案として採用されたのが両者の中間にあるキャンベラだ。

牧場が点在する荒野だったキャンベラを新しい首都へと変身させたのは、アメリカ人建築家のウォルター・バーリー・グリフィンという人物だ。市役所や商業施設が集まるシティ・ヒルと、国会議事堂や大使館など首都機能が集まるキャピタル・ヒルの二つの拠点から主要道路が放射状に延びているのがキャンベラの特徴だ。

１９１１年にひとまず首都機能がキャンベラに移転されたものの、連邦議事堂が完成したのは16年もたった１９２７年。１９２９年に初めて国会が開かれたが、国会議事堂ができたのは首都移転から77年も後の１９８８年のことだった。はじめから2大都市のどちらかにしておけばよかったのに。

地球温暖化で沈みゆく？天国に一番近い島ツバル

地球温暖化による海面上昇で、最初に沈むといわれているのがツバルだ。ツバルは南西太平洋にある、九つの島からなる計26平方キロメートルの小さな島国。首都フナフチの最高地点は標高４・５メートルしかない。

地球の温度が上がると極地の氷が解けて海に流出するため、海面の上昇が起こる。国際的な専門家による組織ＩＰＣＣ（気候変動に関する政府間パネル）はさまざまなパターンを予想しているが、１９８０〜１９９９年を基準としたとき、２０９０〜２０９９年には世界の平均海面が０・１８〜０・５９メートル上昇する可能性があるとしている。

フナフチ環礁。ツバルの首都フナフチのある一番大きな島は縦12km、幅は数十メートルから数百メートルで、南北に帯のように長い。 © Tomoaki INABA

実際、ツバルでは2000年代には満潮になるとあちこちで浸水が起こり、水没する地域も出てきてしまっているようだ。サンゴ礁でできている土地は崩れやすく、地盤沈下を起こすこともある。これらのおもな原因は地球温暖化とされているが、人口や観光客の増加、埋め立て工事などの都市開発も関係しているといわれている。

国が沈んでしまうことを想定し、ツバルはオーストラリアやニュージーランドにツバル国民の移住を要請した。これに対し、オーストラリアは受け入れを拒否したが、ニュージーランドは2001年よりツバル国民を対象とした移民制度を実施。これは毎年数十人に労働ビザを発給して実質的な永住権を与えるというものだ。

また、インドの南西にあるモルジブも、平

均標高は約1・5メートル、最高地点でも2・4メートルと低い。首都マレがあるマレ島は2003年、日本による資金協力で護岸整備を行ない、今のところ難を逃れている。

南太平洋のフィジーにインド人が多い理由とは？

リゾート地として人気が高い、南太平洋に浮かぶフィジー。人口は約88万人だが、約半数がインド系となっている。1945年頃から1970年代まで、インド系住民が先住民のフィジー人の人口を上回っていたこともあるが、近年はフィジー人が51パーセント程度で、インド人が約44パーセントを占めている。

インドから地理的に離れたこの島にインド人が約半数も住んでいる理由は、フィジーを植民地としていたイギリスが、プランテーションの契約労働者としてインド人を派遣したことにある。1879年の481人に始まり、1916年までに計6万人程度の移民がフィジーに送り込まれたというからかなりの数だ。

移ってきたインド人たちの多くは5年の契約期間を終えた後も、恵まれた気候と高い給料に魅力を感じて定住を望んだ。さらに、自由移民として移住してくるケースもあったため、インド人の人口は急増した。

フィジー人の多くはキリスト教徒、インド人はヒンドゥー教徒かイスラム教徒のため、学校や居住区などのコミュニティは分かれている。しかし現在は、政治や経済の主導権をめぐり、フィジー人とインド人の対立が続いている。

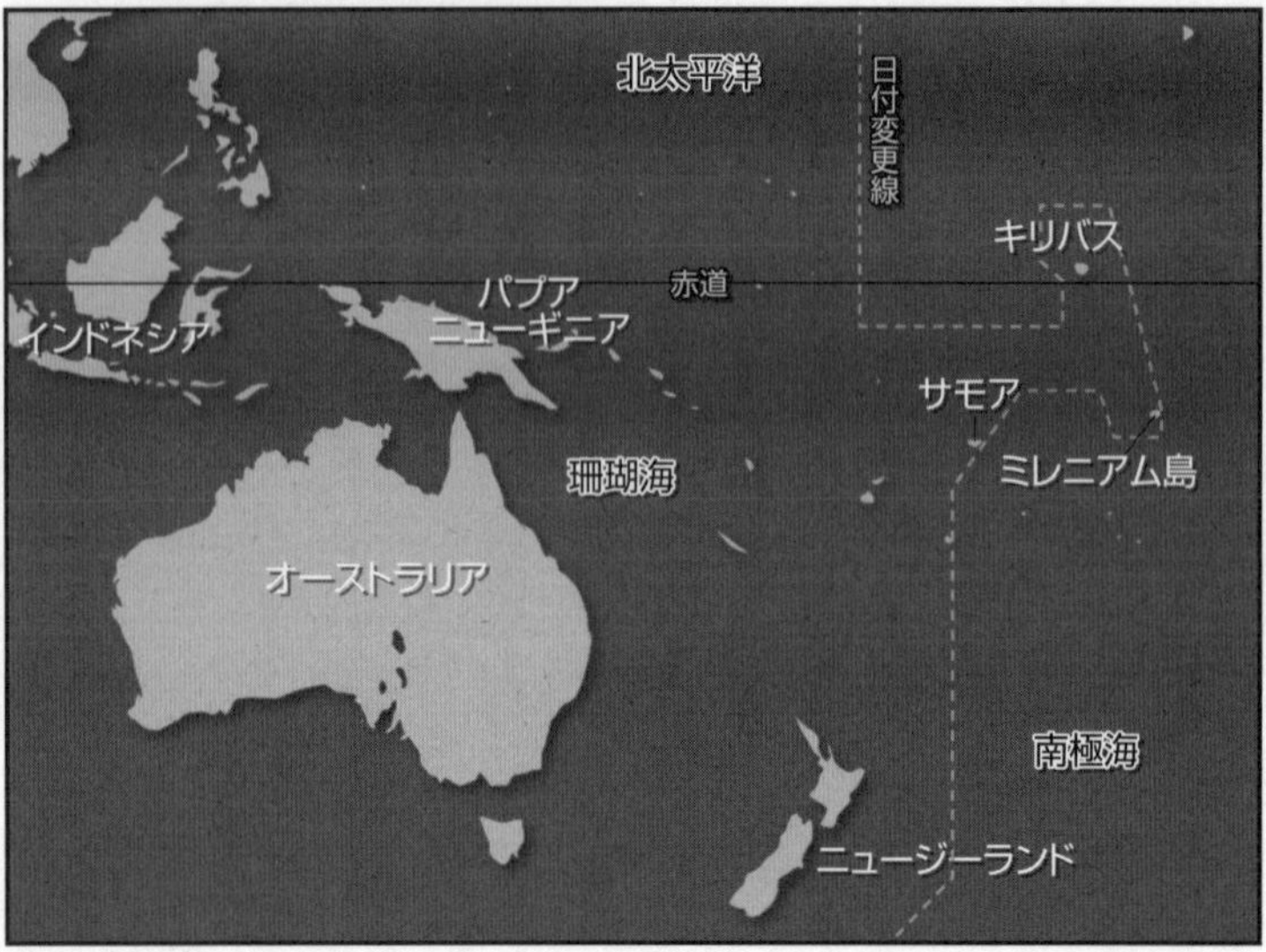

日付変更線を移動させていたキリバスとサモア

太平洋中央部にあるキリバス共和国は、大小の島じまが南北約2000キロメートル、東西約4000キロメートルにわたって点在する国。かつては国土が日付変更線をまたいでいたため、場所によって日にちが異なっていた。そこで1995年、日付変更線を東に約30度（約3300キロ）移動させることによって、国内での時差をなくしている。

キリバスの島のなかでも日付変更線に一番近い場所にあるのはミレニアム島だ。もともとはカロライン島という名前だったのだが、「世界で最も早く21世紀を迎える場所」ということで、ミレニアム（千年紀）という名前に変更された。

また、キリバスの南西に位置するサモア独立国も2011年に日付変更線を東に移動している。これは、主要貿易国であるオーストラリアやニュージーランドにタイムゾーンを合わせるためだ。サモアもキリバスと同じタイムゾーンにあり、1月1日のサマータイムを考慮するとキリバスと同じく「世界で最も早く新年を迎える場所」となる。もともと、サモアの観光の「売り」は「世界で最も遅い夕日を見ることができる」だったのだが、この日付変更線の移動により、現在では「世界で最も早く日の出を見られる」と、真逆のアピールを行なっている。

世界地図を見ると日付変更線がキリバスとサモアの周囲だけでこぼこしているのには、こうした理由があったのだ。

グーグルアースにも載っていたサンディ島は実在しなかった!

オーストラリア北東部クイーンズランドの東約1100キロメートルの海上にある、長さ約24キロ、幅約5キロのサンディ島。1876年、捕鯨船により確認され、数年後にはオーストラリア海軍の文書内にも登場した。1908年に英国海軍地図にも記載されたことから、サンディ島は「存在する」と信じられるようになる。ナショナルジオグラフィック協会やイギリスの高級新聞「タイムズ」、フランスのミシュランなど権威ある発行元が手がける地図、さらには衛星画像サービスのグーグルアースにも掲載された。

しかし2012年、サンディ島は実際には

存在しないということが判明した。オーストラリアの調査チームにより「サンディ島があるはずの場所は水深1400メートルの海だった」と決定付けられたのだ。

グーグルアースは人工衛星だけでなくさまざまな情報をもとにつくられているため、100パーセントの真実を反映しているわけではないのだ。現在も検索すると、ユーザーたちがアップロードした島の画像が表示される。

世界の探検家が敬遠する謎に包まれたナンマトール遺跡

赤道の北半球側で東西約2550キロメートルに延びる607の島じまで構成されるミクロネシア連邦。首都のあるポンペイ島の東南には92の人工島でできた海上都市ナンマトール遺跡がある。

この海上都市は11～17世紀頃、当時ポンペイを支配していたシャウテレウル王朝の首都だったといわれている。島じまは行政、儀礼、墓地などの機能ごとに分かれており、水路で結ばれているのが特徴だ。

ナンマトール遺跡は、とにかく謎が多い。遺跡は数百万本もの玄武岩の六角柱が組み合わされてできているのだが、玄武岩が採掘できるのは近くても数キロ先の沿岸部。柱の土台は50トンと推計されており、どうやってここまで運んだのかはわかっていない。また、遺跡には絵や彫刻、文字がまったく残されておらず、文書などの記録もない。

ナンマトール遺跡は「呪いの島」といわれ、現地の人たちは近付こうとはしない。それでも謎を解明しようとした欧米の調査団や探検

ナンマトール遺跡。中心には王墓があるとされる。

家は謎の死を遂げており、科学者や探検家たちからは敬遠されている。

島を治めるナンマルキ（酋長）に入場料を払えば、遺跡の見学は可能だ。ただし、最深部は立ち入り禁止となっている。

ニュージーランドの国旗がラグビーエンブレムそっくりに変更？

ニュージーランドの国技はラグビー。代表チームの「オールブラックス」は、2015年時点で世界ランキング1位という強豪だ。彼らが試合前に踊る儀式「ハカ」も有名だ。これはマオリの戦士が戦いの前に士気を高めるダンスをアレンジしたものだ。

ニュージーランド人のラグビー経験率はほぼ100パーセント。小学校入学の5歳で男女問わずラグビーを始めるためだ。このようにラグビーが普及した大きな理由は、イギリスが植民地統治政策として、ラグビーを教育に取り入れたためとされる。先住民マオリの人びととヨーロッパ人がたがいの文化を融合させ、独自のラグビー文化を築き上げたのだ。

ところでニュージーランドの国旗には統治国であったイギリスの国旗ユニオン・ジャックが描かれている。しかし「オーストラリアの国旗と似ていてまぎらわしい」「独立国家としての尊厳を守ろう」という論争があり、ついに2015年、ジョン・キー首相は国旗のデザインを公募。応募があった約1万点のなかから4点の最終候補が国旗検討委員会によって選ばれた。その4点のうち3点は、シルバーファーンというシダの枝をあしらったもの。この3点はカラーリングが異なるものの、シルバーファーンの配置がオールブラックスのエンブレムによく似ている。ニュージーランドでは2016年3月の国民投票でデザインを絞った後、現行の国旗から変更するかどうかを決めるという。近い日に、ラグビーエンブレムに似たデザインの新国旗に変更されるかもしれない。

太平洋のリッチな島国が破綻寸前に陥っている!

赤道直下にある島国ナウル共和国。国土面積はわずか21平方キロメートルで、バチカン市国、モナコ公国に次いで小さい。人口は約1万人で、先住民のほか、1788年に上陸したイギリス人と先住民との間に生まれた子孫もいる。

この島は、サンゴ礁の上に何百万年もの間にわたってアホウドリなどのフンが堆積してできている。このフンが長い年月を経て変質したのがリン鉱石だ。化学肥料の原料となるリン鉱石は、イギリス人によって採掘され、島外にもち出されていた。

1968年の独立後はリン鉱石がすべてナウルのものになり、1980年代には国民ひとり当たりのGNPがアメリカを超える超リッチな島国に。所得税はなし、教育費、医療費、電気代まで無料。国営の航空会社があり、日本へ就航していたこともある。

しかし埋蔵資源はいつか尽きるもの。無計画な採掘により、21世紀に入るとリン鉱石はほぼ枯渇してしまった。

政府はオーストラリアやグアムなどにホテルや土地を購入して資産運用をしようとしたが失敗した。また、政治家たちの権力争いや汚職などさまざまな要因により、国家は財政難に陥ることになった。

失業率90パーセントにもかかわらず、農業も漁業もごくわずかに行なわれるのみで、食料の9割を輸入に頼っているのが現状だ。そもそも島民は働いてお金を得ることを知らないため、リッチだった20年前と同じくのんびりと暮らしているという。

オーストラリアの台風は右回り？なぜ日本にはやってこないの？

熱帯低気圧が強い風と雨を伴って発達し、中心付近の最大風速が秒速17・2メートル以上のものを台風という。日本列島にやってくるのは、北太平洋などで生まれたものが多い。

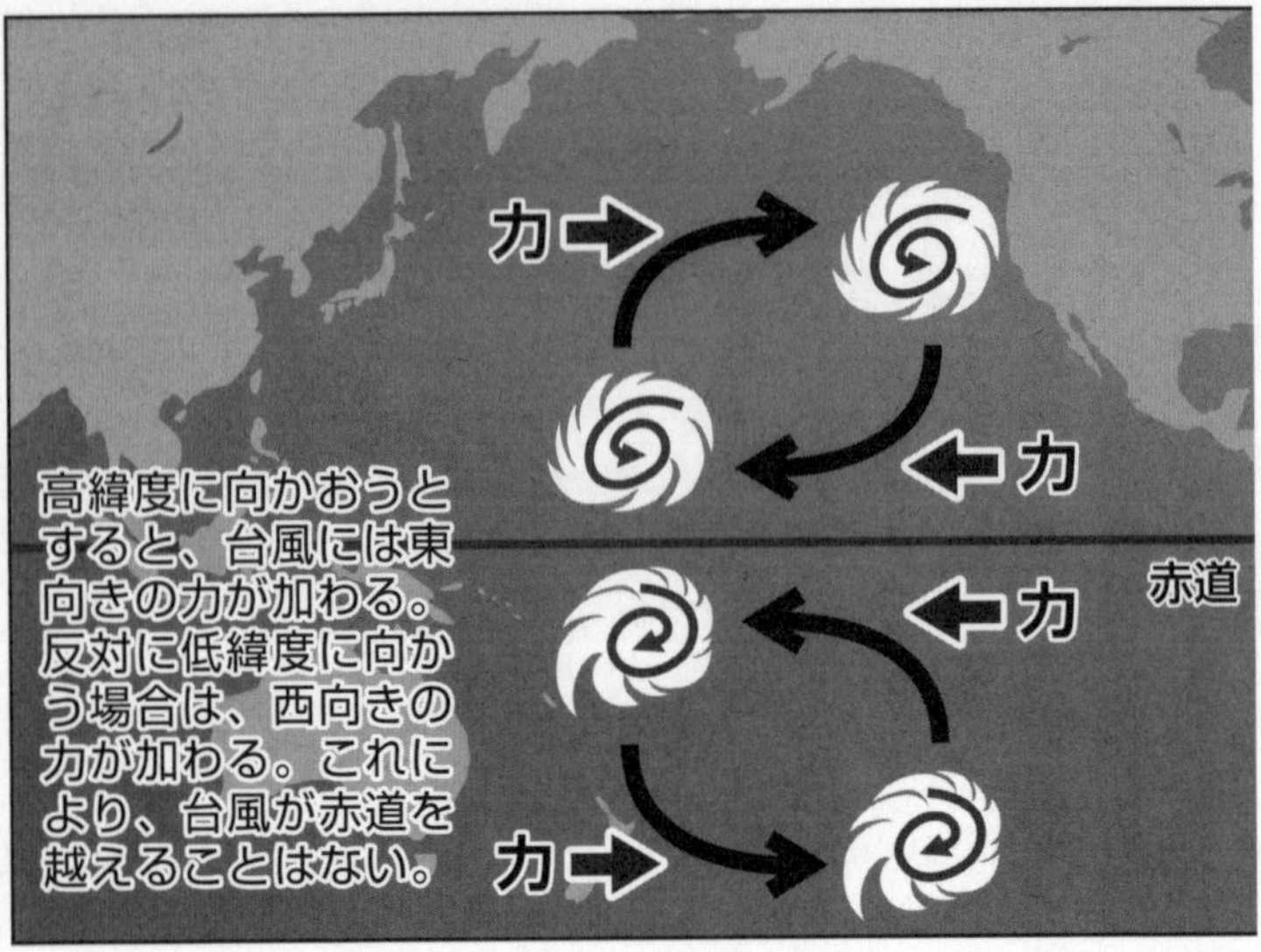
力
力
高緯度に向かおうとすると、台風には東向きの力が加わる。反対に低緯度に向かう場合は、西向きの力が加わる。これにより、台風が赤道を越えることはない。
赤道
力
力

じつは「南半球生まれ」の台風も存在するのだが、その台風が日本にやってくることはまずない。南半球で生まれた台風は、そのまま南下し、オーストラリアやニュージーランドを目指すのだ。

これは、地球が東向きに自転しており、そこに「コリオリの力」と呼ばれる力が生じているからだ。低緯度の地点から高緯度の地点に向かって運動している物体には東向き、反対に高緯度の地点から低緯度の地点に向かって運動している物体には西向きの力が働く。その影響を受け、南半球生まれの台風は南下するのだ。

北半球と南半球では、台風の渦の向きも異なる。北半球の台風は左回りに渦を巻くが、南半球では台風は右回りに渦を巻くのだ。これにも「コリオリの力」が関係している。

6

日本

自分たちが住んでいるのだから、よく知っていて当然。……本当にそうなのだろうか。あまりに当たり前になりすぎて、とてもおもしろい謎を見逃しているのではないだろうか。

美唄市から滝川市までの国道12号線。　©美唄市

日本で一番長い直線道路その長さは？

直線が続く道路が多い北海道。その理由は、人が住むようになってからの歴史が浅いため、ほかの都府県のようにさまざまな建物や施設ができる前に、まず道路が先につくられたからだ。

そもそも、人跡未踏の（先住民はいたが）地である北海道に開拓使が設立されたのが1869年のこと。本土の人びとがこの地に足を踏み入れてから、150年にも満たない。そのため、北海道に道路を敷設するにあたっては、かなり自由にルートを計画することができたというわけだ。

そんな北海道において、一番長い直線があ

る道路は、札幌から旭川を結ぶ国道12号線の、美唄《びばい》市と滝川市を結ぶ区間だ。その距離、なんと29・2キロメートル。東京から横浜までくらいの距離に相当するが、その間、カーブはゼロ。地図を見ても、定規で引いたようにまっすぐな直線だ。

車で走ると約42分の道のりだが、延々と続く直線道路となると、最初は爽快でも途中から飽きてくるに違いない。長さもそうだが、日本で一番、眠くなる道路ともいえるのではないだろうか。

なぜ北海道・ニセコに外国人が増えたの?

北海道の「ニセコ」は、パウダースノーのスキーリゾートで有名だ。近年、このニセコに外国人が急増したという。

ニセコには四つの大きなスキー場があるが、今やスキーヤーの9割が外国人。スキー場に限らず、ホテルや居酒屋など、どこへ行っても英語や中国語が聞こえてくる。

ニセコに外国人が急増した理由は、オーストラリア人がニセコの雪質のよさをインターネットで発信したからだ。それまで、オーストラリアのスキーヤーたちは、ヨーロッパ・アルプスや北米・カナダへ出かけていた。しかし、欧米のスキー場は氷河の上にあるため、毎日新雪が降るわけではない。

また、オーストラリアの首都キャンベラとの時差が7、8時間あり、これを調整する負担も大きかった。そこへ行くとニセコは毎日新雪が降るパウダースノーのスキー場。時差も2時間と、いいことずくめだ。

こうした情報がネットで広まるなか、2001年の9・11テロが拍車をかけ、「欧米よりニセコへ行こう!」とオーストラリアからのスキー客が急増。さらに冬以外にもラフティングを楽しめるツアーが企画されるなど、ニセコの観光地としての魅力が発信され、他国からも大勢の観光客が訪れるようになったのだ。

北海道に「凍らない湖」があるってほんと?

北海道の冬は昼間でも氷点下の日が多く、最低気温はマイナス20℃前後と、何もかもが凍りつく氷の世界になる。だが、北海道南西部に位置する支笏湖《しこつこ》(千歳市)は、冬でも湖水が凍ることなく、日本最北にある「不凍湖《ふとうこ》」とされている。

支笏湖が氷点下でも凍らない理由は「深さ」と「容量」にある。支笏湖の水深は、秋田県の田沢湖に次いで日本で2番目に深い360・1メートル。東京タワー(高さ333メートル)がすっぽり沈んでしまうほど深いため、水の容量も多く「巨大な水がめ」といわれている。通常、夏の湖では、暖められた軽い水が湖面にあり、冷たく重い水が湖底にある。だが、秋になると湖面の水温が下がり、対流と風によってじょじょに深くまで冷たい水が沈んでいく。

そうして湖底の水が冷えきると、湖全体が同じ水温となり、湖面付近が凍り始める。ところが、深く、容量の大きい湖では、湖底の水が冷えきる前に春がやってきてしまうため、凍ることがないのだ。

青函トンネル記念館駅に停車中のもぐら号(2006年9月)。 ©khoshi3

凍らない支笏湖では「氷の上でワカサギ釣り」はできない。その代わり、風で飛ばされた湖水が周囲の草に付いて凍る「飛沫氷《しぶきごおり》」が見られる。一面に花が咲いたように美しく幻想的な風景は、まさに「氷の世界」だ。

青森県には日本で一番短い私鉄が走っている

日本最短の私鉄、それは青函《せいかん》トンネル竜飛《たっぴ》斜坑線《しゃこうせん》というケーブルカーだ。青函トンネルがある外《そと》ヶ《が》浜町《はまちょう》三厩《みんまや》の青函トンネル記念館駅から体験坑道駅までの778メートルを結び、探鉱のために掘られた斜度14度の斜坑を9分で走る。列車にはそれらしく、もぐら号という名が付いており、トンネル工事の際に作業員を移動したり、物資を運んだりするために使われていたものが今も使われている。

青函トンネルは海底２４０メートル、53・85キロメートルの距離を誇り、津軽海峡の海の底を貫いている。青函トンネル記念館は構想から42年という気が遠くなるようなその軌跡を紹介する施設だ。そこからもぐら号に乗って地下深くに移動してたどり着く坑道展示エリアでは作業坑として実際に使われた空間に、トンネルを掘るために使われた機械や器具を展示し、当時の現場の雰囲気を再現している。青函トンネルには北海道側の吉岡海底駅と本州側の竜飛海底駅の二つの海底駅があるが、記念館の体験坑道からは旧竜飛海底駅の見学もできる。

青函トンネルは40年余りの歳月をかけたスペクタクルな存在だが、その脇に日本最短の私鉄があるというのも興味深いところだ。

イタコの口寄せで有名な恐山はいったいどんな山？

シャクナゲ以外の植物は育たず、岩のみが転がる不気味な景観で知られる青森県の恐山は死者と会えるという特殊な場所。そこにはイタコと呼ばれる、いわゆる霊媒師がいて自分が話したい死者を呼び出してくれる。

「生活は苦しいじゃろうけど、みんなで力を合わせて乗り越えてくれ」といったことをイタコである白装束の老婆がいうと、依頼主である老人は涙を浮かべてうなずく。これが死者の霊を引き寄せて言葉を伝えるイタコの口寄せと呼ばれる降霊術で、恐山には死者との対話を求めて多くの人が訪れる。

しかし、死者がどこの地方の人間でもイタ

恐山。硫黄の臭いが立ち込め、死後の風景にたとえられる。 ©tsuda

コは東北弁を話し、その内容はつじつまが合わないことも多いという。テレビの番組企画でマリリン・モンローをイタコに呼んでもらったときも、東北弁でしゃべったというエピソードは有名だ。

恐山に死者の霊魂が集まるという信仰は古くから下北半島に根付いていた。恐山自体は下北半島北部と火山と外輪山をあわせた総称で、その中央には直径約4キロメートルのカルデラがある。

カルデラの周囲に外輪山として大尽山《おおつくしやま》、屏風山《びょうぶやま》、障子山《しょうじやま》などが連なり、その内側には直径2キロの宇曾利山湖がある。この湖の北岸に噴気孔や温泉があり、岩石は黄白色に変色。この世のものとは思えない風景が三途の川や賽《さい》の河原を連想させ、死後の世界のイメージにつながったのだろう。

リンゴの栽培が青森県でさかんになったのはなぜ？

今では「リンゴといえば青森」というイメージが定着しているが、青森県が全国一のリンゴの生産地になったのは100年ほど前のこと。それまでも、ロシアや中国にも輸出しており、青森県とリンゴは急速に関係を深めていった。

日本にリンゴ、正式には西洋リンゴが伝わったのは1869年のこと。プロイセン人の貿易商ガルトネルが北海道で西洋式農業を行なうため、ブドウやサクランボとともにもち込んだのがきっかけだ。

その6年後となる1875年、青森県に国からリンゴの苗木が3本配られた。青森の気候が栽培に適していたことから、リンゴ栽培はすぐにさかんになった。

リンゴの栽培には、四季の微妙な温度の変化が必要だ。とくに夏から秋にかけての冷涼さと、収穫時期となる秋口の冷え込みは絶対条件になる。

なぜなら、夏の涼しさは、実がやわらかくなるのを防ぎ、秋の冷え込みはリンゴを鮮やかに彩るからだ。青森、ことに津軽地方はこうしたリンゴが育つ気候条件をしっかりと満たしていたのだ。

明治時代に大規模なリンゴ農園や試験場がつくられ、製造技術の開発が重ねられた。そして、1909年、青森県のリンゴの収穫量は元祖であった北海道を抜いて第1位となり、現在では国産リンゴの半分以上のシェアを占める。

なぜ青森には階段でできた国道があるの？

青森には日本で唯一の「階段でできている国道」がある。車が通行できない階段が、なぜ国道に指定されているのだろうか？

©Grilled Ahi

津軽半島の最北端、龍飛《たっぴ》岬《みさき》灯台へと続く細い階段は、国道３３９号として正式に指定されている。総延長約３８８メートル、３６２段の階段入口にはちゃんと「３３９」の標識も立っているのだが、どう見たって、そこを通れるのは人間と小動物くらいだ。

なぜそんな階段が国道に指定されているのかというと、どうやら、１９７４年に、現地を確かめないまま、この部分を国道３３９号に指定してしまったというのが真相のようだ。その後「あ、間違えた」とミスに気づいたものの、「せっかく日本で唯一の階段国道なのだから、観光スポットにしてしまおう」と、１９７９年から２年をかけてきれいに整備したという。今では標識の下に、ちゃっかり

「階段国道」という看板までかかっている。

ちなみに、階段国道の手前には、階段を昇らなくても国道339号を通ることができるショートカットの道路がつくられている。本来ならば、こちらが国道指定されるべきだが、そうなると国道階段はただの「階段」になってしまうのだ。

「わんこそば」の由来って？

「ハイ、じゃんじゃん」という掛け声とともに、給仕さんが一口分のそばを手元のお椀に放り込む……岩手名物「わんこそば」の「わんこ」とは、岩手県の方言で「お椀」のこと。

「わんこそば」の由来にはおもに2説ある。

一つは「花巻」説。江戸時代、陸奥国（現在の青森県・岩手県・宮城県・福島県）の大名が江戸に向かう途中、花巻に立ち寄った。地元の人びとがそばを平椀に盛ってもてなしたところ、大名が何度もおかわりし、お椀が積み上げられたという。

もう一つが「盛岡」説。大正時代の総理大臣・原敬が大のそば好きで、出身地の盛岡に帰省したときに「そばは、わんこに限る」といったことから広まったとする説だ。

いずれにせよ、そばは大名や総理大臣が食べる高級料理だったといえる。なぜなら、その昔、そばはだんごの形で食べられていたため、細いそばにするには、細く切らなければならなかった。手間がかかる料理だったため、もてなしの席で出されていたのだ。

「ごちそうさま」をしたければ、次のそばが入れられる前に手元のお椀に蓋をするのがわんこそばのルール。といっても給仕さんはなかなか蓋をさせてくれないのだが、これは意地悪ではない。食べ終わるやいなやお椀に入れる作法は「おてばち」といって、もてなしの礼儀なのだ。

近隣の市よりも人口が多い村があったって本当？

「村」と「市」では、一般的には「市」のほうが人口が多く面積も大きい。しかし岩手県の滝沢村は例外で、日本一人口が多い村として知られていた。滝沢村の北には八幡平市があるが、滝沢村の人口は八幡平市よりも多かったという。

滝沢村の人口増加の原因は、東隣にある岩手県の県庁所在地・盛岡市との関係性が大きい。80年代から滝沢村は盛岡市のベッドタウンとして脚光を浴び、盛岡市に住んでいた人の多くが滝沢村に住宅を買い、滝沢村に引っ越したというわけだ。滝沢市の人口は1984年には3万人に増え、1999年には人口日本一の村となり、2000年にはとうとう5万人を超え、村とはいえない規模になったのだ。それなら、「滝沢町」「滝沢市」にしてしまおうとの意見もあったが、なかなか実現には至らなかった。では合併してはどうか？という提案に対しても反対が多く、合併は実現しなかった。のどかで豊かな美しい「村」としてのブランド力を守りたかったのかもしれない。

しかし、2014年になって、ようやく市制が施行され「滝沢市」に昇格する。なかなか市にならなかった理由として、市街地がな

駒ヶ岳より望む初秋の乳頭山。

いという要素が障害になっていたという。滝沢村はあくまでもベッドタウンで、勤務先や買い物などは盛岡市で済ませるという状況だったのだ。

秋田には「乳頭山」という名の山がある

地名には発音するのがためらわれるものが少なくない。ここ「乳頭山」も、発音するのが恥ずかしい地名の一つだ。

これは秋田県と岩手県の県境にそびえる山で、秋田県側から見ると女性のふくよかな乳房に見えることから名付けられたという。しかし、岩手県側からは残念なことに乳房には見えず、その姿が神主が被る烏帽子《えぼし》の形に似ていることから烏帽子岳と呼ばれている。

乳頭山は観光地としても知られ、烏帽子岳の東に展開する千沼ヶ原は神秘的な湿原だ。尾瀬にも匹敵する名所とされ、そのふもとにある乳頭温泉が人気を集めている。

「秘湯・乳頭温泉」と聞いた男性の観光客はもしかしたら、乳頭をあらわにした美女が乳白色の湯に浸って迎え、その先には巨大な乳頭がたわわにそびえている、というイメージをかき立てられてしまうかもしれない。しかし残念ながら美女がいるわけではないし、反対から見れば神主の烏帽子の形に見えてしまうのだ。

女性の体に見立てた山はほかにもある。青森県の高乳穂山《たかにうやま》も同様、豊かな乳房に見立てて付けられた山だという。いずれにせよ、「乳首だ！　乳房だ！」と騒いで名付けたのは男性に違いない。

秋田に美人が多いという根拠はどこから来たの？

京美人、博多美人と並ぶ日本三大美人が「秋田美人」だ。民謡『秋田音頭』にもその美しさが歌われるほどなので、その評判も確かなのだろう。そんな秋田美人という言葉が生まれたのは、明治以降のこと。市内の色街にそろっていた美人と遊んだ男たちによってその評判が伝えられ、美人の存在が全国的に知られるようになった。しかし、秋田に美人が多いという根拠はどこから来たのだろう？

それには、おもに三つの説がある。まず、秋田の女性が日本海沿岸に漂着したロシア人と混血し、色白で美しい女性が増えたという説。次に、日照時間が短いことから秋田の女性は肌が白くキメが細かいという説。そして三つめが、関ヶ原の戦いの結果、武将である佐竹義宣《さたけよしのぶ》が江戸幕府から秋田への国替えを命じられた腹いせに、旧領内である水戸の美人全員を秋田に連れていったという説。

いずれも俗説ではあるが、酒の席で盛り上がるのは、やはり、三番目の佐竹の殿様が秋田に美人を連れていったという説だろう。「だから水戸には美人がいない」なんて会話がくり広げられるのだが、近年では一つ目のロシア混血説が有力とされている。

恐ろしい形相で子供に迫るなまはげは敵か味方か?

「なぐ子はいねが?」と荒々しい声を上げ、大晦日の晩に家々を回る秋田県男鹿半島のなまはげ。その恐ろしい形相に子供は思わず泣き叫んでしまうのだが、その「なまはげ」とはいったい何物か? そして何のために家々を回っているのか? その答えのヒントはなまはげという名前にある。

かつては、どこの家にも囲炉裏《いろり》があった。そして、囲炉裏の火に当たりすぎると火だこができた。これは、ストーブなどの暖房器具に同じ部位を長時間当てていると生じる火傷の一種。この火だこのことを「なもみ」といい、それができる人は冬の日に火にばかり当たっている、怠け者だとされた。

この「なもみ」をはぐ、火だこの「生身をはぐ」というのが「なまはげ」の語源といわれている。つまり、暖かい場所から離れず、怠けているものを懲らしめ、その結果、家々を幸せにするのがなまはげの仕事だ。

なまはげのお面。これを見れば子供も泣くはずだ。 ©eblaser

このなまはげにはもう少し奥深いいい伝えがある。その昔、中国の漢の国王が鬼を連れて男鹿にやってきた。鬼たちは山に住みつくが、年に一度だけ山を降りる機会を与えたところ、やりたい放題の悪事を働いたという。この鬼たちがなまはげになったといわれている。そんなヒールを家々の福の神として解釈するとは、かなりのポジティブシンキングといえよう。

山形県が日本での最高気温を記録したって本当？

東北地方はいわゆる北国であり、「冬は寒く、夏は涼しい」というイメージが一般的だ。しかし、1933年の夏、東北地方の南西部に位置する山形県山形市では、毎日のように最高気温の記録を塗り替え、7月25日にはとうとう日本での最高気温40・8℃を記録した。その日は、暑さによって道路のアスファルトが溶け、木からセミが落ち、5000羽ものニワトリが死んだという。

なぜ北国であるはずの山形県が日本最高の気温を記録したかというと、その原因はその日の気圧配置にある。その日は南高北低の夏型で、南西の風が吹いていた。この風が雨を降らせながら山形県内の南西部の山をのぼり、吹き下ろすときに異常乾燥・異常高温の空気が付近の温度を上昇させたのだ。こうした現象は「フェーン現象」と呼ばれ、山間の盆地や日本海側の各地で低気圧が発達したときなどに発生する。山形市は山形盆地の中心にあるため、このフェーン現象にとらえられたというわけだ。

そののち、2007年に埼玉県熊谷市、岐阜県多治見市が40・9℃を記録するまで、山形市は北国にして「日本一暑い街」だった。のちに記録を塗り替えた多治見市はこのデメリットをメリットに転換し、「日本一暑い街」として観光誘致を行なっている。夏場には多治見のゆるキャラ・うながっぱがウチワを配布するなど熱中症対策を呼びかけているが、山形県のような被害に遭わなかったのか気になるところだ。

宮城県にたくさんの種類のこけしがあるのはどうして？

東北地方特産の郷土玩具といえば「こけし」だ。木を切り出して、ろくろで回転させて円筒状の胴をつくり、丸い頭を付けて女の子の

鳴子こけし ©n.kondo

作並こけし ©n.kondo

顔が描かれる。胴には赤青黄など鮮やかな彩色が施される。このように非常にシンプルな構造だが、こけしづくりには熟練の技が必要だという。

　こけしがつくられるようになったのは、江戸時代の後期だ。東北の農村には一年の疲れを癒やすために、年に一度は温泉に行く習慣があった。そうして温泉地にやってくる子供たちのおみやげとして、こけしが売られるようになったのだ。

　ちなみに東北地方のこけしは、形や表情、胴体の模様などで、10種類に分けられる。それらは顔や髪の毛の描き方、胴体部分の文様などで区別され、それぞれに個性と表情がある。そのなかの「鳴子《なるこ》こけし」「作並《さくなみ》こけし」「遠刈田《とおがった》こけし」「弥治郎《やじろう》こけし」「肘折《ひじおり》こけし」の5種類が宮城産の「宮城伝統こけし」だ。

こうした種類の多さから宮城県はこけし王国という異名をもっている。たくさんの温泉地が宮城県にあり、古くからこけしを求める人がいたからこそ、多くの種類のこけしが誕生する土壌が培われたのだ。

なぜ仙台駅は駅弁の種類数が日本一なの？

仙台駅で売られている駅弁は70種類以上ある。仙台名物の牛タン弁当、牡蠣《かき》めし、栗めし、若どり弁当、初代仙台藩主・伊達政宗にちなんだ弁当なんていうのもあり、売店の前でどれを買おうか迷ってしまうほどだ。

ほかの地域にも駅弁はあるが、種類の多さを全国統計で見た場合、仙台駅がダントツだという。しかしなぜ、そんなにたくさんの種類の駅弁が仙台駅で売られるようになったのだろうか？

その理由は単純で、ビジネスマンの行き来が多いからだ。仙台市には、東京や大阪に本社のある企業の支社や支店が数多くある。また、中央官庁の東北支所も、ほとんどが仙台市内。仙台駅の乗降客数1日約10万人のうち、出張で仙台を訪れるビジネスマンがその多くを占めている。

そして、忙しいビジネスマンに重宝されるのが駅弁だ。仕事で食事をとる時間がとれないときや、急いで電車に飛び乗らなければいけないとき、駅構内で手軽に買える駅弁は都合がよい。そうしたビジネスマンのさまざまな要望に応えるうち、数多くの種類の駅弁がつくられるようになったのだ。

種類が多いうえ、特産物がたくさんつまっ

た仙台駅の駅弁は、観光客にも人気が高い。もはや牛タンと並ぶ仙台の名物といえるだろう。ぜひ一度味わってみよう。

なぜ猪苗代湖《いなわしろこ》には魚がすめないの？

福島県中央部にある猪苗代湖は、琵琶湖、霞ヶ浦、サロマ湖に次いで日本で4番目に大きな湖だ。その面積は104・8平方キロメートルにもおよぶ。

それだけ大きな湖とあれば、たくさんの魚がすんでいそうだが、じつは猪苗代湖にはフナやハヤといった小さな魚しかいない。その理由は、猪苗代湖の水が「酸性」だからだ。

水道水のペーハーはだいたい6くらいだが、猪苗代湖の水は平均4・9。この酸性に傾いた水のせいで、プランクトンのような小さな生物が育たない。つまり、魚のエサが育たないため、魚もいないというわけだ。

なぜ、猪苗代湖の水が酸性なのかというと、江戸時代から1960年代まで硫黄が掘られていた「沼尻鉱山」に起因している。その廃鉱口から、強い酸性の温泉水が、硫黄川、湯川、酢川、長瀬川を通って、猪苗代湖に注ぎ込んだのだ。

しかし、魚にはすみにくい水も、人間にとっては恵みの水。飲料水として、また農業・工業用水、水力発電などにも使われている。そんな猪苗代湖の水に、近年、ペーハーの急上昇が見られるという。このまま中性化し、プランクトンなどの生物が増えれば、猪苗代湖にたくさんの魚が泳ぐようになる日も近いかもしれない。

三春滝桜。1922年、国の天然記念物に指定された。 ©ayumew

福島県にある日本三大桜の一つ、三春滝桜《みはるたきざくら》の樹齢は？

福島県には、「三春町」という観光の名所がある。その地名の由来は、その地では、梅、桃、桜の花が一度に咲くからだという。三つの花のうちの一つ「三春滝桜」は、木の高さ約13・5メートル、根回り約11・3メートルの大きさを誇る巨大なベニシダレザクラだ。太い枝は東西に25メートル、南北に20メートルも広がり、日本三大桜の一つにも数えられている。

滝桜と呼ばれるのは、4月中旬より枝から桜の花が滝のように流れ落ちるように咲くからだという。そんな三春滝桜の樹齢はというと、幹の中心に空洞ができているので正確に算出することはできないが、専門家の調査によると1000年以上といわれている。
ところが、2005年にその歴史にピリオドが打たれそうになる事故があった。大雪によって、十数本の枝が折れてしまったのだ。幸い、関係者の必死の手当のかいあって、今までどおり美しい花を咲かせることができたという。

日本三大桜のほかの2本はというと、岐阜県淡墨公園の根尾谷淡墨桜《ねおだにうすずみざくら》が樹齢1500年、山梨県実相寺の山高神代桜《やまたかじんだいざくら》が樹齢1800〜2000年。それぞれエドヒガンで、三春滝桜のみがベニシダレザクラだ。さらに、関連資料を見ても、三春滝桜の扱いはメインになっていることから、日本一の桜といってもいいかもしれない。もちろんどれも甲乙つけがたい美しさなので、一見の価値はある。

会津地方が桐の産地になったのはなぜ？

軽くて、湿気を防ぎ、光沢が美しい、そんな桐は木材として非常に優れ、割れが少なく、虫が付かず、耐火性があるという数かずの特長がある。なかでも会津の桐は鎌倉時代から名産品として知られ、家具や調度品、あるいは建築物などに幅広く利用されていた。

江戸時代の初頭になると会津藩主・保科《ほしな》正之《まさゆき》が産業振興のため桐の植栽を奨励し、梅や胡桃《くるみ》、栗などとともに大切な七木に指定した。そして、子孫に受け継ぐようにと命じたことにより、会津藩の一貫した政策となった。さらに流通網が整うと、会津桐は全国に出荷され、その名は広く知れ渡った。

ではなぜ、そもそも会津が桐の名産地になりえたのか？ それは、東北の盆地の気候が桐と非常に相性がよく、理想的な生育環境になっていたからだ。

中国原産といわれている桐は、温暖地では病虫害を受けやすく、寒すぎると育たない。いっぽう、会津であれば盆地特有の保温効果により、冬でも気温が下がりすぎることはなく、温暖でもない。このように、適度に涼しい気候が桐の生育にマッチしていたのだ。

かつて、会津では「女の子が生まれたら桐を3本植えよ」といわれたという。20年ほどで立派な桐に育つので、それで嫁入り道具がまかなえるというわけだ。しかし、昨今、桐を植える前に子供たちが生まれないという少子高齢化の時代を、会津の殿様たちは想像できなかったに違いない。

なぜ「日本国《にほんこく》」という名前の山があるの？

「日本国の頂点に立ちたい」という夢をかなえるのはカンタンだ。新潟県と山形県との県境にある「日本国」という名前の山に登ればいい。JR羽越本線「府屋」駅よりバスで約25分行くと、村上市小俣地内にある登山口に着く。日本国は標高555メートルで、地元の人たちのハイキングコースとして親しまれている山だ。だが、そんなありふれた山に、なぜ「日本国」などというスケールのデカい名前が付いたのだろうか？

山名の由来には諸説あるが、有力なのは、7世紀後半、阿倍比羅夫《あべのひらふ》率いる大和朝廷軍が、東北地方の蝦夷《えみし》を追い払いながらこの辺りに到達し、大和朝廷の支配圏と蝦夷の勢力域との境界であることを示すため、山に「日本国」と命名したというものだ。いずれにせよ、数かずの歴史とロマンを秘めた山であることには違いない。

しかし、日本国へ登っても、頂上で「日本国を征服した」などとはいわないように。というのも、2013年、毎年の山開きイベントで発行していた登頂証明書の名称「日本国征服証明書」に対し、「不謹慎だ」と苦情が寄せられ、「日本国登頂証明書」へ変更しているという経緯があるのだ。

地元では昔から、登頂を「征服」と呼んでいたことから、山開きイベントが始まった1981年から「征服」の表現を使っていたという。最近はこういうのもシャレで済まされない時代になったということか。

春先に日本海側で降る赤い雪の正体は？

春が近づく頃、北陸から東北地方の日本海側では「赤い雪」が降ることがある。古くは、1477年に、北国で「紅雪《こうせつ》」を観測したとの記録が残っている。人びとは、応仁の乱で亡くなった死者の怨念が、赤い血の雪を降らせたといって、たいへん恐れたそうだ。

この日本海沿岸でしばしば見られる赤い雪の正体は「黄砂」。春先に、中国内陸部から飛来してきた黄砂が混ざることで、赤茶色の雪になるのだ。また、残雪がピンクがかった赤に色付く「赤雪」という現象もある。こちらの正体は、雪氷藻類《せっぴょうそうるい》と呼ばれる微生物。低温環境での繁殖が可能な雪氷藻類が大発生することで起こる赤雪は、残雪期であれば各地で見られる現象だそうだ。

甲斐国（山梨県）には、「紅雪」にまつわる伝承がある。それによると、雪女は、山姥《やまんば》の垂れた乳と経血を嘲笑したため、山の神の怒りにふれ、罰として紅雪が降るまで処女でいなければならなくなったという。そんな伝承があるくらいなので、山梨の辺りでも赤い雪が見られたのかもしれない。ちなみに、処女だった雪女は、紅雪が降ると、男と通じて子を生み、溶けて消えたという。

佐渡島の山の頂上がパックリ割れてるわけ

新潟県の西の沖合に浮かぶ佐渡島は、沖縄本島に次いで2番目に大きい離島だ。その面積はおよそ855平方キロメートルと、東京23区の約1・5倍に相当する。

そんな佐渡島に「道遊《どうゆう》の割戸《われと》」と呼ばれる山がある。その名のとおり、頂上がV字形にぱっくり割れているのだが、まるで天から大きな楔《くさび》が降ってきて突き刺さったかのようなその異形は、いったいどうやってできたのだろうか？

じつはこれは、自然現象によってできたものではない。「金」を採掘するために、人間の手で掘られた跡なのだ。

江戸時代、佐渡は金採掘の一大拠点だった。だが、当時は近代的な道具も技術もなく、人の手で掘るしかなかった。山の地表で鉱脈が発見されると、採掘者たちはノミと鏨《たがね》だけで必死に掘り進め、いつしか山がV字形に割れてしまったというわけだ。

道遊の割戸。佐渡市相川宗徳町にある。

佐渡金山での採掘は、江戸時代初期から１９８９（平成元）年まで行なわれていた。とくに江戸時代には、佐渡金山で産出される金が、幕府の財政を支えていたといっても過言ではない。それほど重要な鉱山だったのだ。

人の手によって、ついに山を断ち割ってしまったという「道遊の割戸」。その深く刻まれた切れ込みを見ると、人間の業《ごう》の深さを感じずにいられない。

なぜ群馬県には雷神を祀《まつ》った神社が多いの？

群馬では、古くから雷神信仰がさかんだった。その証拠に、現在、群馬には20社の雷電神社があるが、明治期の神社統合以前は、なんと３５４社も記録されていたという。

群馬県邑楽郡板倉町にある雷電神社。関東地方に数多い「雷電さま」の総本宮。 ©京浜にけ

群馬で雷神信仰がさかんだった理由は、単純に雷が多いから。一年を通して雷日数が多いのは日本海側の地域だが、群馬の前橋では雷日数が年18日以上あり、かつ暖候期（4～9月）における割合が約98パーセントを占めている。つまり「日本一夏に雷が集中している」地域なのだ。

群馬県の雷の原因となっているのは、赤城《あかぎ》山や榛名《はるな》山、草津白根山、谷川連峰といった山やまだ。これらの山腹や谷の空気が夏の強い陽差しによって暖められると、上昇気流が発生する。この上昇気流が雷雲へと成長し、山地から平地に向かって吹く風によって市街地方面へ運ばれるため、前橋などの地域で雷が多くなるというわけだ。

昔から地元の人びとは、赤城山を「くろほ」（黒雲の湧き上がる山）、榛名山を「いかつほ」

（いかずちの山）と呼んでいた。山が雷をもたらすことを知っていたのだろう。そうして、落雷とともに、農耕に欠かせない恵みの雨を降らせる「雷」を「ライサマ（雷様）」「オカンダチ（御神立）」と畏れ、信仰してきたのだ。

登るにつれ、気温が上がる不思議な筑波山

茨城県の筑波山は、日本百名山のなかでも標高（876メートル）が低く、気軽に登山が楽しめる山として有名だ。その筑波山に登ると、不思議な体験をすることがある。

ふつう、山は登るにつれ、気温が下がる。だが、筑波山では、中腹辺りのほうが暖かいことがある。実際に、冬のよく晴れた日、筑波山の標高100～300メートルの南斜面はふもとより3～4℃気温が高いという。

こうした逆転現象は「放射冷却」によって起こる。放射冷却とは、日中暖められた地面が、夜間に熱放射をし、地表面の空気を急激に冷やす現象だ。快晴時は、熱が雲に遮られることなく上空へ逃げやすいため、冷却効果も高くなる。放射冷却によって冷やされた中腹の空気は、重くなって、斜面を滑り落ち、ふもとにたまる。このためふもとの気温は下がる。冷気のなくなった中腹の斜面は、快晴の太陽に照らされ、気温が上がっていく。

こうした現象は筑波山以外でも起こるが、標高が高くて裾野が大きな山では、中腹に、さらに上空の冷たい空気が大量に供給されてしまうため、目立っては現れない。筑波山は標高が低く、山体も適度に小さいため、顕著に現れるのだ。

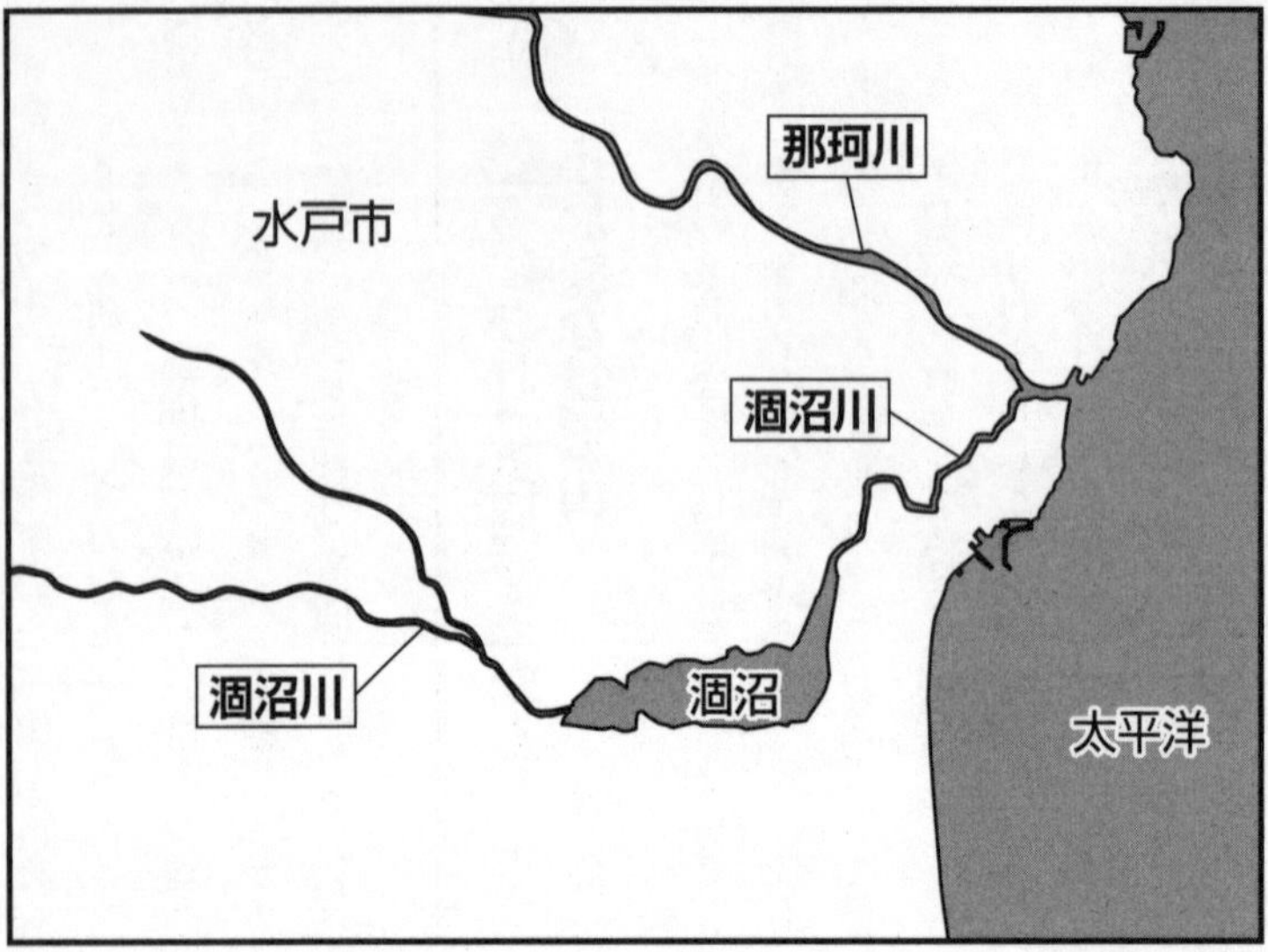

なぜ茨城県にある涸沼《ひぬま》では海の魚が釣れるの？

スズキやクロダイは、おもに海で釣れる魚だ。だが、茨城県に行けば、これらの魚を沼で釣ることができる。

東茨城台地、鹿島台地に囲まれた涸沼（茨城町）は、沼なのに海の魚が釣れるとあって、釣り人に人気のスポットになっている。涸沼で海の魚が釣れる理由は、海水と淡水とが混じりあった湖だから。こうした湖は「汽水湖」と呼ばれ、サロマ湖（北海道）や浜名湖（静岡県）も同等の性格をもっている。

涸沼の周辺はもともと入り海だったという。やがて、入り海の出口が那珂川《なかがわ》の堆積土砂によって塞がれ、涸沼ができたとされている。

現在の涸沼は、涸沼川《ひぬまがわ》・那珂川を通じて、約8キロメートル先の太平洋とつながっているが、もともと海だったため、海抜は0メートル。そのため海の干満と同じく1日2回水位が約40センチ上下し、さらに満潮時には川が逆流し、海水が涸沼に流れ込むため、淡水と海水が混ざりあっているのだ。

逆流してきた海水には、当然、海の魚も交じっている。そのため、涸沼では、コイやフナなどの淡水魚も、冒頭で挙げたような海の魚も、両方釣ることができるのだ。

なぜ水戸の納豆が有名になったの？

納豆のなかでも知名度ナンバーワンは、茨城の「水戸納豆」だろう。しかし、納豆は東日本を中心に各地で生産されていたにもかかわらず、なぜ水戸の納豆がとくに有名になったのだろうか？

もともと水戸の農家では、地元でとれる粒の小さな大豆を使った納豆づくりがさかんに行なわれていた。当時の納豆販売は、「売り子さん」と呼ばれる行商人が納豆を売り歩くスタイル。たくさんの納豆をかついで一軒一軒得意先を回るのは、かなりの重労働だったようだ。

水戸納豆の知名度を上げるきっかけとなったのが、１８８９年の「水戸鉄道」開通だ。行商スタイルよりも、人の集まる駅前で売るほうが効率がよい、ということで、水戸駅前の広場で販売したところ、これが大ヒット。納豆は「水戸土産」として人気商品になった。

さらに１９３６年、駅のホームでも売られ

るようになると、「水戸納豆」は全国に広く知られるようになった。今では、水戸市の納豆生産量は全国第1位となっている。さっそく近くのスーパーに行って、食してみよう。

なぜ蛇尾川《さびがわ》の水は突然消えてしまうの？

世のなかには「水のない川」が存在する。代表的なのが、栃木県の北西部を流れる蛇尾川だ。といっても、水がないのは、ある区間のみ。そこでは、それまで流れていた川の水が、突然消えてしまうのだ。

蛇尾川は一級河川に指定され、その支流である大蛇尾川《おおさびがわ》は、ニジマスやイワナの釣りスポットとしても知られている。そんな蛇尾川の水が消えてしまう秘密は「砂利」にある。蛇尾川には、200〜300メートルにもおよぶ砂利が積もっている。その大量の砂利が、川の水を吸ってしまい、そこだけ水がないように見えるのだ。

というわけで、川の水が本当になくなってしまうわけでない。砂利に吸収された水は地下を流れ、大田原市《おおたわらし》に入った頃に再度現れる。

このように、地上を流れる水が、ある区域だけ地下を流れることを「伏流」という。そして地図では点線で表される。

蛇尾川は、その名前から、蛇のようにクネクネした川を想像させるが、実際はそれほど曲がりくねっていない。一節によると「サビ」という言葉は、アイヌ語の「水のない石だらけの河原」に由来するという。かつてアイヌの人たちが、この水のない川のそばに住んでいたかもしれないのだ。

河川水が伏流する栃木県道30号塩那橋の川床。　©BehBeh

戦いの歴史もないのになぜ「戦場ヶ原」なの？

栃木県の観光名所である日光・中禅《ちゅうぜん》寺《じ》湖《こ》の北には、「戦場ヶ原」と呼ばれる湿原がある。その勇ましい地名を聞いて「はて、誰と誰が戦ったんだろう？」と思う人もいるだろう。しかし、この地で戦ったのは、歴史上の人物ではない。

戦場ヶ原で戦ったのは、男体山《なんたいさん》の神の化身である大蛇と、赤城山《あかぎやま》の神の化身であるムカデ。つまり、戦ったのは、神話のなかの登場人物たちなのだ。

『戦場ヶ原神戦譚』という神話によれば、男体山神の大蛇と赤城山神のムカデは、中禅寺湖をめぐって争っていたという。そこへ、弓の名人である「小野猿麻呂」という神が現れ、ムカデを打ち抜いたことで一件落着となった。中禅寺湖は男体山の支配下に置かれ、日光ではサルが神聖な動物とされるようになったそうな。

しかし、この神話が「戦場ヶ原」という地名の由来なのかといえば、そうではない。もともとは「千畳敷きもある広い原野」を意味する「千畳が原」という地名だったのが、神話のエピソードにあわせて「戦場ヶ原」と表記するようになったという。

ちなみに、神話では、ムカデの流した血がたまったのが「赤沼《あかぬま》」、勝負がついたのが「菖蒲ヶ浜《しょうぶがはま》」、勝利を祝ったのが「歌ヶ浜《うたがはま》」と呼ばれるようになったとされている。それらの地をめぐって、神話の争いを目に浮かべるのも一興だろう。

なぜアクセスの悪い場所に成田空港をつくったの?

海外旅行で成田空港へ向かうとき「遠い」と感じる人は多いだろう。空港がある場所は千葉県成田市三里塚。実際に、都心から空港までの距離は約70キロメートルと、先進国の主要空港のなかで最も遠い。

へたをすれば移動だけで3～4時間かかり、日本を訪れた外国人にも「到着日には何もできない」と不評を買っているという。しかし、なぜそんな不便なところに国際空港をつくったのだろうか?

その理由の一つは、「風の影響を受けない場所」という条件を重視したから。それまで日本の表玄関の役割を担っていた羽田空港は海に面していた。そのため、風のせいで離着陸が遅れることが頻繁にあったという。その点、内陸部に位置する成田なら、風の影響を受けることはほぼない。

また、国際空港の建設が計画された1960年代当初は「これからはコンコルドのような超音速機が旅客輸送の主力になるだろう」と想定されていた。そのため、超音速機の離着陸には4000メートルクラスの滑走路が必要なことや騒音対策を考えると、広大な用地を確保でき、かつ人里離れた場所が求められた。さらに、羽田や横田基地、百里《ひゃくり》基地の空域とかぶらない地域でなければならないという条件もあった。となると、これらの条件に当てはまるのは、首都圏では「成田」ぐらいだったのだ。

そうして開港されたのが1978年のこと。多少、都心から遠いのも、しかたがないとするしかないのか。

浦安市が合併せずに面積を増やした方法とは?

平成の大合併によって面積が増えた市区町村は珍しくない。だが、東京ディズニーランドで有名な千葉県浦安市は、合併以外の方法で面積を4倍に増やしている。その方法とは「埋め立て」だ。

昭和20年代まで、浦安市の辺りには遠浅の海と干潟が広がり、付近の人びとは魚や貝をとって生計を立てていた。今、ディズニーランドが建っている土地は、潮が満ちると海のなかになったという。

この小さな漁村に事件が起きたのは195

8年のこと。人びとが漁に向かうと、浦安沿岸がドス黒く染まっていた。そして、その海面には魚が白い腹を向けて浮き、貝は口を開けたまま死んでしまっていた。原因は、製紙工場の排水が江戸川に放流されたことによる公害だった。

そんな頃、日本プラスチック社から「周辺の海面を埋め立て、東洋一の遊園地を造成したい」と申し出がある。公害事件をきっかけに、漁業を続けることに不安を感じていた浦安の人びとは、この申し出を承諾。1963年から埋め立てが始まった。

そうして1980年に工事が終了したときには、浦安市の面積は4・43平方キロメートルから16・98平方キロになっていたという。浦安市は、海と干潟を埋め立てることで4倍近く大きくなったのだ。

九十九里浜って ホントに九十九里あるの？

房総半島の東岸に広がる九十九里浜は、古くから遠浅の地形を生かしたイワシの地引網漁業で知られる。美しい砂浜は観光地として人気も高い。そんな九十九里浜の海岸は、その名のとおり99里（396キロ）あるかというと、実際は15里（60キロ）しかない。

では九十九里浜というのは、どこからきているのか。「九十九里」なのは、その昔、6町《ちょう》（約654メートル）を一里として数えていからだ。

だが、その計算でいくと約90里となり、9里足りない。これについては「百里近くもある」というニュアンスを出すために、百里よりわずかに短い「九十九里」としたのではないかといわれている。ちょっとせこい気もするが、まあいいではないか。

ちなみに、地名の由来としては「源頼朝命名説」のほうが有名だろう。この地を訪れた源頼朝が一里ごと砂浜に矢を立てて距離を測ったところ、99本目で矢が尽きたことからその名が付いたというものだ。

だが、この説は信憑性が薄いとされている。文献に「九十九里」の地名が登場するのは、18世紀初め頃からで、時代的につじつまがあわないのだ。

とはいえ、49本目の矢が立てられたとされる地点には「矢指神社《やさしじんじゃ》」という祠《ほこら》まで置かれている。頼朝ではないにしろ、誰かが矢を立てて距離を測ったのは、ひょっとしたら本当なのかもしれない。

「関東地方」と「首都圏」その違いって何なの?

日本では北から北海道、東北、関東、中部、近畿、中国、四国、九州、そして沖縄、以上九つのブロックに分けるのが通例だ。行政の取り組みも天気予報もこの区分で地域を分けている。

そして関東地方は、東京、神奈川、千葉、埼玉、群馬、栃木、茨城の1都6県から成る。さらに首都圏という枠組みになると、東京の経済圏を中心に東京都内の会社への通勤エリアというとらえ方が一般的なところだろう。

したがって、東京以外の千葉や埼玉、神奈川の各県にあるエリアでもアクセスがよければ首都圏と考えてもいい。

世界全般
アジア
ヨーロッパ
アメリカ・中南米
アフリカ・極地オセアニア
日本

そこで問題になるのが、山梨県だ。通勤エリアとしてのアクセスのよさを考えると疑問が残るところだが、お役所では首都圏の整備・建設と秩序ある発展を図るための首都圏整備計画という構想を掲げており、そのなかには、山梨県も加えられているのだ。

というわけで、「関東地方」と「首都圏」では山梨県の差で首都圏のほうが大きいことになる。そのため、山梨県の人びとは「関東地方の人」とはいえないまでも、「首都圏内の人」とドヤ顔ができるのだ。

自衛隊朝霞《あさか》駐屯地は埼玉県にあるのに、なぜ住所は東京なの？

東京都と埼玉県の県境に朝霞駐屯地という陸上自衛隊の施設がある。朝霞というのは埼玉県南部の市の名前。もと川越街道の宿場町として発展した街だ。

地図を見てみると、駐屯地の敷地はかなり広大で、朝霞、新座《にいざ》、和光《わこう》の3市にまたがっており、一部が東京都の練馬区に接している。

素朴に考えると、行政区分でいえば埼玉県となり、住所も埼玉県朝霞市になるのが順当だ。しかし、実際に住所を見ると「東京都練馬区大泉学園町」とあるから不思議だ。

なぜ、そうした住所が付けられているのかというと、その正面玄関と東部方面総監部庁舎が練馬区の内側に存在するからだ。つまり、施設の所在地はその施設の基幹部分がどの行政区分に建てられているかが基準になるのだという。ひょっとして、朝霞駐屯地が東京都内にあることをアピールするため、正面玄関と庁舎を練馬方面につくったというのは考え

すぎだろうか？

ただ、電話番号を見てみると03ナンバーではなく、朝霞市や和光市、新座市と同じ048ナンバーであり、埼玉仕様になっている。いっそのこと、陸自の威信をかけて03ナンバーにしてほしいところだ。

東京都葛飾区の亀有はもともとは「亀無」だった!?

東京都葛飾区にある「亀有」は、マンガ『こちら葛飾区亀有公園前派出所』の舞台としておなじみだ。だが、この「亀有」という地名、もともとは「亀無」だったという。

16世紀頃まで、亀有の辺りは「亀梨」または「亀無」と記されていた。室町時代に成立した『義経記』にも、その記録が残っているという。では「亀無」の由来はというと、この土地が「亀の形を成している」ことから付いたとされている。「亀」は、亀の甲羅のようにこんもりした丘を指し、「なし」は否定の意味ではなく、「成す」という肯定の意味だったのだ。

それが「なし」から「あり」に変わったのは1645年のこと。江戸幕府が国図を作成する際に、「なし」はものごとを否定する言葉で縁起が悪いとし、「無」の反対語である「有」に変えたのだ。

同様の理由で「無」から「有」に変わった地名に、茨城県の「毛有《けあり》」がある。もともと毛無新田《けなししんでん》だったのを、不毛の地を意味して縁起が悪いということで、江戸時代に変更したという。

たしかに「無」より「有」のほうが縁起がよさそうだ。なにより、『こち亀』が1976年から40年もの長きにわたって連載が続いていることが、その証拠だろう。

なぜ吉原に幕府公認の遊郭ができたの？

いわずと知れたソープ街・吉原の発祥は、江戸幕府公認の遊郭とされている。しかしなぜ、わざわざ幕府公認の遊郭をつくったのだろうか？

もともと江戸には「遊女屋」が多くあった。その理由は女性が少なかったから。

時代劇なんかでは、町娘が街を歩いていたりするが、実際はそんな光景はまれだったようだ。そうして、女日照りで気の荒くなった男を相手にするため、各地に遊女屋ができたといわれている。

しかし、遊女屋というのは犯罪組織の温床になりやすい。これを懸念した庄司甚右衛門という人物が「江戸の遊女屋を一カ所にまとめて、見張りやすくしてほしい」と申し出た。そうして大規模な遊郭が吉原につくられることになったという。

だが、幕府には別の思惑もあったようだ。吉原に遊郭をつくる許可が出たのは1617年。その頃の幕府は、2年前に滅亡させた豊臣方のおたずね者が遊女屋に潜伏することを危惧していた。ならば幕府公認にして取り締まるほうが安心と考えたのだ。

その後、初代の吉原遊郭は1657年の「明暦《めいれき》の大火」で燃えてしまい、現在の浅草近くに「新吉原」が設けられた。こうしてソープ街・吉原の原点がつくられたのだ。

なぜ六本木ヒルズでは迷子になりやすいの？

東京の新名所ともいうべき「六本木ヒルズ」は「迷子」の名所でもある。なぜかここでは迷子になってしまう、そんな人が続出しているのだ。

「六本木ヒルズって何？」と今さら聞けない人のために説明すると、六本木ヒルズは、高層オフィスビル「六本木ヒルズ森タワー」を中心に、集合住宅やホテル、映画館、ブランドショップ、レストランなどが集まった大型複合施設だ。お金持ちが多数住んでいて、「ヒルズ族」なんていう言葉ができたことは、ご存じのことだろう。

そんな六本木ヒルズで迷子になる人が多い

理由は、「曲がり角」が少ないから。フロアマップや施設配置図を見れば一目瞭然だが、通路は回廊ばかりで、施設は雲形定規で描いたような曲線上に配置されている。そのため「曲がり角」が少ないのだ。

人間は、通路や施設が碁盤目状に配置されているところでは、いったん覚えてしまえば方向感覚を保ちやすい。だが、曲がり角がないところではどうしても狂ってしまう。さっき通ったはずの店の前を何度も通り、気づいたら同じところを何周もしていた、なんてことになるのだ。

このクネクネの迷路においては、フロアマップも施設配置図も役に立たない。「ヒルズ族」から転落し、人生の迷路にはまってしまった人もいるように、とかく六本木ヒルズというのは、人を惑わす迷宮のようだ。

もんじゃ焼きの「もんじゃ」って何？

東京名物といえば、もんじゃ焼き。小麦粉をゆるく水で溶いたものに具を混ぜて、鉄板で調理して食べる粉ものだ。

もんじゃ焼きを食べる習慣は今や日本各地にある。東京以外でも専門店を見られるが、やはりとくに有名なのが東京の月島のもんじゃだろう。もんじゃストリートという通りがあり、40軒ものもんじゃの店が軒を連ねているほどだ。

そんなもんじゃの由来はというと「文字焼き」がもととといわれている。これは、江戸時代から明治時代の初頭にかけて、寺子屋などで字の勉強のためにつくられていたものだ。

紙が高価だった時代、子供たちの手に紙が届くことはほぼなかった。そのため、当時の子供たちは小麦粉を水で溶いたもので文字を書き、それを焼いて食べながら文字を覚えたのだ。

そののち、昭和の中頃まで文字焼きは駄菓子屋で子供が食べるおやつになった。粉と水にキャベツやあんこが加えられ、生地にも味が付くようになる。

そして「もんじ焼き」から「もんじゃ焼き」と呼び方も変わった。これが今でも一般的に呼ばれる名前になったというわけだ。

最近では生地がソース味になり、キャベツ、揚げ玉、切りイカ、桜エビ、肉、野菜といったさまざまな具で味を楽しむようになっている。もし、現代の学校にもんじゃ焼きを食べながら勉強できる、というシステムがあれば子供たちは必死で勉強するかもしれない。

江戸前ずしの江戸前とはいったいどういう意味？

にぎりずしは、今や全世界で食べられている日本の伝統料理だ。にぎりずしのことを江戸前ずしといったりするが、この「江戸前」とは何だろうか？

いわゆる、にぎりずしの発祥の地は江戸だ。しかし、19世紀の初めまで「すし」といえば、魚と米を発酵させて食べるなれずしや押しずしのことだった。

しかし、そういったすしは、発酵させるまでの時間や押し固めるまでの手間がかかる。江戸っ子たちはその時間が待てず、酢飯を握って新鮮な生の魚を載せるだけで、後はしょう油を付けて食べるようになった。それがにぎりずしの始まりだ。

では、なぜにぎりずしが江戸前ずしと呼ばれているかというと、「江戸の前に広がる海（今でいう東京湾）でとった魚介類でつくる」という触れ込みが土台になっている。イメージ的にも江戸前という言葉は新鮮な魚を連想させることから、今も昔も、すし店の多くが江戸前ずしという呼称を使っているのだ。

ただ、江戸時代でいう「江戸前」とは、江戸の前の海（東京湾）ではない。江戸城の前を流れている川を指していたという。

そのため、当初の江戸前ずしはうなぎやドジョウなど、おもに川魚を使った料理だったという。最近ではネタが江戸前どころか日本の海のネタなども希少で、とくに回転ずしなどで回ってくるネタは何の魚かさえわからないのが現実だ。

なぜ秋葉原がオタクの聖地になったの？

メイドカフェや「ＡＫＢ」といったアキバカルチャーの発信地であり、「オタクの聖地」として世界的に名を知られる「秋葉原」。その歴史は、戦後の「ヤミ市」から始まったとされている。

１９４５年の終戦直後、焼け野原となった東京は、非合法の市場「ヤミ市」でにぎわっていた。ヤミ市で扱われる商品には、農村からもち込んだ米・野菜や、焼け残った家屋からもってきた日用品などさまざまなものがあった。そうしたなか、旧日本軍や米軍払い下げの電子部品を扱う露店が登場する。

電機商の露店は、近くにあった電気学校（現東京電機大学。当時は神田にあった）の学生をターゲットに利益を上げ、秋葉原や神田、上野に数多く並ぶようになっていった。

さらに、進駐軍に撤去を命じられたのをきっかけに、多くの店が秋葉原の商業ビルに入居したため、秋葉原は電気街として歩むことになったのだ。

やがて日本は高度経済成長期を迎える。テレビや冷蔵庫などの家電が一般家庭に普及すると、秋葉原は急成長を遂げる。

だが、大型家電量販店の登場により、小さな電器店がじょじょに撤退していく。それらの店の代わりに客足をつなぎ止めたのがゲーム関連のショップだ。

その後、パソコン、アニメと、時代にあわせてジャンルを変えながら、オタクの欧米人が聖地巡礼に訪れるほど発展したのだ。

なぜ霞が関が官庁街になったの？

中央省庁が集中していることから「行政」や「官僚」の代名詞にもなっている東京・霞が関。かつて武家屋敷町だったその地が官庁街になったいきさつには、明治政府の「財政難」が関係している。

江戸時代、浜辺が埋め立てられ、銀座や築地の街ができると、その北西に位置する霞が関界隈には多くの武家屋敷が建てられた。霞が関が官庁街へと変化したのは明治時代になってからのこと。それまで、今でいう官庁は、江戸城内に置かれていたのだが、江戸城には京都から移ってきた天皇が入ることになったからだ。

そうして役人たちが働く官庁街をつくる必要に迫られたのだが、当時の明治政府は金欠状態だった。したがって新しく街を整備するほどの資金はない。そこで、目を付けたのが、武家屋敷だ。

大名の武家屋敷は広く、部屋数も多かった。さらに各藩の江戸大使館の役割も果たしていたため、すでに「役所」としての設備が整っていた。

こうして1870（明治3）年、最初の官庁である外務省が設置される。その建物には、筑前福岡藩黒田家上屋敷がそのまま使われたという。

だが、これらの武家屋敷も、関東大震災で焼失してしまう。今の霞が関の風景は、再興のなかで新設された各省庁によって形成されている。

神田に古書店が集まるきっかけとなった理由は？

東京・神田といえば古書の街。読書家でなくとも、街の各所に多くの古書店が並ぶ様子を見たことがあるだろう。東京の都心にありながら、昔ながらの古書店が100軒以上軒を連ね、多くの研究者や読書家、古書マニアが集う街だ。

そんな神田に古書店が集まるようになった発端は江戸時代にさかのぼる。1790年、神田湯島に設立された江戸幕府直轄の教学機関である昌平坂学問所が、この地を古書街にしたきっかけだ。全国から学者や学生がこの地に集まり、神田が江戸の学問と教育の中心地となったのだ。

明治時代になるとその周辺に学校がつくられるようになる。1881年には現在の明治大学の元となる明治法律学校、日本大学の元となる日本法律学校などが設立される。現在も、東京医科歯科大学や順天堂大学、専修大学など、神田周辺には多くの大学が建ち並び、大学生が集う街となっている。そうした流れのなかで、学生や研究者に多くの知識を提供する街として発展。今も昔も、苦学生は多かったのか、教科書や研究書、資料を売り買いする古書店が集まるようになったというわけだ。

赤坂に料亭が多いのはなぜか?

権力者と財界人が人目を忍んで密会する……そんなシチュエーションの舞台となれば、赤坂の料亭と相場が決まっている。事実、国会議事堂を擁する政治の中心地・永田町に隣接する赤坂には、大物政治家ごひいきの料亭が多数存在する。

そんな華やかであると同時に、権力のニオイがする赤坂であるが、明治の半ばまでは非常にさびれた場所だったという。そこに、料亭が並ぶようになったのは、政治の力ではなく、じつは軍隊の力、つまり、この地に軍隊の駐屯地ができたことが大きかったのだ。

明治初期、陸軍部隊は丸の内に駐屯地を、日比谷に練兵場を置いていたが、1884年、赤坂檜町に陸軍部隊、第一師団歩兵第一連隊を移す。すると、金銭的な余裕をもつ軍人たちが赤坂の街にあふれ、彼らを相手にする料亭が増えたのだ。そして、日清戦争、日露戦争に連勝し、軍人はあぶく銭を手にし、赤坂でどんちゃん騒ぎ。東京の兵営が赤坂に集中していた影響もあって、料亭は活気づき、ますます彼らの御用達の街となる。ちなみに、1936年の二・二六事件の際に反乱部隊が集結したのは赤坂山王ホテルと料亭の幸楽だったという。華やかな赤坂の街の明かりには、そうした軍人たちの栄華という土台があったのだ。

お台場は何のために東京湾につくられた?

お台場といえば、東京湾のウォーターフロントに広がる近代的なエンターテイメント・エリア、あるいはその社屋がよく登場することからフジテレビがある場所というイメージをもつ人も多いだろう。あるいは、バブルを経験した読者なら、お台場と聞いて勝手にお立ち台をイメージするかもしれない。

いずれにせよ、華やかでにぎやかな印象をもたれているところだが、「台場」とはじつは「砲台」のことだ。幕末「江戸にも黒船が来るぞ!」と焦った幕府がアメリカ艦隊の襲来を迎え撃つために砲台が築造されたという。5000人の人足と千葉県などから運ばれた大量の松材、そして1年3カ月の月日をかけて12の台場づくりが行なわれた。

台場のうち七つは未完成となったが、アメリカ艦隊は江戸湾に姿を見せず、大砲は火を噴く間もなく世は明治維新を迎えた。現在は二つの台場が残されており、フジテレビの近くにも、その跡が残されている。今のお台場に黒船がやってきたら、おそらく新しいアトラクションが登場した! と歓迎されるだろう。

明治神宮の森はどのようにして豊かな自然を得たのか？

東京の景観に対して、大都会であるにもかかわらず、案外と緑が豊かな街という印象をもっている人は少なくないだろう。街路樹や公園などあらゆる場所に緑が設えてある。そして、何より大きいのが都心にドーンと存在する明治神宮の森だ。明治天皇、昭憲皇太后を祀《まつ》る鎮守の森は面積もさることながら、毎年日本一多く初詣客が訪れることで知られる。

さぞかし古くに創建されたのだろうと思いきや、じつはその歴史は古くはない。それどころか、明治神宮の森は人工的につくられたものなのだ。豊かな木々にあふれる森を携える明治神宮だが、もともとはアシが生える沼や荒れ放題の藪《やぶ》があるだけの土地だったという。

造営が始まったのは1915年。全国から300種類、17万本もの木々が寄進された。これが延べ11万人にもおよぶボランティアによって植えられ、東京ドーム15個分という壮大な森が1920年に完成する。つまり5年という短期間にこの森の土台を築いたというわけだ。近年、生態系の調査が行なわれたが、タヌキやオオタカ、昆虫から粘菌まで、2800以上の種が確認され、沖縄にしかいないとされていた生物まで発見されたという。

東京の下町に「島」が付く地名が多い理由は？

東京の湾岸エリアには、佃島、月島、越《えっ》中島《ちゅうじま》、霊岸島《れいがんじま》など、島という字が付く地名

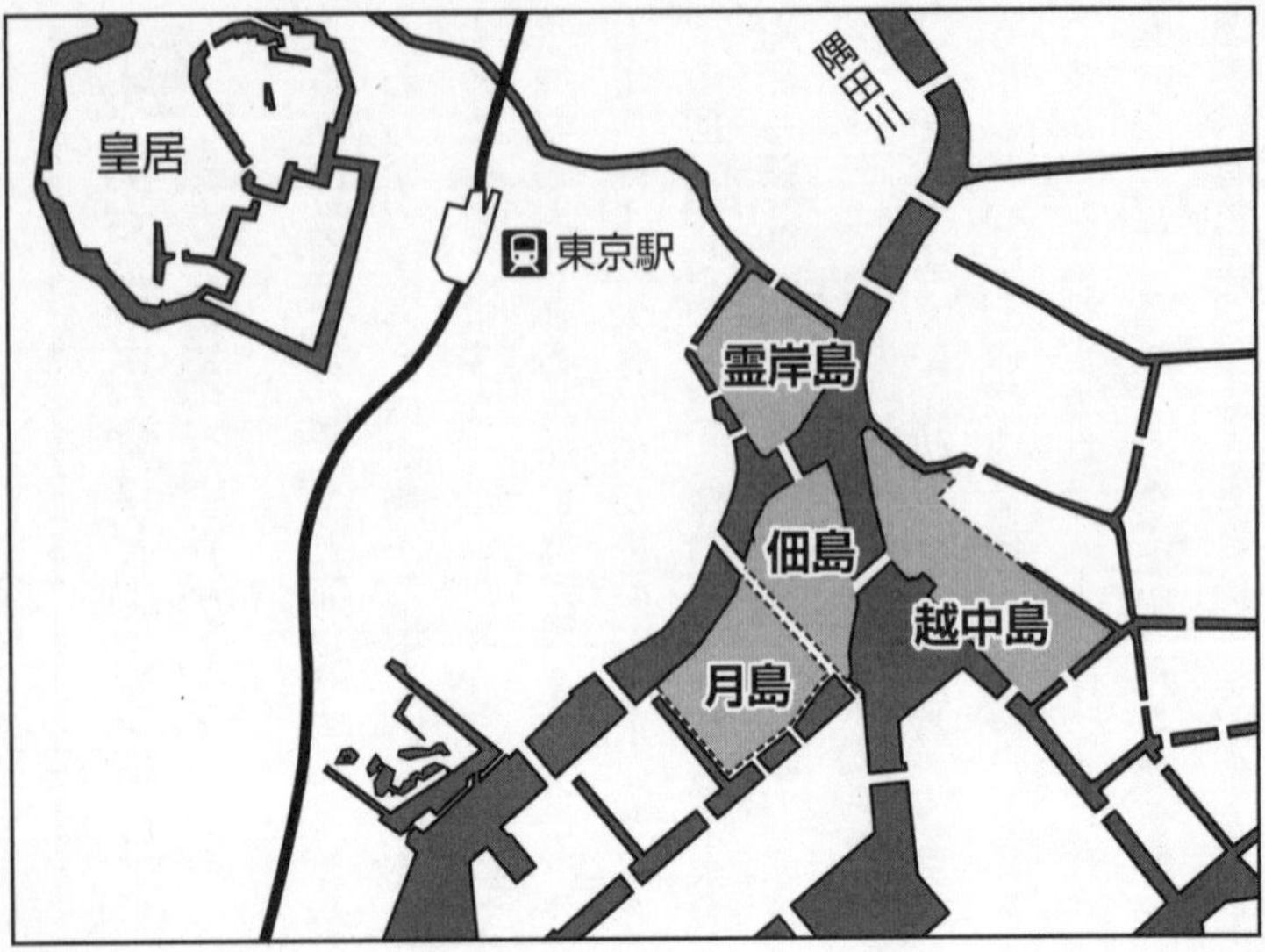

が多い。実際には東京都内にあるのに、どうして島なのか？
　じつは、それぞれの土地はかつては実際に島だったとされている。江戸時代の初め頃、東京湾は内陸の江戸城まで広がり、それぞれの土地は実際に島として浮かんでいたのだ。それが、埋め立てられたり、砂州が陸化したことなどによって東京の街並みに吸収されていったというわけだ。
　それぞれの島の由来を紹介すると、もんじゃ焼きで知られる月島は隅田川河口の中州を明治時代に埋め立ててつくった人工の島だ。かつては同じ読みで「築島」と表記し、築き上げた島という意味をもっていた。
　佃島は佃煮の発祥の地として知られるが、隅田川の砂州が陸化してできた島。越中島も隅田川の中州だったが、１８７５年に日本初の商船学校がつくられたことで、その名が知られるようになった。

霊岸島は江戸中島と呼ばれ、日本橋川、亀島川、隅田川に囲まれた中州がもととなり、霊岸寺という寺院が建立されたことから霊岸島と呼ばれるようになった。それぞれ、個性ある土地だが、それぞれの島で独自の文化が息づいていたのだ。それぞれの島を歩きながら、島の個性を探ってみてはいかが。

六本木はなぜ夜遊びの街になったのか？

東京で最先端の夜遊びの街といえば六本木だ。疲れ知らずの若者を楽しませるオールナイトのレストランやバー、あるいはクラブが多数軒を並べ、週末ともなればお祭り騒ぎとなる風景がTVなどで放送されている。

そんな六本木、江戸時代には大名屋敷が多くたたずむ街だった。明治になると、そこに軍隊の歩兵一連隊と三連隊が置かれ、日清戦争、日露戦争を通じて軍隊の街として知られるようになった。そして太平洋戦争が終わると様相は激変する。

日本は敗戦国となり、日本陸軍の土地がアメリカの進駐軍のものとなった。そして、現在の東京ミッドタウン辺りにバーディバラックという兵舎が建てられ、六本木はアメリカ人の兵隊のための繁華街へと変貌。ダンスホールや飲食店など、六本木のすべてが欧米式となり、日本人が出入りできる街ではなくなったのだ。

1950年代の後半になるとアメリカ軍施設が日本に返還され、日本教育テレビ（現在のテレビ朝日）が設立。テレビ関係者や芸能人が出入りし、彼らを追う若者が集まるようになって、「六本木族」と呼ばれる若者が出現する。

さらに東京オリンピックが開催された1964年に地下鉄日比谷線が開通すると、さらに多くの若者が集い、今のような夜遊びの街として発展していったのだ。そのため、六本木の楽しい雰囲気をつくったのは日本軍を叩きのめしたアメリカの兵隊だったといっても過言ではない。

銀座があるのになぜ金座がないのか？

銀座といえば日本有数の繁華街であり、有名ブランドや百貨店が集まり、地価が高く、銀座という名前自体がブランドとなっている。銀座をこの地につくったのは誰なのだろうか？そして、金閣寺と銀閣寺があるのに、なぜ、金座ではなく、銀座なのだろうか？

その歴史をひもとけば、銀座をつくったのは桃山城に居城していた豊臣秀吉だった。それも、今の場所ではなく京都の伏見だった。

銀座は今でいう造幣局のことで、銀貨を鋳造していたことからそのように呼ばれていた。江戸時代となって徳川の世になると銀座は駿府へ、そして現在の銀座三丁目辺りに移動し、新両替町という名称となった。

その時代、隣の日本橋にあった本両替町が金座だった。すると、当時の人びとは金座の横にあるからということで、新両替町を銀座と呼ぶようになったのだ。

きんさんぎんさんではないが、どうも人は

金と銀とをセットで考えたくなるようだ。いっそのこと、今の日本橋も金座にしておけば、東京全体がさらに潤ったかもしれない。

なぜ東京・港区は大使館だらけなの？

アメリカ大使館をはじめ、世界各国の大使館は、港区に集中しているのをご存じだろうか。赤坂にアメリカ、カナダ、北青山にブラジル、高輪にエチオピア、六本木にスペイン、スウェーデン、フィリピン、麻布台にロシア、西麻布にパナマ、元麻布に中国、そして南麻布一帯にイラン、フランス、ドイツ。じつに40以上もの大使館が港区内に集まっているのは、なぜだろうか？

19世紀末、長い鎖国の時代を終えた日本が、最初にアメリカ公使館を置いたのは、麻布一ノ橋の交差点に近い善福寺《ぜんぷくじ》だった。ほかにも、イギリス、ロシア、フランス、ポルトガルなど、各国の外交代表団の宿泊所・公使館には、寺院が多く用いられたという。

寺院が選ばれた理由は、聖域ゆえ、外国との紛争防止に役立つと考えられたからのようだ。そして、これらの寺院が多く立地していたのが、今の港区だったのだ。また、港区界隈は、江戸城から近すぎず、遠すぎず、警備しやすい位置にあった。さらに、麻布一帯には大名屋敷が多く建てられていたため、明治維新後は、使い道のなくなったこれらの建物を活用できるという利点もあった。

まさに好条件がそろっていた港区。そこへ意図的に大使館が集められたのは、自然なこととといえよう。

江戸時代の地図は上にくる方角がバラバラ

われわれが目にする地図は「北」が上に配置されている。だが、博物館に展示されている江戸時代の古地図を見ると「西」が上になっていることが多い。また、大坂図や伏見図、奈良図は「東」が上、長崎図のように「西北西」が上になっているものまである。

このように、上にくる方角がまちまちな理由は、方角ではなく「城」を基準にしていたからだ。江戸時代、地図を作成する際は、まず城を図の上のほうに配置し、それから町全体を描いた。江戸図の場合、江戸城を上方の真ん中に置き、その下に日本橋などの下町を配置する。すると、江戸の東方にある日本橋が下にきて、上には「西」がくるというわけだ。

北が上の地図が慣習化したのは、欧米から地形図作成の技術が導入された明治以降のこと。それまでは、日本に限らず、世界においても地図の上にくる方角はバラバラだった。

中世では、ヨーロッパの地図は「東」が上、アラビア人がつくる地図は「南」が上にあった。これも、それぞれの信仰の対象であるエルサレムを上に配置した結果だ。古い地図を眺めてみると、その時代の人びとがよりどころにしていたものが見えてくる。

なぜ八つの島なのに「伊豆七島」なの？

東京の南に連なるように続く伊豆諸島は、古くから「伊豆七島」と呼ばれてきた。だが、島の名前を挙げると、本州から近い順に、大《おお》島《しま》、利島《としま》、新島《にいじま》、式根島《しきねしま》、神津島《こうづしま》、三宅島《みやけじま》、御蔵島《みくらじま》、八丈島《はちじょうじま》と、その数は八つになる。それなのに、なぜ「七島」なのだろうか？

一説には、この呼び名が付いた頃は七つだったが、なんと大地震によって八つに増えたのではないかといわれている。その説によれば、もともと新島と式根島は歩いて渡れる程度の深さでつながっていたという。それが、1703年に江戸・関東諸国を襲った元禄地震によって、二つに切り離されてしまったというのだ。

元禄地震のマグニチュードは推定7・9～8・2。確かに、それほどの大地震なら、島を真っ二つに割ってしまうかもしれない。

ただ、こうした史実について明記された文献は残っていない。最近では、この説自体が創作である可能性も指摘されている。

明治時代に、新島の島民が式根島の所有権を本土に横取りされるのを危惧して、話をでっちあげたのかもしれないという。今となっては真相を知る術《すべ》はない。いずれにせよ、「伊豆諸島」と呼んでおけば、島の数が9になっても10になっても通用するだろう。

東京湾に沈んでいた首都防衛のための要塞

日清戦争・日露戦争の後、勝利に酔いしれていた日本。だが、外国艦隊による艦砲射撃から、海に面した東京を守ることも急務だった。東京湾が外国艦隊に突破されれば、東京が大打撃を受けるのは必至だからだ。

そこで、山県有朋らは首都防衛のために、

東京湾の3カ所に人工の島を要塞として築いた。まず、千葉県富津岬沖に第一海堡《かいほ》と第二海堡、さらに、横須賀市観音崎沖に第三海堡。そうして富津岬と観音崎の間の海域を挟み撃ち、一気に敵艦隊を撃滅させるという構想だった。

しかし、これらの要塞が実戦で活躍することはなかった。第一海堡は廃墟となり、今では使われていない。

第二海堡は海上保安庁の管理のもと、消火訓練施設となって残っている。そして、第三海堡はというと、関東大震災によって崩壊してしまった。

もともと、潮の流れが強く、水深が深かった第三海堡は30年もの歳月をかけて築いた強固な要塞だったが、大地震の前に撃沈。しかし、完全に破壊されればよかったのだが、その残骸は残り、暗礁となった。

この海域は当然のことながら東京湾のなかで最も航行量が多い。したがって、第三海堡は、船舶交通の邪魔をし、座礁する船舶が増えたことから「魔の第三海堡」と呼ばれていた。それも、2007年には撤去。首都防衛のために生まれ、船舶の航行を阻んだお邪魔虫は、海の藻屑となったのだ。

芦ノ湖の湖底に杉林はなぜできた？

神奈川県箱根山付近に、周囲約21キロメートル、最大水深43・5メートルの芦ノ湖という湖がある。湖畔からは富士山を望み、静かな湖面に映るその優美な姿は、昔から「逆さ富士」として知られてきた。

そんな芦ノ湖にはもう一つ、隠れた勝景がある。その湖底に、杉林が生えており、それを望むことができるのだ。江戸時代には、杉の梢が湖面から顔を出していたことから、その様子を愛でた人びとから逆さ富士ならぬ「逆さ杉」として親しまれてきた。

となると、かつて芦ノ湖は杉林で、そこに水がたまったのだろうと思うかもしれないが、芦ノ湖自体はカルデラ湖で箱根火山の爆発によって誕生したもの。杉林は湖が形成されたのちにできたといわれている。

ではなぜ、杉林が湖底にあるのだろう？じつはこの杉林は、山の斜面から滑り落ちたものなのだ。今から1600年前の古墳時代と平安時代初期、この一帯で大地震が起こった。このときの衝撃により杉林が滑り落ちたとされる。

実際、湖底の杉林を調べると1600年前のものと、1000年から1100年前のものとがあるというからつじつまがあう。しかし、杉林ごと滑り落ちるとはすさまじい。この説を知らない江戸時代の人びとは逆さ杉を眺めて、さぞかし不思議に思ったことだろう。

ドビュッシーの交響詩『海』の源は神奈川の海から？

クロード・アシル・ドビュッシーは従来とはまったく異なる音楽技法をとり入れた大胆な作曲法で知られる、印象派を代表するフランスの作曲家。その代表作となるのが交響詩『海』（1903～05年制作）だが、この曲は神奈川県の海からインスピレーションを得たといわれている。

葛飾北斎の浮世絵版画『神奈川沖浪裏』。

といっても、彼自身が神奈川の海を実際に見たというわけではない。江戸後期の浮世絵師・葛飾北斎《かつしかほくさい》の『冨嶽三十六景・神奈川沖浪《かながわおきなみ》裏《うら》』を通じて、彼は神奈川県の海を「見た」のだ。その浮世絵は上のものだ。

波間に描かれた富士山をのみ込まんばかりの大波の様子を見たドビュッシーはおおいに感動し、代表作となる管弦楽曲を作曲したという。とくに曲の後半、壮大で激しく、爆発的な曲想で幕を閉じるイメージは『神奈川沖浪裏』の巨大な波を彷彿《ほうふつ》させる。

北斎などの浮世絵は海を越え、音楽だけではなくモネ、ゴッホ、ゴーギャンなどフランス印象派の画家にも絶大な影響を与えた。ドビュッシーも北斎の版画で、神奈川県の海を見なかったら、交響詩『海』を完成させることはできなかっただろう。

デザインや作曲のパクリが取り沙汰される昨今だが、ある意味、ドビュッシーも北斎の感受性をパクったといえるかもしれない。ただ、作曲家が画家の作品をパクっても、誰もとがめることはない。

なぜミシシッピー湾という地名が横浜にあったのか？

ミシシッピーという言葉を聞けば、たいていの人はメキシコ湾に面するミシシッピー州、あるいはミシシッピー川を思い出すだろう。ところが、ミシシッピーの名を冠する地名が、アメリカではなく、日本の横浜にかつて存在した。なんでも、明治維新の時代に、東京湾の一部が「ミシシッピー湾」と呼ばれていたという。

1853年、アメリカのペリーが4隻のアメリカ艦隊を擁して浦賀に到着。そのなかの2隻の蒸気軍艦「サスケハナ号」「ミシシッピー号」は黒船と呼ばれ、日本人を震撼させた。武力をちらつかせながら、開国を迫ったペリーに対して、江戸幕府は右往左往するばかりだった。

いったん本国に戻ったペリーは翌年、江戸湾、羽田沖まで迫り江戸幕府を威嚇してきた。そして回答を待つ間、彼は周辺地域の測量を行ない、島や湾がわが物になったかのように勝手に名前を付けていった。その結果、江戸湾にあった、現在の根岸湾に付けた名前が、黒船のなかの1隻であるミシシッピー号の名に由来する「ミシシッピー湾」だったというわけだ。

ほかにも、横須賀沖の猿島に「ペリー島」、横須賀市の旗山崎には「ルビコン岬」と命名した。ペリーにとっては、一方的に地名を変えていくということも侵略の第一歩だったのかもしれない。

なぜ漁村だった横浜に中華街が誕生したの？

極彩色の飲食店や雑貨屋がひしめき、毎日が祭りのようなにぎわいを見せる横浜の中華街。横浜村という小さな漁村が、中華街へと変わるきっかけとなったのが、1858年にアメリカとの間で結ばれた「日米修好通商条約」だ。

日本史で習ったとおり、この条約がいわゆる「不平等条約」だったことはさておき、江戸幕府はこれに従い、全国5カ所に港を開くことにした。そのうちの一つが横浜だったというわけだ。

幕府が横浜を選んだ理由は、海と山に囲まれた横浜なら、外国人を日本人から遠ざけることができると考えたから。両者がいさかいを起こすことを恐れたのだ。

こうして港が開かれた横浜には、外国人商人のための居留地が設けられた。そこで通訳として活躍していたのが、のちに中華街を築くことになった中国人たちだ。

もともと上海や広東の西洋商館で働いていた彼らは、西洋の言葉が話せるうえ、日本人とは漢字で筆談もできる。そのため、西洋の商人との間をとりもつことができた。

やがて、彼らは「中華会館」や「中華学校」、中華街のランドマークにもなっている「関帝廟」などを設け、この地に中国文化をもち込

東京朝日新聞　（月曜日）

大震災・十二年目に
海中列車引揚げ
思ひ出は悲し根府川の沖合
不氣味な車台現る

人骨既になし
〔潜水夫の談〕

アルプス連峰に雪

同志社總長に
湯淺博士可決

日活
深

関東大震災で根府川駅もろとも海中に沈んだ列車の引き揚げを報じる東京朝日新聞。

んだ。こうして今に至る中華街の原型がつくられたのだ。

伊豆の海底に沈む謎のプラットホーム

海底に駅のホームがあると聞けば、SFかミステリーか？　不可解なイメージが浮かんでくるが、伊豆沖合の海底には、実際にプラットホームが密やかにたたずんでいる。

原因は1923年に起こった関東大震災だ。地面が大きく揺れたとき、東海道本線の小田原・熱海間を真鶴行きの電車が走っていた。当時、根府川駅は現在よりも高台にあったのだが、関東大震災によって発生した地滑りによって、ホームにさしかかった車両もろとも海に投げ出されてしまったのだ。こうして駅、そして多数の犠牲者が海の底に沈んだという。

その後、機関車と客車は引き揚げられ、駅は再建されたのだが、プラットホームはそのまま海の底に残された。さらに、年月を経て貝などが付着し、魚が集まる漁礁のような状態となった。海底遺跡のようになったプラットホームはスキューバダイビングの潜水ポイントにもなっている。

また、プラットホームどころか熱海には港そのものが沈んだとみられる海底遺跡がある。安土桃山時代頃まで栄えた港が地震などによる地盤沈下が原因で沈んだとみられ、桟橋や石畳、石垣や回廊などが発見されている。海の栓を抜くことができたら、プラットホームや港のほかにもいろいろなものが出現するに違いない。

野望は「海のある県」!? 長野と静岡の国盗《くにと》り合戦《がっせん》とは?

日本各地にはいまだ県境《けんきょう》の定まっていない場所が14カ所もある。たとえば富士山頂は山梨県と静岡県が所有を望んでいるし、千葉県と東京都では目印としていた川の流れが変わったせいで、県境の位置をもめている。しかし、この県境を利用して地域の交流を図ろうとしている県もある。

長野県と静岡県の県境にある兵越峠《ひょうごしとうげ》では、毎年10月に「峠の国盗り綱引き合戦」と銘《めい》打《う》ったイベントが開かれている。綱引きに勝利したほうが、1メートルだけ県境を広げられるのだ。信州軍《しんしゅうぐん》(長野県)と遠州軍《えんしゅうぐん》(静岡県)に分かれ、県境を挟んで綱を引き合う。

1987年から始まったこの戦い、現在は16勝13敗で信州軍が3メートル領土を広げている。

信州軍は、「太平洋を信州に」を合言葉に、兵越峠から太平洋までの約65キロを突き進み、「海のある長野県」となる野望を抱いているという。ちなみに遠州は諏訪湖《すわこ》を狙っているらしい。6万5000年、連勝し続ければ信州の夢はかなうことになる。

この合戦は年を追うごとに認知度が高まっている。今や両県知事や県境の市長が開催に立ち会うほど大々的なイベントであり、観戦者は全国各地からやってくるようだ。

ただ残念ながら、この合戦で得た県境は正式なものではない。峠の県境には、「国盗り綱引き合戦に於《お》いて定めた国境である」「行政の境に非《あら》ず」との告知が掲げられている。

なぜ軽井沢は宿場町から高級別荘地になったの？

江戸時代、軽井沢は中山道を往来する人びとの宿場町として栄えていた。その後、明治時代になって1885年に「信越本線」が開業した。これをきっかけに観光客が増えたかというとそうではない。

信越本線の終点は横川《よこかわ》（群馬県）で、軽井沢まではまだ延びていなかった。そのため、観光客が増えたのは横川の霧積《きりづみ》温泉だけで、軽井沢は宿場町としての機能を失っただけだった。

軽井沢に転機が訪れたのは1888年。英国国教会の宣教師アレキサンダー・クロフト・ショーが、旧軽井沢の大塚山に別荘を建てたのだ。なんでも、布教の際に軽井沢を訪れ、その風景にすっかりほれ込んだという。

　やがて、この西洋風の別荘が話題になり、似たような別荘を建てる外国人が続出することになった。そうして軽井沢は、異国情緒あふれる別荘地へと変貌を遂げた。

　ちなみにショーが軽井沢を気に入った理由は「故郷スコットランドの風景に似ていたから」。いわば軽井沢は、偶然訪れた外国人の個人的な「ノスタルジー」をきっかけとして「町おこし」に成功したのだ。

プラモデルの聖地誕生のきっかけは家康がつくった？

　静岡県は知る人ぞ知る「プラモデルの聖地」だ。タミヤ、アオシマ、ハセガワといった日本を代表するプラモデルメーカーがみんな本社をここに構え、売り上げシェアは90パーセントを占める。しかも、静岡でプラモデル産業が発展するきっかけをつくったのは、あの徳川家康なのだ。

　江戸時代、静岡中部では漆器や木製家具などの産業が発達していた。その理由は、徳川家康や徳川幕府が、駿府城《すんぷじょう》や静岡浅間神社《しずおかせんげんじんじゃ》などをつくるために、全国から腕利きの職人を集めたからだ。そんな彼らがそのまま定住し、器用な手先を生かして木工芸で生計をたてていたのだ。

　その伝統は３００年以上受け継がれ、静岡で木工業が発達する。さらに１９３２年、アオシマの創業者・青島次郎が木製模型飛行機を販売したのをきっかけに、複数の木製模型メーカーが誕生した。戦争中も木製模型飛行機は戦意高揚のために学校教材に採用され、生産され続けたという。

ところが、1950年代になると、欧米のプラモデルが輸入されるようになり、木製模型の需要は激減。そこで1960年代からはプラモデルの生産を始めることになった。すると、ほどなくして静岡県はプラモデルの聖地となった。そのきっかけは、静岡に腕利き職人を集めた家康だったのだ。

なぜ信濃川なのに信濃を流れていないの?

日本一長い川として知られる信濃川。その名称から、信濃(長野県の旧国名)を流れる川というイメージがあるが、じつは長野県に「信濃川」は流れていない。

全長367キロメートルにもおよぶ信濃川の水源は、埼玉県、長野県、山梨県にまたがってそびえる甲武信ヶ岳《こぶしがたけ》にある。この山の西側から湧き出た源流が、長野県から新潟県を通り、新潟港の河口に注いでいる。そのため、物理的には、信濃川は長野県を流れているといえよう。

だが、河川というのは、源流から河口までの間に名前が変わることがある。信濃川の場合、水源から214キロは「千曲川《ちくまがわ》」、新潟県に入り、河口までの153キロは「信濃川」と呼ばれている。つまり、長野県を流れている間は「千曲川」ということ。これが、長野県に「信濃川」が流れていないカラクリだ。

どうせなら、信濃を流れる間を「信濃川」、越後(新潟県の旧国名)を流れる間を「越後川」と呼んだほうがわかりやすそうなもの。

なぜ、新潟の人びとは「信濃川」なんて名前を付けたのだろうか？

その答えは単純だ。「信濃から流れてくる川」だから。このように、河川の名前は、上流にある地域名から付けられることが多かったという。

なぜ長野県に「東京」があるの？

長野県の旧鬼無里《きなさ》村地区には「東京」が存在する。読み方こそ「ひがしきょう」だが、その歴史は首都・東京よりもはるかに古い。

長野の「東京」の由来は、7世紀末、天武《てんむ》天皇の時代にさかのぼる。都を平城京から信濃へ移す計画をしていた天武天皇は、この地を候補地として「東にある都」を意味する「東京」という地名を付けた。

鬼無里には、東京のほか、西京や四条など平城京にちなんだ地名が多く、天武天皇の使者が創建したとされる春日神社もある。また、鬼無里という地名の由来について、次のような伝説も残っている。

遷都先の候補地を探すよう命じられた三野《みの》王《おう》は、水内《みのち》の水無瀬《みなせ》がふさわしいと、その地の図をつくって天武天皇に報告した。これを知った鬼どもが山を築いて邪魔をしたが、阿倍比羅夫によって討伐され、水無瀬は「鬼無里」と呼ばれるようになったという。

『日本書紀』には、天武天皇の遷都計画について、三野王が派遣され、図面を献上したことまで書かれている。どうやら天武天皇が遷都を計画していたのは本当のようだが、なぜその候補地が信濃だったのかは謎だという。いずれにせよ、もし計画が実現していたら、長野の「東京」が首都・東京のようになっていたかもしれない。

長野名産・野沢菜漬けのルーツは？

長野県民のソウルフードともいうべき「野沢菜漬け」。その材料となる「野沢菜」は、背たけが1メートル近くになることから「三尺菜」とも呼ばれている。そんな野沢菜のルーツは、大阪の伝統野菜「天王寺蕪《てんのうじかぶら》」だという。

野沢菜が長野で栽培され始めたのは、江戸時代のこと。野沢温泉街にある健命寺《けんめいじ》の僧が京都に修行に行き、天王寺蕪のタネをもち帰ったのがきっかけだ。

僧は、そのタネを畑にまいて世話をした。だが、野沢温泉は標高600メートルの高冷地。温暖な西国生まれの天王寺蕪は思うように育たない。そうしてできたのは、食用となる根部が小さく、葉と茎が異常に長く伸びた、見たこともない野菜だった。

この不思議な野菜こそが、野沢菜の起源になったというのだ。しかし、近年、信州大学農学部のＤＮＡ鑑定によって、野沢菜が天王寺蕪の系統ではなかったことが判明した。それまで信じられていた「天王寺蕪ルーツ説」の真偽のほどは疑わしいといえる。

いずれにせよ、野沢菜は、寒い土地でもよく育ち、その長い葉と茎を漬けた野沢菜漬けは冬の間の保存食として重宝されてきた。そのたくましい特性のおかげで、長野県民にだけでなく、全国的にも知られる信州名物となったことは間違いない。

富士宮でやきそばを名物にしたのは誰?

「富士宮《ふじのみや》やきそば」といえば、コシの強い麺と独特の味付けで知られる静岡県富士宮市のご当地グルメだ。本来の焼きそばは先にゆでてから仕上げるところ、富士宮やきそばはゆでずに蒸すことでコシを出すのが特徴だ。そうした調理法によって、ほかにない、かみごたえのある独特の食感が誕生する。

さらに、ラードをしぼった肉かすを隠し味に入れたり、魚のふりかけをかけたりすることで味わいに彩りを添えている。これらは、戦後の復興期、お好み焼きや焼きそばを「洋食」として「洋食屋」で出していた頃から、富士宮市の人たちに親しまれてきた味なのだ。

地域の人たちにごく普通に食されていた富士宮やきそばが名物として人気を集めるようになったのは2000年代になってからのこと。わずか数年の間に、大ブレイクするのだが、その陰には「富士宮やきそば学会」という市民団体があった。

メンバーはやきそばマップをつくるために「やきそばG麺」を結成して店の情報を集め、「三国同麺協定」「天下分け麺の戦い」などの話題性の高いイベントを実施。そのネーミングのおもしろさが富士宮やきそばの魅力と相まって全国のメディアで取り上げられるようになった。こうして富士宮やきそば学会は富士宮やきそばを見事に富士宮名物として全国に知らしめることに成功。ご当地B級グルメブームの祭典「B-1グランプリ」では数度にわたり、グランプリを獲得している。

なぜ富士山は高いのに高山植物が少ないの？

日本アルプスの高山では、夏になると、コマクサやイワキキョウといった高山植物が可憐な花を咲かせる。高山植物とは、その名のとおり、高山帯に生育する植物。ならば、日本一高い富士山へ登れば、多くの高山植物に出会えそうだが、意外にもその数は少ない。

富士山に高山植物が少ない理由は、アルプスよりも新しくできた山だから。日本の高山で見られる植物の多くは、氷河期に北方から南方へと移り住み、大陸と陸続きだった日本まで分布を広げたもの。それらが、気候が暖かくなるにつれて、夏でも涼しい高い山へ移動し、そのまま高山帯に残ったのだ。

その頃、富士山はというと、動植物が全滅してしまうような噴火活動を続けていた。そうして、ようやく収まったのが1万5千年前。すでに氷河期は終わり、高山植物は北へ帰ってしまった後だったという。また、富士山は独立峰のため、ほかの高山から植物が侵入することも難しかった。

いわば、火山活動によって高山植物との出会いを逃した富士山。だが今では、風や鳥の糞などに運ばれた植物によって、その植生もだんだんと豊かになっている。

野口五郎が先か？ あるいは野口五郎岳が先か？

よほど若い人でなければ、「野口五郎」と聞けば歌手、俳優、タレントの野口五郎を思い出すだろう。西城秀樹、郷ひろみと並んで新御三家でしょ？　と返す人がいたら、その人はそこそこ歳を食っていると思っていい。

じつは長野県、飛騨山脈の中部には「野口五郎岳」というの名前の山がある。それを聞いた多くの人は野口五郎が大人気だった頃、その名にあやかった観光作戦では、と思うかもしれない。しかし、実際は野口五郎岳のほうが先に存在していた。

これは、北アルプスにある山で、岩がゴロゴロしていることが五郎の名の由来であり、すぐ近くには黒部五郎岳があり、登山口には野口という集落があるという。そこで、野口五郎岳という名が付けられたのだ。

では、野口五郎との因果関係はというと、彼が芸名を決めるとき、担当のプロデューサーが「野口五郎岳のような大きな歌手になれるように」という思いを込めて命名したという。つまり、野口五郎岳あっての野口五郎なのだ。

ちなみに、黒部五郎という名前も候補にあがっていたようだが、こちらは却下された。もし、彼が黒部五郎という名でデビューしていたら、今のような有名人になれたかどうか、あるいはもっと大きな存在になっていたのかは誰にもわからない。

湖は年ねん浅くなるのに琵琶湖が浅くならないわけ

湖というのは、長い年月をかけて浅くなっていき、「沼」や「湿原」となり、やがては「陸地」になるといわれている。これは、河川から流れ込む土砂や、生物の死骸が湖の底に積ているのだ。

もっていくためだ。しかし、日本最大の湖・琵琶湖は、浅くならないといわれている。その理由は何だろうか？

琵琶湖には、野洲川《やすがわ》や安曇川《あどがわ》から絶えまなく水が注いでいるため、当然、土砂も流れ込む。また、多くの生物が生息しているため、その死骸の量もハンパないだろう。それにもかかわらず琵琶湖が浅くならない理由は、1年に1ミリメートルの割合で湖底が沈下し続けているからだ。

約600万年前にできた古琵琶湖は、約150万年ほど前には消滅し、その西方に新しい琵琶湖が出現したとされている。この琵琶湖は、鈴鹿《すずか》山地、比良《ひら》山地、伊吹《いぶき》山地が隆起し、その間に挟まれた湖盆が沈下するという地殻変動によって誕生した。この地殻変動が、年間約1ミリの沈下というかたちで今も続いていると考えられているのだ。

1年に1ミリとすると、単純計算で1万年で10メートル、琵琶湖の底が沈むことになる。そのおかげで、浅くならずに、いつまでも「湖」でいられるのだ。

琵琶湖《びわこ》の上に県庁を!?
県名と県庁所在地が決まるまで

「琵琶湖の真ん中に県庁を置けばいい！」

そう紛糾した県庁移転問題がある。

明治維新後の廃藩置県以降、全国の行政区画は府と県に整理された。このときの数はなんと3府302県。これらが現在の47都道府県へと統廃合されるまでには、各地でさまざまなドラマがあったようだ。

そもそもなぜ今の県名は旧藩名とまったく

違うのか？　そこには新政府の、旧幕藩体制への決別という思惑があった。県名からはいっさい旧藩の痕跡を消し、当時行政機関の置かれていた土地の名が付けられた。たとえば九州の県名が県庁所在地と同じなのも、県庁のある地名に由来するためだ。

なかには例外もあって、愛媛《えひめ》は『古事記』の国生み神話に由来している。「伊予《いよ》の国を愛比売（えひめ）と呼ぶ」の記述から文字を当てたという、変わった経緯をもつ県だ。

県の統廃合によって、県庁をどこに置くかもめた県も多い。石川県では旧藩士の勢力を逃れて県庁を移したが、紆余曲折ののち、結局もとの金沢市に戻っている。

安濃津《あのつ》県《けん》（三重県）でも旧藩士と県政との軋轢《あつれき》によって県庁が四日市《よっかいち》市に移されたが、のちの統廃合により、地理的な問題でふたたび津市へ移転している。

冒頭の滋賀県についても大津《おおつ》市《し》には強力なライバル彦根《ひこね》市《し》があった。大津は宿場町としてにぎわっていたが、彦根も大城下町だったのだ。そのため何度も彦根への県庁移転運動が起きた。白熱した議会では「琵琶湖の上に県庁を！」と叫ぶ人もいたそうだ。行政区分の変更は、一筋縄ではいかないようだ。

京都の地名はなぜ読めない？難読地名が多いわけ

京都の地名にはとても読みにくいものがある。「烏丸」「先斗町」「西院」などはそれぞれ「からすま」「ぽんとちょう」「さいいん」と読む。関西圏の住人であれば、比較的知っているだろう。だがたとえば「瓶原」「鶏冠井」

になると読めなくなる。ちなみに「みかのはら」「かいで」と読む。こうした難読地名は日本各地にあるが、京都には格段に多い。

そもそも地名には読み方が先にあったものと、初めから漢字で命名されたものの2種類がある。前者の場合、後から漢字を当てはめるために読みにくくなる。たとえば「太秦《うずまさ》」は昔、うず高く積み上げた絹を朝廷に献上した、土地の豪族秦氏《はたし》に由来する。「うずまさ」に関係なく「大いなる秦氏」という意味を込めて漢字を当てたのだ。

ほかにも「先斗町」はポルトガル語の「先」という意味の「ポント」を当てたものだ。「瓶原」は木津川沿いにある土地で、この川の美しさが「御河《みか》」と呼ばれたことから「御河之《みかの》原《はら》」と名付けられた。現代は「かめ」と読む「瓶」だが、当時は「みか」と読み、この文字が当てられた。

長岡京跡にある「鶏冠井」は井戸のそばに目印として植えた楓に由来する。「かえで」が「かいで」になり、秋になると紅葉した楓が鶏のトサカに見えることから「鶏のトサカの井戸」という意味の漢字が当てられたのだ。

古い言葉が残っていたり、長い年月の中で音が変わってきたり。歴史の長い京都ならではの事情が、難しさの原因だろう。

地図の上にある「下越《かえつ》」下にある「上越《じょうえつ》」のわけ

全国には上と下、右と左、前中後の文字が付けられている場所が各地にある。その場合北と南、つまり地図上の上と下がそのまま地名に当てられるのが自然だろう。しかし新潟

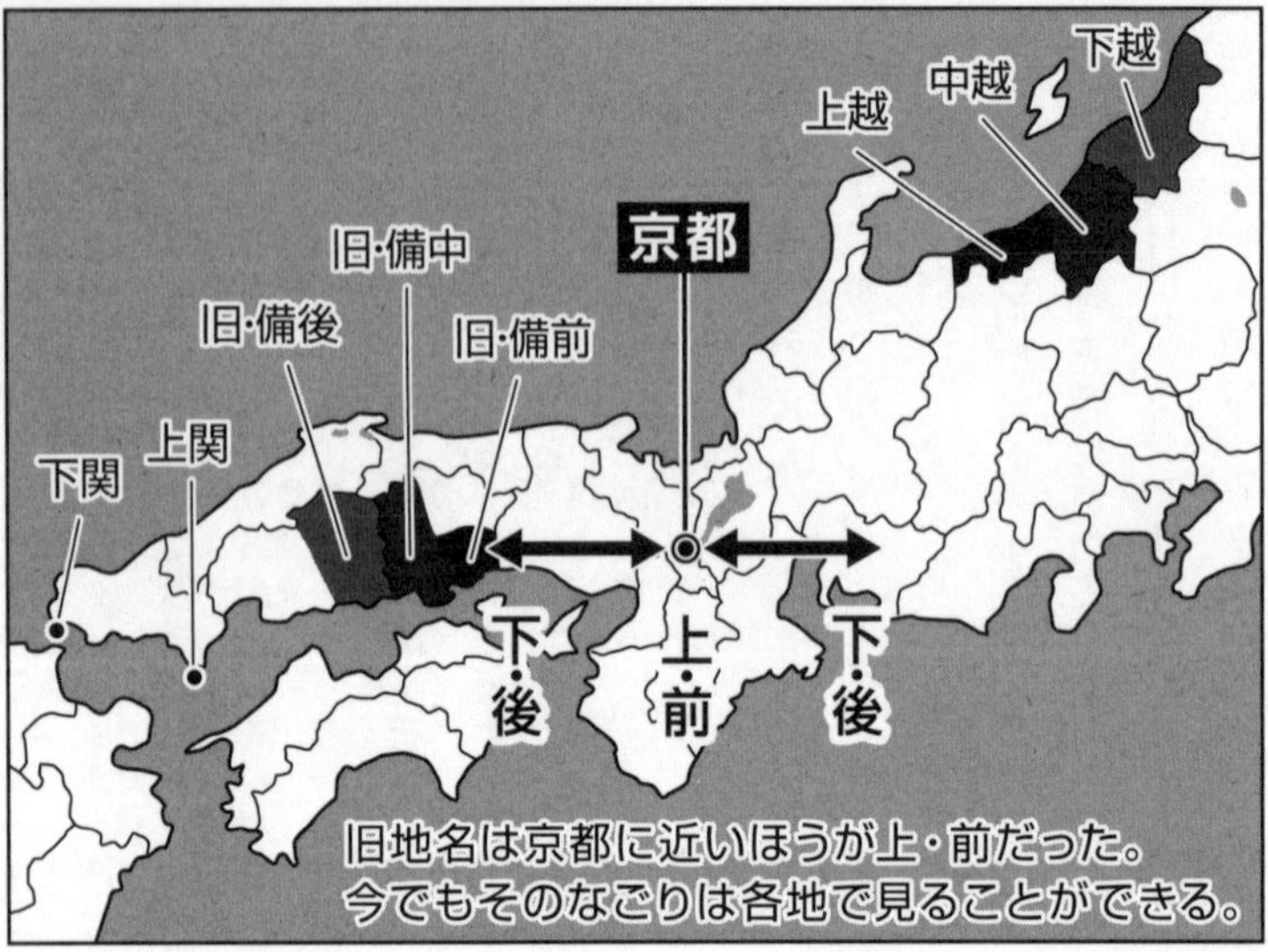

県は、北から「下越」「中越《ちゅうえつ》」と呼ばれ、富山と隣接する南の区域が「上越」となっている。なぜこのような逆転が起きたのか？

それはこの呼び名が付いた頃、京都を日本の中心として基準にしていたためだ。京都に近い方が「上方《かみがた》」ということで、南側を「上越」北側を「下越」と呼んだのだ。上越下越の越とは、古代「越国《こしのくに》」が三つに分かれて越《えち》前国《ぜんのくに》（福井県）、越中国《えっちゅうのくに》（富山県）、越後国《えちごのくに》（新潟県）となったことに由来する。これら3県の旧国名に含まれる「前」「中」「後」も京都が基準で、近い国に「前」が付けられた。

こうした地名はほかにもある。中国地方の「備前国《びぜんのくに》」「備中国《びっちゅうのくに》」「備後国《びんごのくに》」は古代の吉備《きび》国《くに》が分割された3国で、備前国は今の岡山、備後国が広島にある。天守のある山城として知られる備中松山城《びっちゅうまつやまじょう》にもその名が残っている。

山口県の「下関《しものせき》」にも対となる「上関《かみのせき》」がある。昔は船の荷を検査する番所として「中関《なかのせき》」と合わせ防長三関と呼ばれていたようだ。やはり「下関」は京都から遠く山口県西端にあり、「上関」はその逆の山口県東部にある。ちなみに京都内における「上中下」「左右」の基準は、御所《ごしょ》に天皇陛下が南を向いて座られた場合の視点だ。北を背にすれば、地図上の右が左京《さきょう》、左が右京《うきょう》になるのだ。

梅田は埋田？大阪駅に階段が多い理由

その土地の環境に由来した名前の音だけが残り、今は別の漢字を当てている地名は多い。JR大阪駅は大阪キタの中心、梅田にある。梅田には、ここを起点とする私鉄が通っているほか、市営地下鉄各線の乗り換えの要にもなっている。

しかし「梅田」として知られ始めたのは明治以降で、室町時代頃の書物には「埋田」という記述が残っている。埋田とは低湿地帯を埋め立て、水田を開いた土地のことだ。人が住み始めたのち、縁起が悪いと表記を変えられたようだ。

大阪駅内を歩くと、やたらと不可解な短い階段やスロープが多いことに気付く。その理由がじつは「埋田」と呼ばれていたことにある。この地には泥の地層があり、高度経済成長期、工業用水として地下水をくみ上げられたことで地盤沈下を起こしているのだ。

しかも、駅を支える基礎の杭が、泥の層までしか届いていない箇所と、基礎を支えられる層まで届いている箇所が混在していたため、地盤沈下の度合いにも差が出てしまった。移転案もあったが、結局は245本もの杭を打ち直し地盤沈下を止めている。そのため今でも奇妙な階段が残っているのだ。

同様に変化した地名はほかにもある。「高《こう》知《ち》」は昔は「河内」と書いていたが、水害に悩まされた土《と》佐《さ》藩《はん》主《しゅ》により縁起担ぎから「高智」と変えられたのち「高知」へと変わった。地名には歴史が刻まれているのだ。

世界一深い場所にあるポストは和歌山の海にあった!?

TVCMでも話題になった海中ポスト。これは撮影のために用意されたわけでなく、和歌山県西《にし》牟《む》婁《ろ》郡《ぐん》すさみ町に実在している。水深10メートルの場所に、地上ではすでに見なくなって久しい丸く赤いポストが沈んでいるのだ。CMでは俳優がポストまで潜れず、海女さんたちに手紙を投《とう》函《かん》してもらっているが、このポスト、訪れたダイバーたちに実際に利用されている。

投函する郵便物には、ダイバーが海中で筆談に使用する、耐《たい》水《すい》合《ごう》成《せい》紙《し》を使った専用はがきが使われる。そうして書かれた手紙が、年間3000～4000通も投函されているという。ダイバーたちにとってはそれだけ有名なスポットなのだ。投函された郵便物は、地元ダイバーによって毎日回収され、その後通常と同じ手続きで、地上の街へ郵送される。

もともとこのポストは、1999年に開催された南《なん》紀《き》熊《くま》野《の》体《たい》験《けん》博《はく》のイベントの一つとして、すさみ郵便局のアイディアにより設置されたものだ。日本初の海底ポストは変わり種の企画として人気を呼び、2002年には「世界一深いところにあるポスト」としてギネスにも認定されている。

和歌山の海に沈められているのはポストだけではない。ダイビングスポットである串本町の沖、水深18メートルの海底には、毎年クリスマスシーズンになると、高さ3メートルのツリーが設置される。ここにもサンタの格好をしたダイバーたちが、続々と潜りに来る。和歌山の海は、ダイバーが一度は訪れておきたい場所のようだ。

徳島県だった淡路島《あわじしま》は兵庫県に身売りされた!?

瀬戸内海最大の島、淡路島。兵庫県にあるこの島は、江戸時代には徳島藩に属していた。徳島藩主・蜂須賀《はちすか》氏が、1615年から版籍奉還まで統治していたのだ。その流れからすると、徳島県でもおかしくないはずだ。

ではなぜ兵庫県なのか。その理由の一つには明治維新後に行なわれた、四国の廃藩置県が関わっているという説がある。

1871年、阿波国と淡路島を管轄することになった徳島県。のちに香川県が併合されたかと思えば独立したり、徳島県自体が高知県に取り込まれたり、二転三転するなか、淡路島は兵庫県へ移ってしまう。徳島県の管轄には広すぎたという見方もあるが、それは表向きのようだ。

じつは、徳島藩内の「稲田騒動」が本当の原因ではないかといわれている。蜂須賀氏の家老として淡路島の洲本城代を務めていた稲田氏は、おおいに洲本を発展させてきた。しかし徳島藩の家臣からは、低い身分に対する差別を受けていたのだという。

そして積もった不満が、廃藩置県の際に彼らを独立運動へと駆り立てた。だが、新政府に徳島藩からの独立を願うも、怒った本藩より襲撃を受けてしまう。

死者17名、負傷者20名を出したこの事件は、新政府によって裁かれることとなった。襲撃した本藩士10名は切腹。日本史上最後の切腹となった。

いっぽう稲田氏家臣にはケンカ両成敗ということで、北海道開拓のための移住命令が下る。淡路島は徳島より離され、兵庫県の管轄となった。その代わり、開拓費10年分を兵庫県が肩代わりしている。新政府は淡路島を売って、懐を痛めることなく、この騒動を終結させたのだ。

世界最大規模といわれる渦潮《うずしお》が鳴門《なると》海峡《かいきょう》で生まれるわけ

鳴門海峡は兵庫県の淡路島と徳島県鳴門市の間にあり、播磨灘《はりまなだ》と紀伊水道《きいすいどう》を結んでいる。この海峡に生まれる渦潮が、世界最大級として有名な「鳴門の大渦《おおうず》」だ。渦潮が現れるのは1日4回、約6時間おき。そこには月の引力と独特の地形が関係している。

まず月の引力は、海に潮の満ち引きを生む。それによって最も水位の高くなる満潮《まんちょう》と、最も低くなる干潮《かんちょう》の訪れる周期が、およそ6時間おきなのだ。

次に影響するのは鳴門海峡の幅の狭さ。わずか１３４０メートルしかないため、太平洋から満ちてきた潮は、四国と紀伊半島、淡路

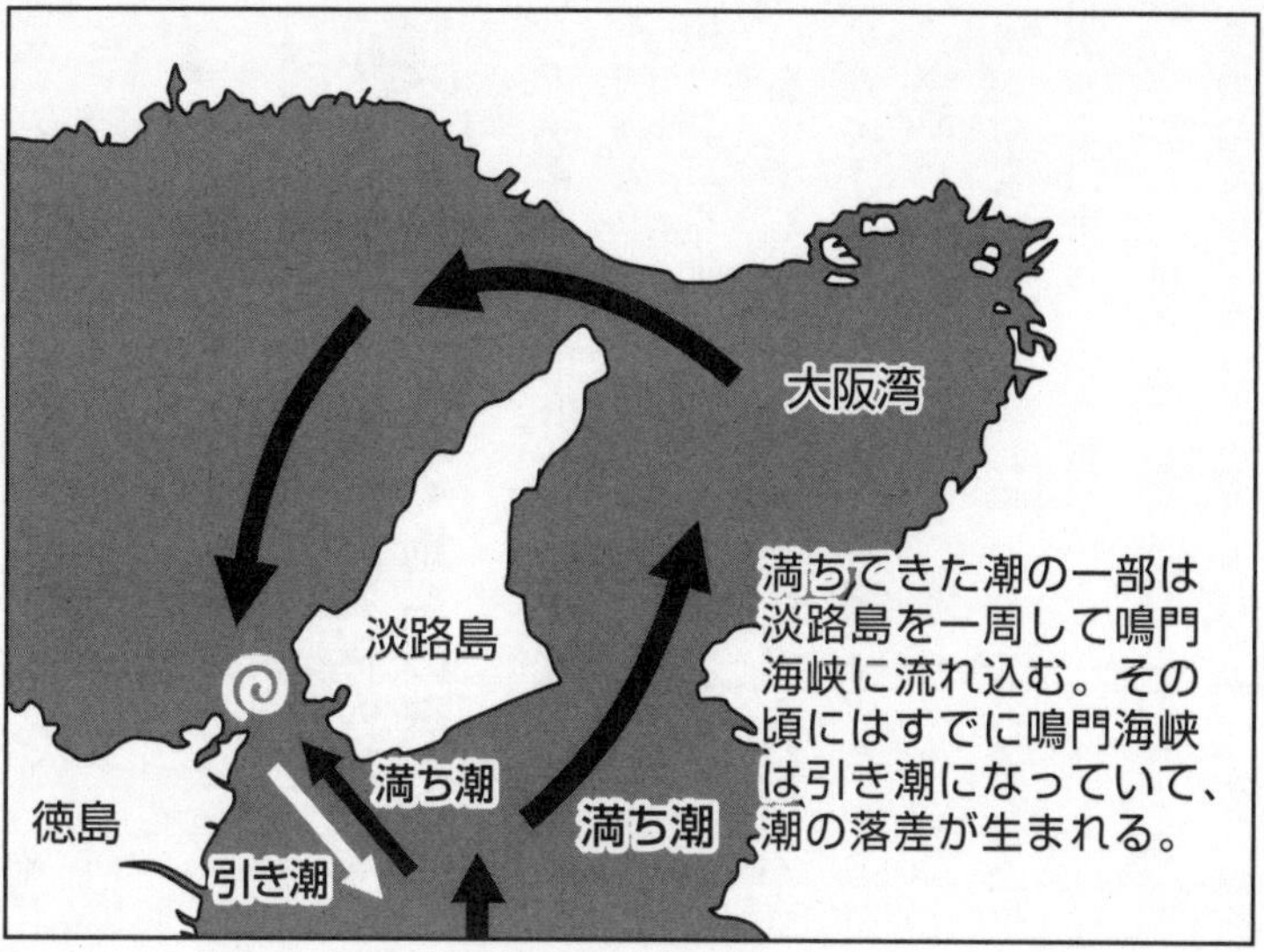
大阪湾
淡路島
満ちてきた潮の一部は
淡路島を一周して鳴門
海峡に流れ込む。その
頃にはすでに鳴門海峡
は引き潮になっていて、
潮の落差が生まれる。
満ち潮
満ち潮
徳島
引き潮

島にぶつかり、大部分は大阪湾へ注がれる。そして淡路島を回り込むように明石海峡《あかしかいきょう》を通り、播磨灘へと流れていく。

この潮で瀬戸内海が満潮になるまでに約5～6時間。しかしその頃、すでに太平洋側の水位は、干潮に向かい引き潮となっている。鳴門海峡を挟み播磨灘側では満潮、太平洋側では干潮という、とてもまれな状況が起こるのだ。その高低差は最大15メートルにもなるという。

水は高いところから低いところへ流れる。満潮になった瀬戸内海の海水も一気に太平洋へ流れ込もうとする。だが鳴門海峡は非常に幅が狭い。そんな場所に大量の水がなだれ込めばどうなるか。

落差と海峡の狭さで潮流はとてつもなく速くなる。鳴門海峡の潮流が日本一といわれるゆえんだ。この海峡の中央を流れる速い流れと、陸地付近の遅い流れの差で、巨大な回転が生まれるのだ。

香川県が浦島太郎発祥の地？ 昔話の謎を解く地名の数かず

玉手箱を開けておじいさんになってしまった浦島太郎。この昔話はお伽草紙《とぎぞうし》として広まり、全国各地に伝説が残っている。

なかでも香川県荘内半島には、物語ゆかりの地名が点在している。そもそもこの半島は昔「浦島」という島だった。そして太郎が「どんがめ岩」で釣りをしていると助けられた亀が迎えに来たといわれている。

さらに太郎が玉手箱を開けたのが「箱」、その箱から出た煙が流れて行った先が「紫雲《しう》出山《でやま》」という地名だ。そして半島の先にある「室浜《むろはま》」という地名は、年を取らない場所という「仁老浜《にろはま》」に通じ、年老いた太郎が住んでいたというのだ。

こうしてみると、物語のルーツの多くが見事にこの地に凝縮されているのがわかる。これらの地名がある荘内半島の詫間町《たくままち》では、浦島太郎像や竜宮城をモチーフにした公衆トイレまでつくり、浦島太郎発祥の地をアピールしているのだ。

じつは浦島太郎にはほかにも何種類かの伝説がある。『日本書紀』に記された伝説では、釣り上げた亀が美女・乙姫の姿へ変わり、そのあまりの魅力に、太郎は乙姫を妻としたのだという。その後、二人で海の中に入っていったのは同じだが、最後にどうなったのかは記されていない。

3月3日はひな祭りだけじゃない 地球33番地の日とは!?

「地球33番地」とグローバルな命名をされた場所は、じつは日本国内にある。この場所は、ちょうど高知県高知市を流れる江ノ口川の上に位置する。一見何の変哲もない川だが、途中に、白いモニュメントと、そこまで歩いていけるボードウォークがつくられているのだ。この場所こそ「地球33番地」。なぜそんな呼ばれ方をしているのだろうか?

それはこの地が「北緯33度33分33秒、東経133度33分33秒」に位置するためだ。3ばかりが12個も並ぶ、とても珍しい場所なのだ。じつは、このように緯度と経度に同じ数字が12個並ぶ地点は、世界の陸上に10カ所しかない。そして、そのほとんどがアクセスの難しい砂漠や大平原にある。ふらっと散歩がてらに行けるのは、「地球33番地」だけだろう。

この地域では番地のアピールを通じて、自然環境を守る働きかけがなされている。「地球33番地」実行委員会が主催する記念式典が、毎年「3月3日」に開かれているのだ。近くの公園を会場として、「33分間清掃」やバザー、パンやお弁当の販売などいろいろなイベントが行なわれる。

近隣小学校の「3年生」も参加し、環境標語を発表したり合唱を披露したりしてくれる。33種の具が入った「33鍋」もふるまわれ、多くの参加者が式典を祝う。ちなみに、かかる費用も「3333万円」らしい。「地球33番地」を訪れた人には、モニュメント向かいの施設で「到達証明書」を発行してくれる。

日本最後の清流、四万十川《しまんとがわ》はなぜ美しく澄んでいるのか？

高速道路の整備により、高知市から車で約2時間でたどり着けるようになった四万十川。サイクリング、カヌー、アユ釣りなど、アクティビティに富んだレジャーを楽しむことができるのは、その美しく澄んだ清流のおかげだ。

四万十市の中央に長く横たわる川の全長は、196キロメートル。全国で11位の長さだ。しかし、不入山《いらずやま》の源流から大きく蛇行しながら土佐湾に流れ込むまで、ダムは支流に二つあるだけ。

清流といわれる理由の一つに、このダムや水力発電所の少なさがある。加えて河川流域に住む人が少なく、自然がありのままに残されていることが、川を排水による汚染から守ってくれている。

もう一つは、全長の割に流域面積が小さいことだ。流域面積とは川に流れ込む雨水が降る範囲を表し、広いほど汚染される可能性が高くなる。四万十川は四国内でこそ吉野川に次ぐ2位の広さだが、全国では27位と、全長のランキングに比べとても低いのだ。

そうしたわけで、四万十川は下流域でも、上流のきれいな水質をひどく悪化させる要因が非常に少ない。河口近くでアユ釣りができる川は、全国を探しても多くはないだろう。

何より地元民による、ダムの撤去運動や四万十川保全活動が、きれいな川を維持できる大きな要因だ。あるがままの四万十川と生きる生活が、その美しさを守っているのだ。

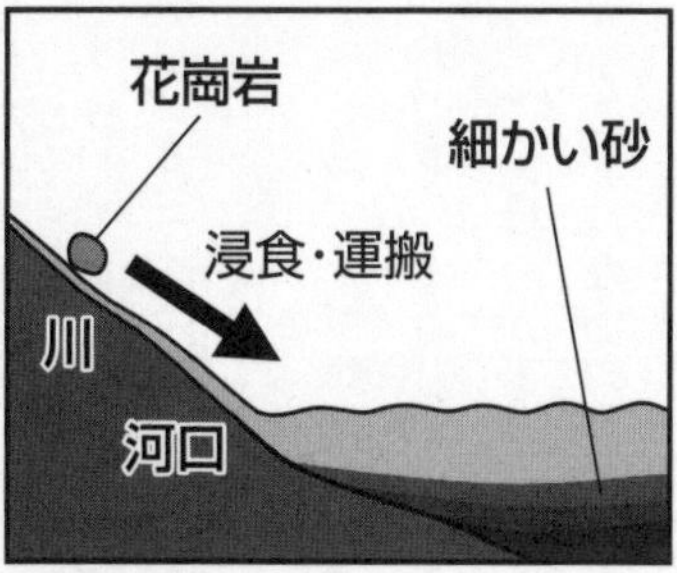

花崗岩が浸食され、水の流れで河口まで運ばれる。きめの細かいものが上層に積もる。

波が砂を海岸に運ぶ。さらに偏西風によって内陸まで広がっていく。

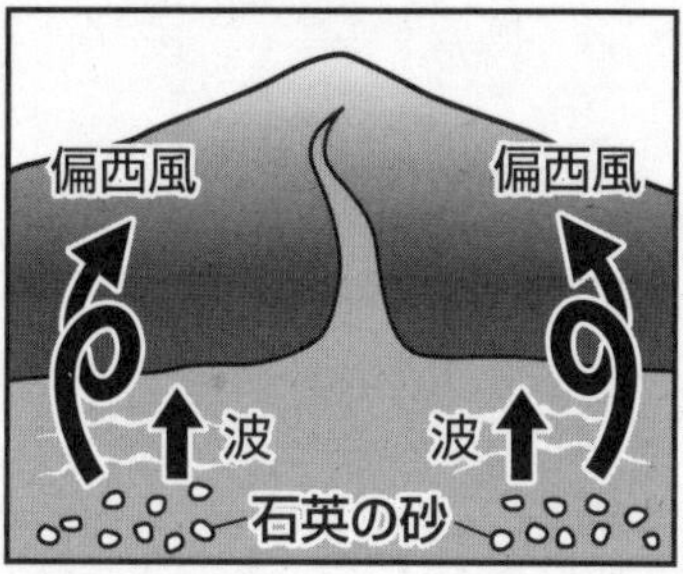

鳥取砂丘の正体は？ 砂漠のように街をのみ込むのか!?

鳥取の海岸といえば「白い砂丘」を誰しも思い浮かべるだろう。鳥取砂丘の砂には、70～90パーセントの石英が含まれている。石英とは鉱物の名前で、無色透明な結晶が水晶と呼ばれている。風化に強く、細かな砂になっても輝きを失わない。つまりこの結晶が砕かれたものこそ、あの白い砂丘の正体なのだ。ではこの砂はどこから来て、鳥取砂丘となったのか？

カギは中国山地の基盤となる花崗岩《かこうがん》にある。花崗岩の主成分の一つが石英だ。川の流れによって削り取られた花崗岩は、流れに乗って海へと運ばれる。海岸付近の海底に積もった石英の砂は、やがて波によって浜へと打ち上げられるのだ。そして北から吹く季節風が、さらに内陸へとこの砂を運ぶ。このくり返しが数千年にわたって続けられるうちに、あの広大な砂丘ができあがったわけだ。

だがそうすると、一つ心配なことが出てくる。この砂丘がもっと広がり、砂漠のようになることはないのだろうか？

じつは江戸時代、すでに同じ心配がされていたようだ。当時、強い季節風で運ばれた砂は畑や街を襲い、住民の悩みの種となっていた。そこで鳥取藩《とっとりはん》は、防砂林《ぼうさりん》として松を植えた。その後も植林は続けられ、後年、水を引き入れることで作物の栽培にも成功している。今ではスイカや長芋などの生産地だ。今後も砂漠ではなく、砂丘として人の目を楽しませてくれるだろう。

ウサギの楽園「大久野島《おおくのしま》」は地図から消えたことがある⁉

広島県竹原市忠海町《ただのうみちょう》「大久野島」は、国民休暇村として海水浴や温泉などのレジャーを楽しめる、瀬戸内海に浮かぶ離島だ。島には休暇村の宿泊施設とキャンプ場があり、シーズンには多くの親子連れや友人連れが、自然を満喫するために訪れる。

だが、この島に着いてまず目に入るのは、大自然ではなく、「ウサギ」かもしれない。というのも、ここは700羽を超えるウサギが生活している「ウサギの楽園」なのだ。飼育されていた8羽のウサギを放ったところ、野生化したらしい。一歩建物の外に出れば、島のそこここで見かけることができる。

しかし、大久野島にはもう一つ、「ウサギの楽園」とは真逆の存在がある。それが「毒ガス資料館」だ。ここには明治時代、軍の重要な施設として砲台が設置され、1929年には「毒ガス製造工場」が置かれたのだ。島民は強制退去を命じられ、島は地図上から消された。国際条例に反する毒ガス製造を隠すためだった。人体に有毒なガスを製造していた工場は、戦後破壊されたが、皮膚のただれや気管支炎など、後遺症を患い亡くなった方は、1600人にも上ったという。資料館は、このような悲劇をくり返さないように、との願いから建てられたわけだ。

島には、今でも当時の施設が残されている。窓ガラスが割れ、骨組みだけとなってしまった廃墟のそばでも、愛らしいウサギの姿を見ることができる。

山口県の川崎観音堂は、なぜ、おっぱいでいっぱいなのか？

山口県にある「川崎観音堂」には、平安時代の平景清《たいらのかげきよ》ゆかりの十一面観音菩薩が安置されているほか、彼が患った目を井戸水で洗い癒やしたことから、眼病に効能があるといわれている。

そのいっぽうで、安産や子授け、母乳にまつわるご利益でも有名だ。子を思う母の愛を表す慈母観音《じぼかんのん》と、安産や幼子の成長を守る子《こ》安観音《やすかんのん》も祀られている。

そのためこのお堂には、多くの妊婦や産後の女性が訪れるのだ。その際、祈願をする人は、手づくりのおっぱい絵馬を奉納する風習があるらしい。観音堂の境内には、ところ狭

おっぱい絵馬。川崎観音堂は周南市川崎にある。　提供：周南市役所

しと自作おっぱいが並んでいるのだ。メディアに取り上げられたこともあり、眼病祈願より「おっぱい観音」として有名になった現在、県外からの参拝者も少なくないという。

女性に関する願いを聞いてくれる守り神が祀られている場所には、川崎観音堂のように、女性にまつわるものが奉納されることが多いようだ。たとえば、和歌山の淡島神社では、たくさんの小さなビニール袋が絵馬とともに並んでいる。

その袋に入っているのはなんと女性物のパンツ。この神社は古くから婦人病の効能のほか、川崎観音堂と同様に安産、子授け、縁結びにもご利益があるといわれているのだ。もともとは髪の毛や腰巻を奉納していたのだが、戦後から女性物の下着が一般的になったらしい。しかもみずから着用したものを奉納

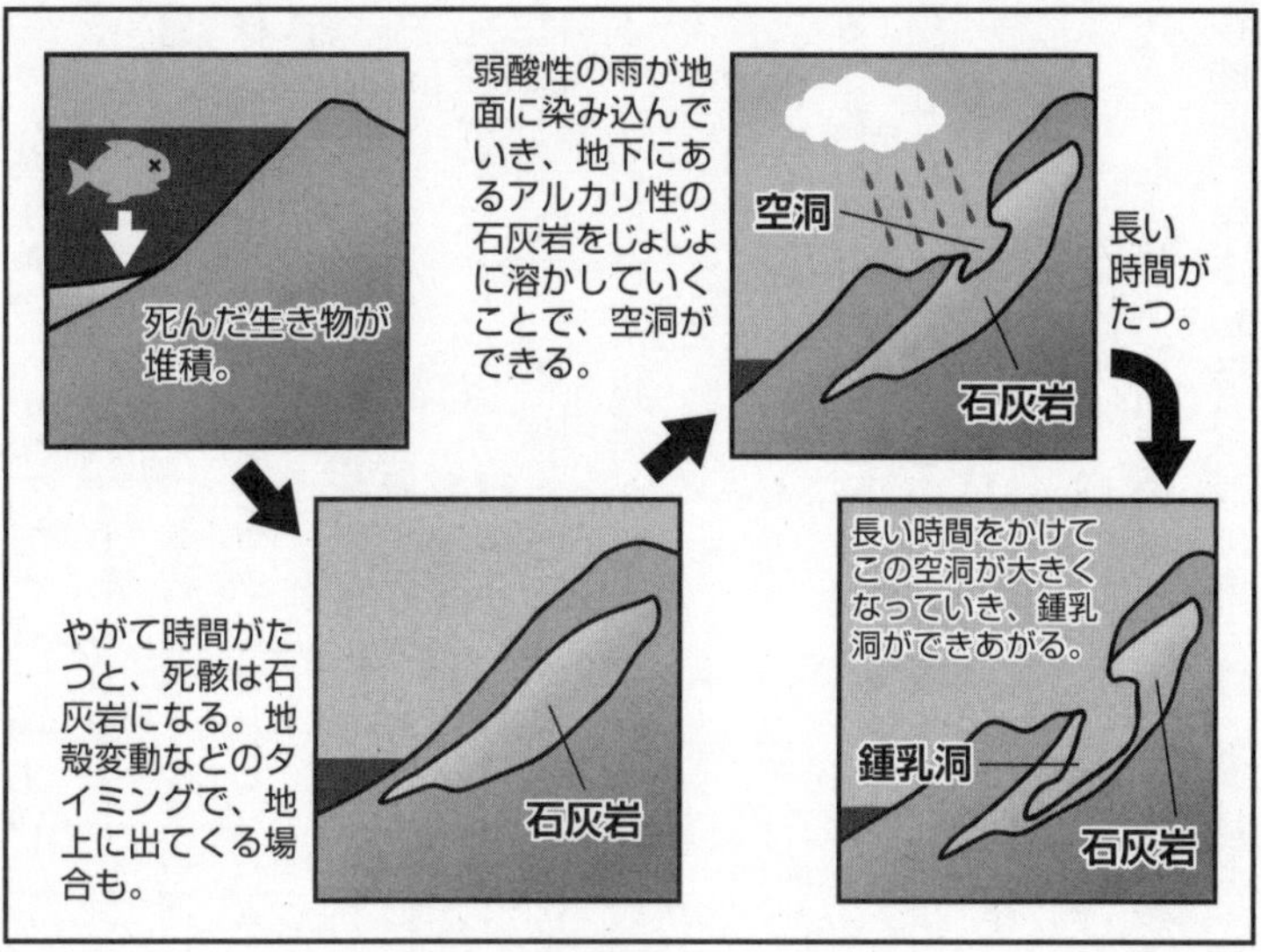
死んだ生き物が堆積。
やがて時間がたつと、死骸は石灰岩になる。地殻変動などのタイミングで、地上に出てくる場合も。
石灰岩
弱酸性の雨が地面に染み込んでいき、地下にあるアルカリ性の石灰岩をじょじょに溶かしていくことで、空洞ができる。
空洞
石灰岩
長い時間がたつ。
長い時間をかけてこの空洞が大きくなっていき、鍾乳洞ができあがる。
鍾乳洞
石灰岩

する習わしだとか。ちょっとドキッとするエピソードだが、これらの奉納品を守るため、神社の周りにはしっかり有刺鉄線が張りめぐらされているのでご注意を。

日本三大鍾乳洞の一つ秋芳洞《あきよしどう》 巨大な鍾乳洞の成り立ちとは？

国の特別天然記念物に指定されている秋芳洞。長さは8700メートル、最も天井の高い場所は40メートルにおよぶ、巨大な鍾乳洞だ。周辺にはほかにも350以上の鍾乳洞があるといわれている。なぜこの地に、これほどの規模で鍾乳洞が存在しているのだろう？

そのカギは、鍾乳洞の地上に広がる「秋吉《あきよし》台《だい》」というカルスト台地にある。

「カルスト」という名称は、スロヴェニア

のカルスト地方に由来している。国土の半分ほどが石灰岩といわれ、6000以上もの洞窟が点在している国だ。秋吉台もカルスト同様、台地のあちこちからゴツゴツとした石灰岩が姿を見せている。

この石灰岩は2～3億年前に、海洋生物の死骸が堆積してできたもので、周辺が太古には海だったことを伝えている。地殻変動によって海底だった場所が地上に隆起し、今の秋吉台を形成したのだ。

もう一つのカギは雨だ。酸性の液体に溶ける性質から、石灰岩は酸性の雨水に反応して浸食される。やがて岩の内部を雨水がくり抜き、水路をつくるのだ。しかしこれだけの作用ですぐに鍾乳洞ができるわけではない。秋吉台を埋め尽くす石灰岩は、30万年という長い時間、雨水に浸食されてきた。水路はじょじょに大きくなり、小石や砂を流し、地下水をためる。さらにその地下水が洞窟を下へ下へと溶かし、大きな空洞をつくってきた。広がった洞窟の壁や天井が崩れ、ますます巨大化する。そうして東洋一の規模といわれる秋芳洞が生まれたのだ。

一泊で2県分楽しめるホテル？ 県境の上の建物の謎

九州にある「ひぜんや」というホテルは、県境の上に建つ全国で唯一の宿泊施設だ。耶《や》馬日田英彦山《ばひたひこさん》国定公園《こくていこうえん》内の杖立温泉《ついたておんせん》にあり、街を流れる杖立川の川岸にある。この川の一部が県境になっていて、横長に建てられた「ひぜんや」が熊本県と大分県をまたぐことになったのだ。

「熊本館」と「大分館」に分かれた客室を結ぶ渡り廊下に県境が表示され、右側に「肥《ひ》後路《ごじ》（熊本県）」、左側に「豊後路《ぶんごじ》（大分県）」と彫り込まれた石碑がある。たとえばこのホテルでは、大分で夕食を食べ、熊本の温泉に入り、ふたたび県境をまたいで大分の客室で眠る、ということができる。つまり、一度に2県を楽しめるホテルなのだ。

ただし宿泊客にとっては物珍しく話題性があっても、経営者にとっては難儀《なんぎ》なことが多い。営業許可も納税も、またがる2県それぞれに対応しなければならず、二度手間以外の何ものでもない。

このように県境の上に建つ施設はほかにもある。ショッピングセンター「イオンモール高の原店」では店内を「奈良県」と「京都府」の県境が通っている。床には「Nara」「Kyoto」と県境の表示が書かれ、県境マニアの話題になっているらしい。しかしやはり管理する側にとっては、2県それぞれに占める立地面積の比率で、行政に対する手続きをしなければならず、非常にややこしそうだ。

十島村《としまむら》なのに、島は七つ？ 国境に引き裂かれた日本一長い村

鹿児島県の南には、薩南諸島《さつなんしょとう》を形成する多くの離島がある。奄美大島《あまみおおしま》との間に連なるトカラ列島に、その十島村という小さな村がある。人の住む七つの島と五つの無人島から成り、最も北にある口之島《くちのしま》から、一番南にある宝島《たからじま》までの距離は約160キロメートルにもなる。日本一長い村だ。

しかし、人の住む島だけを数えても、無人

島を含むとしても、村の名前と島の数が合わない。なぜこのように奇妙なズレが生まれたのか？　そこには、戦後のアメリカ軍支配が影響している。

本来は口之島、中之島《なかのしま》、平島《たいらじま》、諏訪之瀬《すわのせ》島《じま》、悪石島《あくせきじま》、小宝島《こだからじま》、宝島の7島に加え、これらより北にある竹島《たけしま》、硫黄島《いおうじま》、黒島《くろじま》の3島を合わせて「十島村《じっとうそん》」と呼んでいたのだ。

しかし第二次世界大戦後、北緯30度を境に南の下七島がアメリカ軍の支配下に置かれてしまう。二つに分断された十島村は、上三島（竹島、硫黄島、黒島）だけで村を運営。役場は支配された中之島にあったため、鹿児島に仮役場を置いた。結局、6年後に7島は返還されたが、引き裂かれた島じまがふたたび10島で「十島村」を名乗ることはなかった。

すでに上三島で自治体制が整っていた3島は、この機に「三島村」として独立の道を選び、下七島は引き続き「十島村」として存続していくことになったのだ。

屋久島《やくしま》にだけ起こる不思議とは？　海水浴に行き、雪山を眺める

鹿児島県に属する屋久島は、ユネスコの世界遺産に登録された自然がある貴重な島だ。その構成資産は、島の約9割を占める山林地帯にある。

屋久島は亜熱帯気候に属し、海岸地帯の年間平均気温は20℃前後。しかし、一歩島の奥に目を向けると、そこは九州一の山岳地帯だ。宮之浦岳《みやのうらだけ》、永田岳《ながただけ》、黒味岳《くろみだけ》など2000メートル近い山々が、直径30キロメートルほどの小さな島に峰を連ねている。空から見れば、

円錐のような形になるだろう。

この独特の地形が、海岸で海水浴ができる頃でも、山頂にまだ白く残る雪を見せてくれる。なぜなら、平地から山の頂に向け、この島の気候は亜熱帯から亜寒帯まで垂直に移行しているからだ。亜熱帯植物から亜高山帯の植物までが、同じ島で自生する姿を見られるというわけだ。

そして、この環境こそが、世界遺産に指定されるほどの木々を育てたといえる。島の奥深い原生林には樹齢300年以上の杉が15万本ほどはあるらしい。ただし屋久島では樹齢1000年以下のものは「小杉」と呼ばれる。樹齢7200年説のある「縄文杉」や、推定樹齢3000年の大株「ウィルソン杉」など、樹齢1000年以上になってやっと「屋久杉」の仲間入りとなる。


ではなぜ、屋久島の杉だけがこれほど立派な巨木へ育つのか？　その答えも独特な自然環境にある。年間4000～10000ミリメートルもの雨量に恵まれていること、さらに山は霧でおおわれ多湿、それでいて気温が低く涼しい気候だということが、杉を桁外れに太く育てるのだ。

1年に一度だけ姿を現すという幻の島の正体とは？

沖縄県池間島の北に、年に一度限られた期間だけ姿を見せる島がある。毎年4月の数日間、南北に10キロメートル、東西に7キロメートルもの島が、忽然《こつぜん》と姿を現すのだ。「八重干瀬《やびじ》」と呼ばれるその島が現れる条件は大潮だ。満月と新月の後には引力の影響

八重干瀬。南北10キロ、東西7キロの海に約100のサンゴ礁が広がる。

から潮の満ち引きの差が大きくなる。これが大潮だ。

さらに旧暦の3月3日頃、宮古島付近にくる高気圧で、海面は年平均から15センチも押し下げられるのだ。こうして重なった条件のもと、巨大で神秘的な島が浮き上がる。

「八重干瀬」はただの島ではない。普段は海面下にある、サンゴ礁が集まってできたものだ。さらにいえば海面に現れるのはその一部で最大15平方キロになるが、「八重干瀬」全体はそれよりも広大な面積をもつ。ほぼ大阪市と同等の巨大なサンゴ礁だともいわれる。

そんな幻の島を一目見ようと、この時期を狙って訪れる観光客は少なくない。毎年ツアーが組まれ、観光客は島に降り立つこともできるし、シュノーケルで海中と海上両方のサンゴ礁を眺めることもできるのだ。

南十字星は日本国内で見える？南半球の星を観測するには？

北半球にある日本では、南半球の星空を見ることはかなり難しい。サザンクロスの呼び名で有名な南十字星もその一つ。南回帰線（南緯23・5度）より南では1年中沈まない星座となるため、北半球ではほとんどの地点で見ることができないのだ。

だが、日本でも沖縄の八重山《やえやま》諸島では観測できることがある。有人島としては日本最南端となる波照間島《はてるまじま》には「波照間島星空観測タワー」という専用の施設があり、スタッフが星空をレクチャーしてくれる。

波照間島の少し北にある石垣島《いしがきじま》でも観測は可能だ。石垣島天文台では土・日・祝日に天体観望会を開き、島民や観光客の人気を呼んでいるらしい。

八重山諸島が、よい観測ポイントとなる理由は二つ。まず街の灯りが少ないこと。これは星空を際立たせる一番の要素だろう。次に「ジェット気流」の影響を受けないこと。ジェット気流は強い偏西風の流れで、本州上空では「大気のゆらぎ」として天体観測の邪魔をする。星が瞬くように見えたり、ぼやけたりするのだ。その点この島じまでは星がはっきりと見える。

八重山諸島における南半球の星空観測におすすめなのは冬。南十字星のほかにもカノープスという貴重な恒星が見える時期だ。この星は北半球では地平線すれすれに位置するため、肉眼で見れば長生きできるという伝説があり、別名「南極老人星《なんきょくろうじんぼし》」という。

■参考文献

『裏世界遺産ガイド』裏世界遺産ハンティング倶楽部 著（宝島社）
『改訂新版 面白いほどよくわかる世界地図の読み方』世界情勢を読む会 著（日本文芸社）
『これならわかるオーストラリア・ニュージーランドの歴史Q&A』石出法太、石出みどり 著（大月書店）
『これならわかるハワイの歴史Q&A』石出法太、石出みどり著（大月書店）
『世界遺産 ナスカの地上絵 完全ガイド』地球の歩き方編集室著（ダイヤモンド社）
『アフリカ社会を学ぶ人のために』松田素二 編（世界思想社）
『旅する南極大陸〈体感的〉究極ガイドブック』神沼克伊 著（三五館）
『世界で一番おもしろい地図帳』おもしろ地理学会 編（青春出版社）
『図解 世界地図と不思議の発見 驚きの事実が見えてくる楽しい地理の本』ロム・インターナショナル 著（河出書房新社）
『アフリカ学事典』日本アフリカ学会 編（昭和堂）
『図説 世界の地誌』辰己勝、辰己眞知子 著（古今書院）
『世界の国旗と国章大図鑑』苅安望 編著（平凡社）
『ギネス世界記録2015』クレイグ・グレンディ 編（角川アスキー総合研究所）
『世界雑学大全』デヴィッド・ウォルキンスキー、エイミー・ワレス 著（主婦の友社）
『世界地誌シリーズ7 東南アジア・オセアニア』菊地俊夫、小田宏信 編（朝倉書店）
『ボリビアを知るための73章【第2版】』眞鍋周三 編著（明石書店）
『ペルーを知るための66章【第2版】』細谷広美 編著（明石書店）
『コロンビアを知るための60章』二村久則 編著（明石書店）
『オーストラリアを知るための58章【第3版】』越智道雄 著（明石書店）
『エクサスケールの衝撃 次世代スーパーコンピュータが壮大な新世界の扉を開く』齊藤元章 著（PHP研究所）
『欧米先進諸国とラテンアメリカ――経済援助をめぐる諸問題』丸谷吉男 著（アジア経済研究所）
『バルセロナ 地中海都市の歴史と文化』岡部明子 著（中央公論新社）
『日本の地名の意外な由来』日本博学倶楽部 著（PHP研究所）
『図解 眠れないほど面白い 世界がわかる「地図帳」 これが世の中を見る「新しいモノサシ」』造事務所 著（三笠書房）
『「世界地理」なるほど雑学事典 地名の謎から地図の不思議までおもしろ知識満載！』世界博学倶楽部 著（PHP研究所）
『世界の経済が一日でわかる地図帳 お金、人、資源、環境……世界はこう動く！』ライフサイエンス 著（三笠書房）
『他人に話したくなる日本地図の謎』地図の読み方』特捜班 編（扶桑社）
『北海道・東北地方のふしぎ文化』こどもくらぶ 著（旺文社）
『南関東地方のふしぎ文化』こどもくらぶ 著（旺文社）
『北関東・甲信越地方のふしぎ文化』こどもくらぶ 著（旺文社）
『まるごとわかる びっくり！ 日本ふしぎ探検百科1 自然・風

景のふしぎ探検』猪郷久義 著（日本図書センター）
『まるごとわかる びっくり！ 日本ふしぎ探検百科2 遺跡・建造物のふしぎ探検』米山勇 著（日本図書センター）
『知ってるようで知らない国アメリカ1～3』阿川尚之 著（岩崎書店）
『地図は語る「世界地図」の誕生』応地利明 著（日本経済新聞出版社）
『世界史が面白くなる「国名・地名」の秘密』八幡和郎 著（洋泉社）
『世界の国名地名うんちく大全』八幡和郎 著（平凡社）
『最新版 この一冊で世界の地理がわかる！』高橋伸夫 編著（三笠書房）
『ニュースを現代史から理解する 国際情勢ベーシックシリーズ⑥ EU諸国』阿部斉 著、小川有美 監修（自由国民社）
『増補 ヨーロッパとは何か 分裂と統合の1500年』クシシトフ・ポミアン 著、松村剛 訳（平凡社）
『世界の国旗 ビジュアル大辞典 第2版』吹浦忠正 著（学研教育出版）
『地図と地名で読む世界史』宮崎正勝 著（日本実業出版社）
『ワケありな国境 教科書には載っていない！』武田知弘 著（彩図社）
『世界で一番おもしろい「海」の地図帳』おもしろ海洋学会 編（青春出版社）
『世界で一番気になる地図帳』おもしろ地理学会 編（青春出版社）
『世界で一番ふしぎな地図帳』おもしろ地理学会 編（青春出版社）
『知らなかった！ 驚いた！ 日本全国「県境」の謎』浅井建爾 著（実業之日本社）
『えっ？ 本当?! 地図に隠れた日本の謎』浅井建爾 著（実業之日本社）
『日本史が面白くなる「地名」の秘密』八幡和郎 著（洋泉社）
『図説 歴史で読み解く日本地理』河合敦 著（東京書籍）
『図解 日本全国ふしぎ探訪』日本博学倶楽部 著（PHP研究所）
『意外な歴史が秘められた関西の地名100』 武光誠 著（PHP研究所）
『地図と愉しむ東京歴史散歩 地形篇』竹内正浩 著（中央公論新社）
『23区格差』池田利道 著（中央公論新社）
『大人になってからのほうが断然、楽しい 大人もハマる地理』河原和之 著（すばる舎）
『2015年版 今がわかる 時代がわかる 世界地図』全国地理教育委員会 監修（成美堂出版）

《スタッフ》
編集・構成・DTP クリエイティブ・スイート
執筆 倉田楽、菊池昌彦、櫻井一哉、川瀬ゆう、長尾ようこ、東野敦子
本文・カバーデザイン 小河原徳（C-S）
カバーイラスト 宮野耕治

ワールド・ジオグラフィック・リサーチ

旅行好き、地理好き、地図好きが高じて、地理に関するあらゆる情報を日々、収集している研究グループ。コミュニケーションの苦手な人が、教科書には載っていないおもしろい地理の知識を身につけることにより、会話の継ぎ穂として役立てられることを目指して本書を執筆した。

眠《ねむ》れなくなるほど 地理《ちり》がおもしろくなる本《ほん》

2016年 3月 2日　第1刷発行
2020年10月20日　第5刷発行

著　者／ワールド・ジオグラフィック・リサーチ
発行人／蓮見清一
発行所／株式会社 宝島社
〒102-8388
東京都千代田区一番町25番地
電話／営業:03-3234-4621
編集:03-3239-0928
https://tkj.jp
振替／00170-1-170829 (株)宝島社
印刷・製本／株式会社 光邦

ISBN978-4-8002-5112-1